dtv

premium

Paul Barz

Mozart

Prinz und Papageno

Deutscher Taschenbuch Verlag

Originalausgabe
Oktober 2005

www.dtv.de
Dieses Werk wurde vermittelt durch die
Literarische Agentur Thomas Schlück GmbH, 30827 Garbsen

Umschlagkonzept: Balk & Brumshagen
Umschlagbild: Porträt von Wolfgang Amadeus Mozart von Joseph Lange
© Bridgeman Giraudon
Satz: Fotosatz Amann, Aichstetten
Gesetzt aus der Fairfield 10,5/12,75˙
Druck und Bindung: Kösel, Krugzell
Gedruckt auf säurefreiem, chlorfrei gebleichtem Papier
Printed in Germany · ISBN 3-423-24517-4

Inhalt

Muss es ausgerechnet Mozart sein? 7
4. März 1791 13
Nach dem lieben Gott gleich der Herr Papa! 20
Anfang Juni 1791 32
Alle sind in den Buben verliebt 38
8. Juni 1791 53
Komponisten und andere unnütze Leute 61
10. Juni 1791 75
Fort mit dir nach Paris! 85
13. Juni 1791 100
Jetzt fängt mein Glück an 108
Ende Juni 1791 121
Niemand hat mich lieb 128
Mitte Juli 1791 141
Don Giovanni sind Sie, Mozart! 149
Ende Juli 1791 164
Nein, Sire, das ist eine Revolution 171
Mitte September 1791 186
Wie steht es mit London, Wolfgang? 195
13. Oktober 1791 210
Du bist und bleibst die Weber'sche 220

Zeittafel 235
Literatur 239

Muss es ausgerechnet Mozart sein?

Die Vorstellung im Wiener Theater auf der Wieden war vorbei, der Besuch gut, der Beifall freundlich gewesen und die Kasse leidlich voll.

Dennoch zog Theaterdirektor Emanuel Schikaneder ein schiefes Gesicht, als er den scharrenden Schritten der zum Ausgang strebenden Besucher hinterher horchte, einen kurzen Fluch ausstieß und dann in seine Garderobe hinüberging, wo er die Tür mit lautem Knall zuschmetterte und sich so schwungvoll in den nächsten Sessel warf, dass das wacklige Möbelchen fast zusammengebrochen wäre.

»Wir brauchen ein neues Stück.«

Die Frau vor dem Spiegel, halb nackt, die Bluse bis zur Taille hinuntergestreift, fuhr fort, die Schminke aus dem ältlichen Gesicht zu wischen.

»Wieso denn? Das hier läuft doch ganz gut!«

»Ganz gut, nun ja ...«

Träge blinzelte er zu ihr hinüber, sah welkes Fleisch, schlaffe Brüste, Speckrollen in der Taille. Lang war es her, dass Kritiker Madame Schikaneder als »klein, aber artig« beschrieben hatten. Nun war sie alt, seine Eleonora, wie sie sich nannte, obgleich sie schlicht Maria Magdalena hieß. Wie er selber aus einem biederen Johann Joseph zum pompöseren Emanuel geworden war.

»Nein, es läuft nicht schlecht, unser Stück.« Schikaneder war aufgestanden.

Umständlich begann er sich aus seinem zu engen Kostüm zu pellen und einen schwarz behaarten Körper freizulegen, den nun seine Frau aus den Augenwinkeln musterte: »Welker Hintern, fetter Wanst, und die Haare längst gefärbt«, dachte sie, »den ranken

Jüngling, mein Lieber, nein, den wirst du bald nicht mehr spielen können.«

Währenddessen fuhr ihr Mann fort: »Aber unser Publikum verdient anderes. Es ist von mir verwöhnt.« Und schwelgte in Erinnerungen: »Weißt du noch? Der ›Oberon‹ vor zwei Jahren?«

Das war an diesem Theater einer seiner ersten Erfolge gewesen, mit einem von seinem Ensemble-Mitglied Karl Ludwig Gieseke hastig zusammengeschmierten Text. Aber die Musik vom Hofkapellmeister Wranitzky war recht hübsch, und vor allem hatte das Publikum reichlich zum Gaffen bekommen, bunte Kostümpracht und kochendes Kulissen-Meer, Feuer speiende Berge und ein täuschend echt aussehendes Pferd auf der Bühne. Das waren Theaterkünste, auf die sich Schikaneder verstand.

»So was wie den ›Oberon‹ bräuchten wir, mit viel Maschinerie dabei und Zauberstückchen und …«

»… und mit einer Riesenrolle für dich, in der du nicht wie beim Hamlet den ganzen Abend mit eingezogenem Bauch dastehen musst.«

Er biss sich auf die Lippen. Solche Sprüche seiner Angetrauten konnten ihn wütender machen als weiland ihr Ehebruch mit diesem Fant, dem zu den Schauspielern entlaufenen Offizierssohn Johann Friedel, mit dem sie eine Weile Garderobe wie Lagerstatt geteilt hatte. So was ließ sich verzeihen, aber das hier …

Doppelt ärgerlich an ihren Bosheiten war aber, dass Eleonore völlig Recht hatte. Immer ängstlicher horchte ihr Mann bei seinen Auftritten als jugendlicher Held zum Publikum hin, ob dort vielleicht ein leises Kichern aufkam. Also lieber gleich ins komische Fach gewechselt! Nur eben die richtige, die ganz große Rolle musste her.

»Du kannst doch mal wieder den Anton spielen.«

Der »Dumme Anton« war die Figur, die er im Theater auf der Wieden gleich in der Eröffnungspremiere dem »Kasperl« seines Konkurrenten Karl Marinelli drüben im Theater in der Leopoldstadt entgegengesetzt hatte, und auf Anhieb war sie ähnlich populär geworden.

»Nein, nicht schon wieder den Anton. Schon drei Stücke habe ich um ihn herum gebastelt, alle ähnlich dumm …«

»Die Leute lachen darüber.«

»Sie lachen. Aber unter meinem Niveau.«

Schikaneder, nun völlig nackt, schob mit kurzem Griff den Bauchspeck nach oben, wölbte die noch immer prächtig ausladende Brust, zog die Schultern zurück und ließ den Blick funkeln – »ja«, dachte er laut, während er in den Spiegel blickte, »ungefähr so, mit noch breiter geschminktem Mund, angeklebter spitzer Nase und lauter Locken auf dem Kopf, so müsste er sein.«

»Wer müsste so sein?«

»Mein Papageno. Dieser Vogelfänger aus meiner ›Zauberflöte‹. Die beste Rolle, die ich je geschrieben habe.«

Eleonore Schikaneder erinnerte sich nur vage an dieses Stück, das ihr Gemahl im letzten Herbst verfasst hatte, und wusste eigentlich nur noch, dass ihr das Ganze gar nicht recht gefallen wollte: »Ein Vogelfänger? Ging es denn da nicht um irgendeinen Prinzen?«

»Um den Tamino. Ja. Langweilig. Den kriegt unser Schak, kann dann gleich so schön singen, dass niemand merkt, was für ein miserabler Schauspieler er ist. Aber die eigentlich gute Rolle, der Papageno«, jetzt leuchtete sein Blick, »der bleibt mir. Ein Fressen, sage ich dir. Wie der auftritt, mit all den Vogelkäfigen auf dem Rücken. Und dann das Liedchen, das er dazu singt …«

Er spitzte die Lippen, während er in seine Hosen stieg, brach aber gleich wieder ab: »Na ja, die Musik muss noch einer schreiben. Ich kann schließlich nicht alles sein, Dichter, Spielleiter, Papageno, auch noch Komponist …«

»An wen denkst du?«

»An Mozart vielleicht.«

»Mozart! Ausgerechnet! Muss es gerade Mozart sein?«

»Weißt du einen besseren?«

»Tausend bessere. Welche, deren Musik ins Ohr geht, bei der alles mitsingen kann …«

»Und zu wem würde Madame raten? Zum Salieri vielleicht?«

Allein bei dem Gedanken musste er lachen. Was für eine Vorstellung, Antonio Salieri, der gefeiertste Stern am Opernhimmel, der Herr Hofkapellmeister und führende Kopf der Wiener Musikszene, würde ausgerechnet für ihn und seine Vorstadtbühne hier auf der Wieden arbeiten!

»Du könntest doch den Paul Wranitzky fragen, den vom ›Oberon‹!«

Schikaneder winkte ab: »Auch der ist längst zu fein für uns, seit er unseren Kaiser zu dessen Krönung nach Frankfurt hat begleiten dürfen. Nein, ich frage Mozart. Hab ihn übrigens schon mal gefragt, gleich im letzten Herbst, als mein Büchl fertig war.«

»Und?«

»Druckste herum, zierte sich, er hätte noch nie eine Zauberoper geschrieben, das könne er nicht. Als ob der«, Schikaneder lachte, »irgendwas in der Musik nicht kann!«

Dann aber – Schikaneder sah es noch vor sich – hatte Mozart ein wenig im »Büchl« geblättert, bis zu der Szene, in der Papageno seine Papagena findet, und sofort zu trällern angefangen: »Pa – pa! Pa – pa ...«

Das hatte wohl komisch sein sollen. Doch Schikaneder hatte sich seltsam angerührt gefühlt.

Ja, so ist es wohl, hatte er gedacht, genau so ist es, wenn einer von Liebe überwältigt wird, nicht einmal mehr den Namen der Geliebten aussprechen kann, ins selig hilflose Stottern kommt. Das hatte dieser Mozart in Sekundenkürze in Musik umgesetzt: »Ein Genie«, sagte Schikaneder jetzt, »er mag sein, wie er will, hoffärtig, chaotisch. Aber er ist und bleibt ein Genie.«

»... und Genie verkauft sich nicht«, entgegnete Eleonore, zog ihre Bluse hoch und knöpfte sich energisch das Mieder zu wie zum Zeichen, dass sie das Gespräch für beendet hielt.

Schikaneder merkte sich den Spruch, der vielleicht einmal in eine Bühnenpointe umgemünzt werden konnte. Aber vom Plan, Mozart für seine »Zauberflöte« zu gewinnen, hatte ihn Eleonore nicht abbringen können, trotz ihrer leider berechtigten Bedenken.

Denn kassensicher, nein, das war dieser Mozart wirklich nicht und äußerst schwierig dazu. Wie war das nochmal mit dem Kaiser, dem er auf dessen Vorbehalt, es seien zu viel Noten in einer Partitur, flink-frech geantwortet haben soll: »Gerade so viel wie nötig sind, Euer Majestät!«

Nahezu eine Majestätsbeleidigung. Und doch …

»Ein Genie«, murmelte Schikaneder vor sich hin, »er ist einfach ein Genie. Auch wenn er sich tausendmal schlecht verkauft.« Und für seine »Zauberflöte« mit der erhofften Paraderolle für ihn selbst gab es keinen besseren Mann. Schikaneder spürte das einfach.

Gleich am nächsten Morgen, jawohl, ganz früh, wenn Mozart noch gar nicht ganz wach war und sich umso schlechter würde wehren können, wollte er hinüber in die Rauhensteingasse gehen, wo die Mozarts im letzten September ihre wohl neunte oder zehnte Wiener Wohnung bezogen hatten, und wenn alles nicht half, würde er ihn mit einer guten Summe Geld locken. Er wusste schließlich, wie verschuldet Mozart war. Bis über die Ohren, hieß es allgemein.

So schritt denn der Herr Schikaneder am nächsten Morgen hinaus in dieses Wien mit seinem gotisch schlanken Stephansdom, den barocken Adelspalästen und wohl bald hundert Kaffeehäusern, diese Metropole am Schnittpunkt zwischen Ost und West, über der noch wie ein ferner Schimmer das milde Lächeln der von vielen wie eine Mutter verehrten Kaiserin Maria Theresia zu liegen schien.

Aber diese Mutter war nun schon über zehn Jahre tot, und im letzten Jahr war ihr auch der Sohn Joseph II. gefolgt, jener Mann mit dem traurigen Blick und zusammengekniffenen Lippen, der die Mutter so aufrichtig hasste, wie die Übrigen sie aufrichtig geliebt hatten. Alles anders als sie hatte er machen wollen, sein Reich sollte neu und hell und menschlich werden, und am Ende hatte er sich doch nur als Grabinschrift gewünscht: »Hier ruht Joseph, dem nichts gelang.«

Aber was gelang denn den anderen Monarchen besser?

Immer stärker durchzog das Europa des ausgehenden 18. Jahrhunderts die bange Ahnung, am Ende seien die gekrönten Potentaten, nun ja, eigentlich recht überflüssig. Schon war in Frankreich, ehemals Hochburg des gottgewollten Absolutismus, der König zur konstitutionellen Marionette degradiert; und drüben in Amerika brauchten sie bereits gar keine Monarchen von Gottes Gnaden mehr. Dort wählte sich das Volk seinen König selbst, den so genannten »Präsidenten«, und der erste war George Washington geworden, über den der Spott ging, kein König könne sich königlicher geben als der Tabakpflanzerspross aus Süd-Virginia.

Dennoch: Amerika, du hast es besser!, seufzte mancher wie in Weimar der Geheimrat Goethe, während andere wiederum energisch widersprachen: Noch schlimme Zeiten würden kommen, wenn das so weitergehen sollte mit der Monarchie. Dann würden am Ende noch ganz gewöhnliche Menschen – der Bäcker von gegenüber, der Schuster von nebenan – die Throne besteigen und Herrscher sein wollen.

Europa bebte unter vermeintlich glatter Oberfläche, und nicht nur in der Politik. Überall knackte und knisterte es, in der Dichtung, Musik, Literatur, in den Gedankengebäuden der Philosophen wie in der Naturwissenschaft. Einige spürten das. Die meisten jedoch, wie zu allen Zeiten, scherte das wenig.

Sie gingen, wie immer, ihren Alltagsgeschäften nach und dachten nicht an Gott und Könige. Ihre Nöte waren der steigende Brotpreis, das Brennholz für die nächste Winterzeit, der Zank mit dem Nachbarn, die Sorge ums kranke Kind.

Oder, wie nun für Emanuel Schikaneder im Wien der ersten noch winterlich kalten Märztage des Jahres 1791, die Frage, wie er wohl den Herrn Mozart zu seiner »Zauberflöte« überreden könne.

4. März 1791

Konstanze Mozart hat den Kopf gehoben und horcht zur Gasse hinunter. Das dort scheinen die Schritte ihres Mannes zu sein. Aber sie klingen anders, nicht hastend, stolpernd wie sonst, müde eher, schleppend, und auf der Stiege zur Mozart-Wohnung im ersten Stock nimmt er nicht zwei Stufen auf einmal, sondern stapft nahezu mühsam hinauf.

»Ist dir nicht wohl, Wolferl?«

Mozart steht in der Tür. Ein schmaler Mann, nicht groß, mit kleinem müdem Greisengesicht unter der sorgsam straff gekämmten Perücke. Er antwortet nicht.

»Wie war dein Konzert?«

Er hebt nur die leicht vorgezogenen Schultern.

Wie soll es schon gewesen sein, dort drüben zwei Straßenzüge weiter im Lokal des Herrn Ignaz Jahn? Ganz gut besucht, das schon, aber wohl mehr wegen des Herrn Klarinettenspielers Joseph Bär und der Aloysia Lange, Mozarts Schwägerin und immer noch vom Primadonnenruhm früherer, besserer Zeiten umstrahlt.

Mozart setzt sich, den kleinen Bauch vorgeschoben. Ein müder Mann nach hartem Arbeitstag.

»Die haben dein Klavierkonzert gemocht?«

»Wenn sie es verstanden haben!« Er reibt sich das Gesicht, spürt in der Magengegend einen kleinen pochenden Schmerz, hustet kurz, wie um sich davon zu befreien. Aber der Schmerz bleibt.

»Und Aloysia? War sie gut?«

»Recht gut. Nein. Sehr gut war sie ...«

»Na dann ...«

In Konstanzes tiefem Aufatmen hört Mozart sehr wohl die Enttäuschung, dass Aloysia nicht so schlecht gewesen war, wie Konstanze insgeheim gehofft hatte. Neid und Eifersucht sind nun mal das ewige Thema zwischen den beiden ungleichen Schwestern, von denen es die eine zur großen Sängerin, die andere nur bis zur Frau Mozart gebracht hat.

»Ich werde keine Konzerte mehr geben!«

Konstanze fährt zusammen. »Um Himmels willen, Wolferl! Wovon sollen wir dann leben?«

»Vom Komponieren!«

»Vom Komponieren lebt doch keiner!«

Nein, jedenfalls nicht ein Mozart. Dazu müsste einer schon ein Salieri sein, und allein bei diesem Namen des Kollegen, der an Geld und Ehre alles hat, wonach er selbst sich höchstens sehnen kann, spürt Mozart, wie sich sein Magen schmerzhaft zusammenzieht, und muss sich zwingen, nicht an gerade diesen Mann, an sein immerwährend freundliches, Mozart meint: höhnisch herablassendes Grinsen zu denken.

»Die Leute wollen mich doch gar nicht hören. Auch heute Abend nicht. Die sind wegen der Aloysia, wegen Bär und seiner Kunststücke auf der Klarinette gekommen. Ich wurde so hingenommen, na ja. Der Mozart wird schon nicht groß stören, haben sie gedacht.«

Er ist lauter, lebhafter geworden. Die Erbitterung gibt seiner Stimme Kraft und Härte, und Konstanze legt rasch den Finger auf den Mund, weist auf die Tür, hinter der ihr sechsjähriger Sohn Carl Thomas schlummert. Dann starrt sie ihn fast erschrocken an: »Aber...«

»Kein aber«, erwidert Mozart zwar mit gedämpfter Stimme, aber unvermindert heftig, »so war es immer schon. Auch früher. Da ist man zum Wunderkind gekommen, der Mozart selbst war ganz egal.« Und die Phantasie spült ihm Bilder der Erinnerung ins fiebrig flackernde Gedächtnis, er am Klavier, acht Jahre alt vielleicht, in München, Wien, in London oder Paris, in Amsterdam und Brüssel, der Vater nickt, das Spiel beginnt.

Mozart hat sich wieder gefangen, versucht ein Lachen: »Ja, wenn ich wie damals mit verbundenen Augen oder verdeckten

Händen spielen würde! Dann kämen wohl wieder die Leute gerannt. Oder wenn ich mal beim Klavierspiel auf dem Kopf stehen würde ...«

Sein Lachen wird ein Seufzen: »Aber so was gehört in die Kasperlbude, nicht in den Konzertsaal. Und außerdem«, wieder die Hände vorm Gesicht, der Oberkörper vorgeneigt, als presse ihn eine überschwere Last zusammen, »ich bin zu alt für solche Kindereien. Und krank«, er flüstert es fast, »krank bin ich auch!«

»Und ich erst, Wolferl!«

Noch nie ist jemand in Konstanzes Nähe krank gewesen, ohne dass sie sich nicht gleich viel kränker gefühlt hätte. Mozart sieht dennoch erschrocken hoch, sein Blick richtet sich ängstlich auf ihren runden Bauch: »Das Kind?« Seit drei Monaten wissen sie, dass Konstanze wieder schwanger ist.

Jetzt seufzt sie nur ein gedehntes »Nu ja« und nach einer kleinen Pause: »Eine Kur in Baden würde mir mal wieder gut tun.« In den letzten zwei Jahren ist Frau Mozart in diesem exklusiven (und eigentlich viel zu teuren) Kurort vor Wien wiederholter Gast gewesen.

»Wovon sollen wir das bezahlen?«

»Haben wir denn kein Geld?«

In finanziellen Dingen ist Konstanze, wenigstens zu dieser Zeit, fast noch naiver als ihr Mann, dessen Erinnerung wieder in Kinderjahre zurückschweift. Damals hat er nur spielen brauchen, für alles andere sorgte der Papa, auch fürs Geld.

Den Vater gab es nun nicht mehr. Dafür den Herrn Puchberg. Freund, Logenbruder, immer großzügig, hilfsbereit. Also immer wieder ein Bettelbrief an ihn, immer länger, flehender, demütiger. Der letzte steht Mozart noch wie unter einer überscharfen Brille vor Augen: »Wäre mir diese Krankheit nicht gekommen, so wäre ich nicht gezwungen, gegen meinen einzigen Freund so unverschämt zu sein ...«

Der einzige Freund hat gezahlt, wohl seufzend. Allmählich übersteigt der Mozart'sche Schuldenberg selbst Puchbergs beträchtliche Mittel. Diesmal muss also anderes her.

Durch das Halbdunkel der nur von wenigen fast schon niedergebrannten Kerzen erhellten niedrigen Stube spürt Mozart den Blick seiner Frau, flehend, verschreckt, aber auch fordernd. Und fühlt zugleich die tiefe Scham eines Mannes, der für seine Familie nicht sorgen kann.

»Du wirst deine Kur bekommen, Stanzerl. Ich habe da noch einen Auftrag. Hundert Dukaten könnte er bringen.«

Hundert Dukaten! Konstanze schickt der Summe nur ein kleines böses Lachen hinterher. Zu oft hat sie schon solche Versprechungen gehört.

Doch diesmal hat Mozart nicht gelogen.

Es sind die hundert Dukaten, die ihm Schikaneder am Morgen zuvor geboten hat, als er unverhofft an Mozarts Bettstatt stand. Der hatte sich schlaftrunken aus den Kissen gequält, war im Hemd hinüber zur kleinen Waschschüssel gewankt, noch ganz benommen, da er bis in die Morgenstunden an seinem Klavierkonzert gearbeitet und dabei reichlich Wein getrunken hatte.

Missmutig hatte er sich Schikaneder zugewandt: »Ich würde mich gern anziehen!« Der hatte sich in aller Unbekümmertheit auf den Bettrand gehockt: »Nur zu! Mich stört das nicht!« Der Gedanke, es könne den anderen stören, sich ihm nackt oder halb nackt zu zeigen, kam ihm nicht.

Während sich also Mozart mit verschämtem Seitenblick das Hemd über den Kopf gezogen und um die Lenden geschlungen hatte, fing Schikaneder gleich von der »Zauberflöte« zu sprechen an: »Du erinnerst dich doch noch?«

»Pa – pa! Pa – pa!«, kam es von der Waschschüssel her. Nie vergaß Mozart auch nur eine Note, die er je geschrieben hatte. Und Schikaneders Augen blinkten freudig auf. Die Situation schien günstig.

Hastig begann er davon zu sprechen, wie schlecht es mal wieder um sein Theater stand, wie ihn von allen Seiten Gläubiger bedrängten, wie er vor praktisch leeren Rängen spielte, während sich Mozart als häufiger Gast im Theater auf der Wieden nicht erinnern konnte, das 1000-Plätze-Haus je anders als gut gefüllt erlebt zu haben.

Doch so eindringlich beschwor Schikaneder seine große Not, Tränen in den Augen, so fesselnd wusste sich der breite Mann als armer Schlucker darzustellen, den jeden Augenblick der Hungertod erwarte, dass Mozart fast versucht gewesen war, ihm zu glauben und tatsächlich anzunehmen, ohne diese »Zauberflöte« seien Schikaneder und sein Theater ewiger Verdammnis preisgegeben.

Ausgefuchster alter Komödiant!

Aber gerade das hatte er immer schon an diesem Mann geliebt, damals in Salzburg vor mehr als zehn Jahren, als sie sich bei Schikaneders Gastspiel in Mozarts Heimatstadt kennen gelernt hatten, und jetzt wieder.

Der hier machte nicht Theater. Er war Theater. Er atmete, schwitzte, lebte es. Und darum, vor allem darum, nicht seiner Jammerarien wegen und auch nicht nur wegen der gebotenen hundert Dukaten, hatte Mozart endlich zugesagt, sich das Buch zur »Zauberflöte« wenigstens einmal anzusehen, obwohl er es so albern fand wie schon im letzten Herbst, als Schikaneder ein erstes Mal davon erzählte, von dieser ganzen abstrusen Geschichte um einen Prinzen, der im Auftrag irgendeiner Königin zu einem Zauberer – Sarastrus, Sarastro oder so – aufgebrochen war, die Tochter dieser Königin aus den Klauen des Bösewichts zu befreien.

Eine einzige große Albernheit.

»Geh zum Teufel mit deinem Schmarrn«, hätte er am liebsten auch jetzt zu Schikaneder gesagt, um sich danach noch einmal wohlig für ein Stündchen in die Kissen kuscheln zu können. Aber so rasch war der nicht abzuschütteln und hatte wieder mit der Klage um seinen bald sicheren Ruin eingesetzt, wenn ihm nicht der Mozart (»Du bist doch mein Freund? Mein Logenbruder?«) die »Zauberflöte« schriebe.

Mozart hatte seinen Widerstand schwinden gespürt. Außerdem drückte ihn der Darm, und auf dem Kackstuhl hätte er sich nicht so gern präsentiert. Also sprach er denn endlich sein halbes Ja. Befriedigt war Freund Schikaneder davongezogen. Jetzt sitzt Mozart gedankenverloren am Tisch seiner Wohnstube. Die Lippen spitzen sich und formen ein paar Töne.

»Pa – pa! Pa – pa . . .«

»Was singst du da, Wolferl?«

Konstanze blickt jetzt wieder zu ihm hin. Rasch fährt er mit der Hand über die Stirn, als wolle er ein lästiges Insekt verscheuchen.

»Ach, nichts!«

»Ist das aus dieser ›Zauberflöte‹?«

»Aber die Musik dazu ist doch noch gar nicht geschrieben!«

»Geh, Wolferl! In deinem Kopf ist sie doch längst schon fertig!«

Er lacht, steht auf. »Geh ins Bett, Stanzerl! Ruh dich aus!«

»Und du? Bist nicht müde nach dem Konzert?«

»Muss noch denken. Arbeiten.«

Mozart allein. Die Kerzen fast niedergebrannt. Nur eine einzige frische hat er anzuzünden gewagt. Sie muss reichen. In ihrem Flackerschein sitzt er am Tisch, blättert lustlos im »Büchl«.

Wenn das Da Ponte geschrieben hätte! Dann wäre vielleicht auch diese »Zauberflöte« ein solches Meisterwerk geworden wie zuvor der »Figaro« oder sein »Giovanni«. Aber nie würde sich ein Da Ponte für einen solch albernen Zauberspuk hergeben. Er selber auch nicht. Eigentlich. Wenn eben nicht die vermaledeiten hundert Dukaten wären und die Badekur fürs Stanzerl.

Von der Schlafkammer her hört Mozart leises Schnarchen. Sein Stanzerl, gleich tief und prompt eingeschlafen. Er nickt. Sie soll ihre Badekur bekommen, soll spüren, dass es etwas Gutes hat, die Frau vom Mozart zu sein und nicht ein schimmernder Opernstern wie Schwester Aloysia.

Wieder blättert er im Buch, blinzelt aus rot entzündeten Augen, zwingt sich zur genauen Lektüre.

Den Vorschlag einer Ouvertüre überspringt er. Damit hat es bis zum Ende Zeit, wenn man weiß, wie die Sache ausgegangen ist. Erst mal der Anfang.

Der Prinz, aha, stürmt auf die Bühne. Eine Schlange ist hinter ihm her. Wieso eigentlich? Müßige Frage. Mozart schließt die Augen.

Ein Mensch auf der Flucht, sein Schrei: »Zu Hilfe! Zu Hilfe!« Mozart sieht sich selber fliehen, Schlangen auf den Fersen. O ja, von denen hat es immer reichlich in seinem Leben gegeben, mit Teufelsfratzen statt Köpfen, und die eine Fratze zeigt die Züge vom Salzburger Erzbischof, die andere Salieris fettes Grinsen, eine dritte aber ...

Nein! Mozart fährt hoch. Das können eben nicht die Züge des eigenen Vaters gewesen sein. Der war für ihn keine Schlange, nie. Der war sein Hüter und Beschützer, immer. Aber verfolgt hat er ihn, das schon, verfolgt ihn noch jetzt, obwohl er bereits so lange tot ist.

»Halt dich gerade, Wolfgangerl!«

Seine Stimme. Mozart setzt sich zurecht. Kein Gedanke an den verstorbenen Leopold Mozart mehr. Ganz Konzentration aufs Werk.

Der Prinz also ist ohnmächtig, die Schlange aber getötet worden. Von wem? Von drei Damen, nun ja. Was für Damen? Engeln? Teufelinnen? Egal. Mozart kichert. Wie die drei den Jungen umtänzeln und ihn begehren, seine Schönheit rühmen! Wie ihn jede ganz allein für sich haben will!

Auch ihn haben oft Damen umtänzelt. Ein Prinz war er dennoch nicht. Höchstens in seinen ganz frühen Jahren. Da soll er schön gewesen sein, sagen alle, die sich noch an ihn als Kind erinnern können, mit milchweißem Teint und strahlend blauen Augen ...

Mozart sitzt am Klavier. Aber er spielt nicht. Beugt sich vor, sucht sein Spiegelbild im glattpolierten Holz. Er ahnt mehr, als er sieht. Und weiß: So wie der Prinz dort im Buch der »Zauberflöte« sieht er ganz gewiss nicht aus.

Blatternnarben haben die Milchhaut zerschunden. Über dem Hals formt sich ein kleines Doppelkinn. Spitz und übergroß springt die kräftige Nase vor, der »Mozart-Haken«, wie manche lästern.

Nein, schön ist dieser Mann ganz sicher nicht.

Bis auf die Augen. Die blieben, wie sie immer waren: übergroß und strahlend blau. Das Schönste an Mozart. Jetzt wie damals schon an jenem Wintertag 1756, als Wolfgang Amadeus Mozart zu Salzburg geboren wurde.

Nach dem lieben Gott gleich der Herr Papa!

»Was für herrlich blaue Augen der Junge hat!«

Das soll an jenem grauen 27. Januar des Jahres 1756 Vater Leopold Mozart ausgerufen haben, als er in der Salzburger Getreidegasse Nummer neun aus dem Nebenzimmer den ersten Schrei des Neugeborenen vernommen hatte, sofort hinübergestürzt war und das Kind auf den Arm genommen hatte.

Das hielt zwar die Augen fest geschlossen. Aber blaue Augen, so leuchtend wie die eigenen, hatte es, das stand für den Vater fest. Und im übrigen, noch wichtiger: »Es ist ein Sohn. Endlich.«

Das kleine Mädchen in der Ecke, »Nannerl« geheißen und fünf Jahre alt, sah kurz hoch und spielte dann mit seiner Puppe weiter, die wie die Köchin »Salome Musch« hieß.

Gleich am nächsten Tag und noch ganz früh, man hatte es eilig – wer wusste damals schon, wie lange ein Neugeborenes leben würde? –, wurde der Säugling zur Taufe hinüber in die Dompfarre gebracht und dort mit dem Segen der Kirche sowie den Namen Johann Chrysostomos Wolfgang Gottlieb versehen.

Johann Chrysostomos (was so viel wie »Goldmund« hieß) nach einem byzantinischen Patriarchen, der an eben diesem 27. Januar Namenstag hatte. Wolfgang nach dem Vater der Mutter. Gottlieb nur so und aus purer Frömmigkeit, was dann der erwachsene Mozart erst in »Amadeo«, später in »Amadé« übersetzen sollte, nie aber in Amadeus.

Dies blieb späteren Zeiten vorbehalten. Der gleichen späteren Zeit, die wissen wollte, das mit den blauen Augen habe Vater Leopold gar nicht beim Anblick des Sohnes, sondern erst bei der Geburt des ersten Enkels ausgerufen. Doch Mozart, der Geschichten über sich ganz gern hatte und besonders die aus seiner

Kindheit, erzählte es selber so. Und die blauen Augen hatte er nun mal.

Aus diesen Augen also sah das Kind in seine Welt, und die war eigentlich sehr klein, vier Zimmer im dritten Stock hier in der Getreidegasse, wo die Eltern Mozart mit ihren Sprösslingen nebst zwei Bediensteten lebten.

Dem Jungen kam das alles aber riesengroß vor, und draußen ging es weiter, Gasse um Gasse, Platz um Platz. Das war nun Salzburg, die Riesenstadt mit wohl sechzehntausend Einwohnern und dem Salzburger Land rundum, eingeklemmt zwischen Österreich und Bayern, selbstständig seit über tausend Jahren mit einem jeweils neu vom Domkapitel gewählten Fürstbischof als weltlichem wie geistlichem Oberhaupt zugleich.

Es waren Fürsten von Klugheit und Format darunter gewesen, so im Jahrhundert zuvor, als Salzburg von allen Schrecken des Dreißigjährigen Krieges verschont geblieben war. Und auch jetzt im Jahr 1756, da gerade ein Krieg begonnen hatte, der sieben Jahre dauern sollte, streifte das pulverdampfende Weltgeschehen nur seine Grenzen. Ein glückliches Land also. Hell und heiter. Wenigstens bei Sonnenschein.

Die Sonne schien nicht immer.

Wolken zogen häufig auf, die Menschen in den Gassen blinzelten misstrauisch zum Himmel hinauf, und schon begann es zu tröpfeln, dann zu nieseln, bis schließlich die ganze Welt eine einzige Regenwolke zu sein schien.

Die Leute zogen die Röcke fester und eilten in ihre Häuser, auf deren Dächer der berüchtigte Salzburger Schnürlregen in monotoner Eintracht einhämmerte, oft Wochen hintereinander. Zuweilen stieg dann von der Salzach her feiner Nebel auf, der sich wie ein Schleier über alles legte, weißes Barock in graue Spukhäuser verwandelte und die Spitzen der zahllosen Kirchtürme (»Rom des Nordens« wurde Salzburg auch genannt) im grauen Dunst verschwimmen ließ.

An solchen Tagen stand ein kleiner Junge am Fenster in der Getreidegasse und starrte aus seinen blauen Riesenaugen in die tropffeuchte Welt dort draußen, während seine Phantasie graue Gespenster in den Nebel malte, langfingrig durch die Gassen schleichende Gestalten auf der Suche nach ihm, den sie gleich greifen, fangen würden, zu welch schlimmem Zweck auch immer.

Die Welt eines Kindes ist voller Schrecken, von denen Erwachsene nichts ahnen. Das war beim kleinen Wolfgang nicht anders. Manche Nacht lag er wach, hörte den Regen aufs Dach trommeln, und es war ihm, als würden die Nebelgespenster dort draußen anklopfen, um gleich hineinzukommen und ihn zu holen.

Am Morgen danach zitterte er noch immer und fragte sich, wo wohl die seien, die ihn schützen könnten, da sie ihn lieb hatten, und es kam nicht selten vor, dass der Kleine auf den Nächsten zustürzte, den Vater, die Mutter, die Schwester, vielleicht auch auf eine der beiden Dienstmägde oder irgendeinen gerade eintretenden Bekannten der Familie. Stotternd fragte er dann: »Hast du mich lieb?«, und einmal wurde das einem dieser Bekannten, dem Dichter und Musikus Johannes Andreas Schachtner, einfach zu viel.

»Nein«, donnerte er, »ich habe dich Quälgeist ganz und gar nicht lieb.«

Das hätte er nicht sagen sollen.

Der Kleine starrte ihn aus weit aufgerissenen Augen an, als könne er gar nicht fassen, was der ihm sonst so wohlgesonnene Mann eben gesagt hatte. Er schluckte am fürchterlich anschwellenden Kloß in seiner Kehle, schon strömten die Tränen und er weinte so durchdringend, dass es der Vater im Nebenraum hörte und erschrocken hereingestürzt kam: »Was ist denn, Wolfgangerl?«

»Ach, ich habe mit ihm einen kleinen Scherz gemacht, und wie immer fing Wolfgangerl zu greinen an, weil ihn nicht die ganze Welt so richtig lieb hat«, lachte Schachtner. Und, mit kleiner Strenge im Unterton: »Sie sollten darauf achten, bester Mozart, dass unser kleiner Wolfgang keine rechte Heulsuse wird. Etwas Härte kann nicht schaden, auch mal ein Klaps hier und dort. Die Rute ist immer noch die beste Lehrerin.«

Aber das sah der Vater anders, hielt nichts von Härte und Prügel.

Von Strenge ja, die musste sein. Aber sie sollte gleichsam weich daherkommen, den Geist des Kindes formen, nicht brechen. Schließlich kannte Leopold Mozart die großen Pädagogen der Zeit, er hatte seinen François Feneton gelesen, der selbst Frauen für erziehenswert hielt, und seinen Christian Fürchtegott Gellert, den Professor aus Leipzig, mit dem er sogar eine gelegentliche Korrespondenz unterhielt.

Schützend trat er an den weinenden Kleinen heran und legte ihm beruhigend beide Hände auf den Scheitel: »Keine Sorge, Wolfgangerl, wir alle hier haben dich ganz furchtbar lieb!«, und sein Sohn hörte die tiefe, warme Stimme hoch über sich, er umklammerte mit beiden Armen die Knie des Vaters.

Auch die Mutter hatte er lieb, Frau Anna Maria aus der Alt-Salzburger Familie Pertl, die früher einmal sehr hübsch gewesen sein musste, was man trotz der in sieben Schwangerschaften auseinandergeflossenen Figur immer noch ahnen konnte.

Aber lobte oder tadelte sie ihn, bedeutete das nicht viel, wohingegen des Vaters Lob und Tadel gültigen Ewigkeitswert hatten, den man in stiller Demut hinnehmen musste wie Gottes eigenes Gebot. Und wie einem Gott blickte der Sohn diesem Vater hinterher, wenn der, die Geige unter dem Arm, im tadellos gebürsteten Rock mit blütenweißen Manschetten hinüber zum Dienst beim Herrn Fürstbischof ging, in dessen Orchester er Vizekapellmeister sowie Hofkompositeur war.

Ja, dort schritt wohl in majestätischer Erhabenheit Salzburgs eigentlicher Herrscher dahin. Und mochte darüber noch als gleichsam irdische Macht der Herr Fürstbischof in seinem Palais stehen, den man zuweilen vierspännig durch die Gassen rasseln sah, blieb es doch dabei: »Nach dem lieben Gott kommt gleich der Herr Papa!«

So hatte es das Kind einmal beim Nachtmahl verkündet, die Mutter lächelte dazu gütig mit weichem Blick in den schönen Augen, und auch der Vater schmunzelte, während sich in gespielter Strenge seine Stirn skeptisch krauste. Nur Schwester Nannerl streckte dem Bruder die Zunge raus, heimlich nur, aber herzhaft, weil sich dieser Bruder wieder mal so trefflich bei den Eltern eingeschmeichelt hatte.

Überhaupt wusste in diesen Jahren Nannerl, die eigentlich Maria Anna hieß, nie so recht, ob sie über die Geburt des kleinen Bruders wirklich so glücklich sein musste, wie ihr die Eltern befohlen hatten.

Drei Mozart-Kinder vor ihr waren gleich nach der Geburt gestorben, zwei nach ihr, und fünf Jahre lang war das Mädchen praktisch ein Einzelkind gewesen, gleichsam Sohn wie Tochter in einem. Und der Vater hatte gesagt: »Was brauche ich einen Sohn, wenn ich eine wie dich habe, mein kleines Nannerl?«

Jetzt aber war dieser Bruder da.

Er krabbelte durch die Stuben. Er sprach sein erstes Wort, bekam den ersten Zahn. Es kam der Tag, da er ein erstes Mal auf noch wackligen Beinen von der einen Wand zur anderen stapfte, und zu allem jauchzten die Eltern, als hätte sich ein Weltwunder ereignet, während sich Nannerl an keinerlei Jauchzen bei ihrem eigenen ersten Zahn und ersten Schritt erinnern konnte.

Und sie war dann hinausgegangen, ins andere Zimmer, wo das Klavier stand, hatte sich dort in fordernder Bestimmtheit ans Instrument gesetzt und schon mal einen kräftigen Akkord angeschlagen, bis endlich der Vater kam und mit etwas zerstreutem Lächeln sagte: »Richtig, Nannerl! Wir wollten ja üben.«

Es kam aber immer häufiger vor, als Bruder Wolfgang wohl so drei, vier Jahre alt war, dass sich während dieser Übungsstunden die Tür einen Spaltbreit öffnete. Der Bruder schob sich dann in den Raum, immer näher ans Instrument, bis er schließlich unmittelbar neben der Schwester stand, und hatte sich nicht im geringsten daran gestört, dass sie ihm einen bösen Blick zugeworfen und gefaucht hatte: »Geh weg! Ich übe!«

Der Vater, unfassbare Nachsicht, da er doch mit ihr immer so streng war, hatte jedoch den Bruder hochgehoben und nur gemeint: »Nun sei nicht so garstig zum Wolfgangerl! Lass ihn auch mal ans Klavier, wenn er denn spielen will!«, und der Kleine saß vor dem Instrument, die Patschhändchen konnten nur wenige Tasten fassen. Aber was er spielte, war zweifellos Musik, von Mal zu Mal immer gewandter, schöner, wahrlich kleine Hexenstückchen, mit flinken Fingern hingewischt.

»Donnerblitzbub!«, dachte der Vater.

Er, der Buchbindersohn und Jesuitenzögling aus Augsburg, hatte nach kurzem Schwanken, ob er nicht vielleicht doch lieber Priester werden solle, zur Musik gefunden, weil er sich davon ein gewisses Maß an Freiheit versprochen hatte.

Denn auch in diesem Mann, obgleich streng im Sinn einer Ordnung mit klarem Unten und Oben erzogen, lebte schon die Sehnsucht, diese Ordnung einmal zu durchbrechen, seinen ganz eigenen, von keiner Obrigkeit diktierten Weg zu gehen, und wenn die Menschen zu dieser Zeit noch nicht so weit waren, dafür auf die Barrikaden zu steigen, so richtete mancher schon seine eigenen Barrikaden in sich selber auf.

Für Leopold Mozart war das die Musik.

»Im Reich der Töne kann jeder König sein«, wie er es später seinen Sohn lehrte. Er selbst hatte sich dieses Königreich hart erarbeitet, mit guter Stimme, einiger Fertigkeit auf verschiedenen Instrumenten, viel Wissen über Notenkunst und Musiktheorie, ein unermüdlich Strebsamer, der ebenso gründlich Geschichte, Naturwissenschaften sowie allerlei Sprachen studierte, bald schon vollkommen Italienisch, recht gut Französisch und leidlich Englisch sprach, zudem noch Griechisch und Latein.

Hier aber, in Gestalt seines vierjährigen Sohnes, saß einer am Klavier, der solch eisenharten Fleiß offenbar nicht brauchte. Aus dem schien Musik gleichsam hinauszuströmen, ja, er schien selbst Musik zu werden, sobald er nur am Klavier saß und sich die ersten Töne hinauf zur Decke schwangen.

»Er musiziert, wie er atmet«, musste der Vater oft denken und hätte gern gewusst, woher der Junge das wohl hatte. Denn vor ihm selber war bei den Mozarts nie einer durch große musikalische Begabung aufgefallen, und auch bei ihm – selbstkritisch-nüchtern gestand er es sich ein – ging das Talent über ein robustes Mittelmaß kaum hinaus.

Die Mutter wies zuweilen schüchtern auf Großvater Wolfgang hin, der auch schon recht musikalisch gewesen war. Aber das wischte der Vater weg: »Der Junge ist ein Wunder!« Das war dazu sein letztes Wort.

Dann saß er da und schrieb auf, was der Wundersohn wieder gelernt hatte: »Das vorhergehende 8 Menuet hat d. Wolfgangerl im 4. Jahr gelernet. – Diesen Menuet hat d. Wolfgangerl auch im Vierten Jahr seines Alters gelernt …«

Und so weiter. Nannerls Fortschritte wurden nicht eigens verzeichnet.

In der Regel brauchte der Junge mit seinen vier, fünf Jahren keine halbe Stunde, um selbst schwierigere Stücke zu lernen. Er lernte sie aber weniger, als dass er sie in sich aufsog, und diese halbe Stunde hätte auch ein Tag oder die Ewigkeit sein können.

Denn dann bestand für ihn keine andere Wirklichkeit als die Musik. Alles Übrige schien wie versunken, es nieselte kein Schnürlregen, kein Nebel kroch durch die Gassen. Gebannt schien jeder böse Geist, und alle, wirklich alle hatten Wolfgang lieb.

Erst wenn die halbe Stunde vorüber war und alles still, kam das andere wieder. Dann saß der Junge nicht mehr irgendwo im lichten Himmelsblau auf einer Wolke, sondern hier unten in der dumpfen Stube der Getreidegasse, und das Salzburg draußen – ein erstes Mal sollte er das fühlen, später dann steigerte sich das Gefühl bis zur Hysterie – war nicht mehr die Heimat, kuschelig und traut. Das war ein Gefängnis, mit den Bergketten im Hintergrund als unüberwindlich abschüssigem Mauerwerk und der Festung über der Stadt als steinerner Drohung.

Mit einem kleinen Seufzer klappte er bei solchen Bildern und Empfindungen den Klavierdeckel zu. Und wartete sehnsüchtig auf die nächste halbe Stunde, die ihm wieder das Wunder Musik bringen und von der grauen Wirklichkeit erlösen würde. Die Zeit dazwischen existierte praktisch für ihn nicht.

Durfte er aber wieder den Deckel hochklappen, war er es manchmal leid, sich immer nur von den Noten anderer seine Musik vorschreiben zu lassen. Schließlich hatte er genug eigene Töne im Kopf.

Nur ließen sie sich nicht einfach so dahinspielen. Und der Kleine rutschte vom Schemel, auf den man zwei Kissen gestapelt hatte, damit er überhaupt an die Tasten reichen konnte, ging hinüber zu Vaters Schreibtisch, stapelte auch dort zwei Kissen auf den Stuhl, setzte sich, wie er den Vater hatte sitzen sehen, tauchte wie er die Feder in die Tinte, nur zu tief, viel zu tief, bis auf den Grund des Tintenfasses, und das Erste, was er auf das Notenblatt malte, war keine Note, sondern ein dicker schwarzer Klecks.

Er wischte darüber hin, dass die Tinte übers halbe Blatt verschmierte, das geschah auch beim zweiten Eintauchen der Feder ins Fass und beim dritten Mal wieder, so dass endlich mehr Kleckse als Noten das Blatt bedeckten. Dennoch streckte es der Junge nicht ohne Stolz dem Vater entgegen, als der zusammen mit Freund Schachtner eintrat.

In gespielter Ernsthaftigkeit nahmen die beiden das Werkchen in Augenschein, mit einem Augenzwinkern, während sich beider Stirn wie in respektvoll abwartendem Staunen krauste, und Schachtner unterdrückte nur mit Mühe ein kleines Prusten.

Aber Leopold Mozart war plötzlich ernst, sehr ernst geworden. Gleich nahm er sich das Blatt noch einmal vor, führte es dicht an die nicht mehr ganz intakten Augen, sagte sehr leise: »Das ist ja ein richtiges Konzert!«, wobei er das Blatt noch einmal dem anderen reichte, und der nahm es, summte ein paar der dort notierten Takte, ließ die Noten sinken: »Tatsächlich! Ein Konzert!«

»Ich habe nahezu Angst um ihn«, meinte später der Vater, als die beiden Herren zu einem kräftigen Kaffee die langen Pfeifen entzündet hatten. Aufs Dach trommelte wieder der Salzburger Regen, die Kinder schliefen in der Kammer, Wolfgang mit einem stolzen, kleinen Lächeln um die Lippen.

»Angst«, wiederholte Leopold Mozart und dachte an die vielen harten Stunden, die er selbst schon als Kompositeur an Klavier und Notenpult verbracht hatte. Er galt als geschickt, mit schönen Einfällen und eigener prägnanter Handschrift, und im Jahr vor Wolfgangs Geburt waren ihm zwei besonders passable Kompositionen gelungen, »Musikalische Schlittenfahrt« und »Bauernhochzeit«.

Darauf war er stolz, nicht zuletzt im Gedanken an alle Mühe und Sorgfalt, die er über lange Wochen hin auf beide Werke verwandt hatte. Hier aber setzte sich ein gerade Fünfjähriger hin, und zwischen lauter verwischten Tintenflecken fand sich ...

Nein, kein Meisterwerk. Aber doch schon eine Ahnung dessen, was in seinem Sohn noch stecken könnte. Leopold Mozart neigte sich wieder über das verschmierte Notenblatt.

»Freuen Sie sich doch, mein Lieber!« Schachtner tat einen tiefen Pfeifenzug. »Die Musik könnte Ihren Sohn davon abhalten, mit seinem Talent einmal ein ganz schlimmer Bösewicht zu werden.«

»Wie meinen Sie das?« Leopold Mozart sah erstaunt hoch. Schachtner hob die Schultern: »Hat einer nur Talent und am Ende noch zu viel davon, ohne recht zu wissen, wohin damit, kann er darüber sehr wohl zum ausgemachten Schurken werden. Denken Sie nur an den Preußenkönig droben in Berlin!«

»Was hat mein Wolfgangerl mit diesem Fridericus zu tun?«

»Er ist ein Genie, vielleicht, und Fridericus ist es auch. Jedenfalls sagen das die Leute, und es wäre schön, würde er dieses Genie in die Musik stecken wie Ihr Sohn oder Bilder malen oder was immer tun. Doch was fängt er mit seinen überreichen Gaben an? Verpasst seinen Untertanen die ›grauen Sterberöcke‹, wie er selbst die Uniformen der Soldaten nennt. Und seine Kriege führt er nur – das hat er selber mal gestanden –, um seinen Namen möglichst häufig in den Gazetten zu lesen.«

Schachtner nahm einen letzten Schluck Kaffee: »Hoffen wir, mein lieber Mozart, dass unser Wolfgangerl einmal nur seiner wunderbaren Musik wegen in den Gazetten steht.« Worauf er noch dem anderen kräftig zunickte: »Ihr Sohn, wenn man ihn lässt, wird einmal ein ganz Großer sein. Davon bin ich überzeugt, jawohl!«

Dieses Gespräch hatte Leopold Mozart, der schon seit einiger Zeit mit mancherlei Gedanken umging, nochmals sehr nachdenklich gemacht, und so tief war er in diese Gedanken versunken, dass er fast das Nannerl übersehen hätte, als sie bald nach des Bruders erstem Kompositionsversuch mit einem eigenen vollgeschriebenen

Notenblatt vor den Vater hintrat und einen scheuen Knicks machte: »Sehen Sie nur, Papa, was ich geschrieben habe!«

»Sehr schön, mein Kind«, nickte er freundlich, war aber nach einem flüchtigen Blick auf die sehr sauber, ohne einen einzigen Tintenklecks hingeschriebenen Noten gleich wieder bei seinen anderen Überlegungen, zumal es ihm völlig ausgeschlossen, ja absurd schien, dass ein Mädchen jemals eine ernstzunehmende Komponistin sein könne.

Aber der Junge!

Wolfgang musste Musiker werden, das stand für ihn fest. Denn fast eine Sünde wäre es gewesen, dieser Welt ein solches Wunder vorzuenthalten. Aber kein Musiker wie er selbst, der für ein paar Gulden im Dienst irgendeines Bischofs darben musste.

Es fehlte Vater Mozart nicht an Selbstbewusstsein. Weit höhere Positionen als seine jetzige hätte er sich nicht nur gewünscht, sondern jederzeit auch zugetraut, wenigstens die eines ersten Hofkapellmeisters hier in Salzburg. Vorerst nur Vize, hatte er darauf gewartet, einmal die Nachfolge des bisherigen Hofkapellmeisters Johann Ernst Eberlin anzutreten. Zugleich ging aber das Gerücht, der andere Vizekapellmeister, ein gewisser Giuseppe Maria Lolli, sollte einmal dieses Amt übernehmen.

Ein Italiener. Umglänzt von Weltläufigkeit und der angeblich nur Italienern angeborenen Musikalität. Kein einfacher Augsburger, dessen Name weniger wie Musik, mehr wie ein Axthieb klang.

Nein, so sollte es dem Sohn nicht gehen. Er sollte kein ewiger Vize werden, sondern der Erste, Allererste sein. Dafür aber musste die ganze Welt ihn kennen, damit es sich endlich eine Fürstlichkeit, wenn nicht gar in Wien der Kaiser selbst als Ehre anrechnen würde, einen Mozart in seinen Dienst zu nehmen.

Es musste eben nur dieser Sohn, das kleine Wunder, in aller Welt bekannt werden und das möglichst bald. Denn ein noch so begabter Zwanzigjähriger würde der Welt kaum mehr als ein wohlwollendes Kopfnicken entlocken. Ein Kind aber, kaum sechs ...

Leopold Mozart ging zunehmend gedankenvoll einher, man hörte ihn oft leise vor sich hin murmeln, und es waren vor allem

Namen von Städten, alle sehr groß und zum Teil sehr weit entfernt: »München ... Wien ... Paris ...«

Auch sah man ihn sich über Landkarten beugen, Entfernungen berechnen, Rechnungen aufstellen, und einmal war er zu Johann Lorenz Hagenauer gegangen, der nicht nur sein Vermieter in der Getreidegasse, sondern auch so etwas wie ein Freund geworden war. Den hatte er um ein größeres Darlehen gebeten, auch den Grund dafür genannt und aufgeatmet, als Hagenauer nach kurzem Zögern nickte.

An diesem Abend erzählte er zum ersten Mal seiner Frau von den schon länger gehegten Plänen.

Sie lagen bereits im Bett, und Leopold Mozart sprach davon, wie sie mit ihren beiden Kindern auf Konzertreise gehen wollten. Ja, auch Nannerl würde dabei sein: »Ein hübsches Geschwisterpaar rührt alle Herzen.«

München, nicht gar so weit, sollte eine Art Probe sein, dann Wien, »vielleicht lässt man die beiden vor der Kaiserin spielen, kinderlieb, wie sie ist«, dann weiter, immer rund um den Kontinent, »ich denke, bis Paris, bis London, Amsterdam. Und Italien nicht vergessen ...«

»Mein Gott, du willst die Kinder durch die ganze Welt schleppen?«

»Nur durch ein paar Städte, damit man weiß, wer ein Mozart ist.«

Draußen an der Tür horchten die Geschwister. Schon seit Tagen war ihnen manches seltsam vorgekommen, halbe Bemerkungen, flüchtig hingeworfene Worte wie Extrapost und Reisegeld. Jetzt wollten sie es genauer wissen, und Wolfgang wisperte: »Was sagen sie?«

Die Schwester legte nur den Finger auf den Mund und presste das Ohr noch dichter ans Holz.

»Wenn das nur gut geht, Leopold«, hörte sie die Mutter seufzen, worauf der Vater sagte: »Es muss und wird gut gehen. Gott verlangt, dass wir unsere Gaben mit der Welt teilen, und meine größte Gabe – die ist, nun ja, mein Sohn.«

»Unsere Kinder«, ergänzte die Mutter rasch. »Unsere Kinder, ja. Mit ihnen geht es in die Welt hinaus.«

Die beiden vor der Tür strahlten sich an und schlüpften zurück in ihre Betten: »Hast du gehört? Es geht auf große Reise. Auf Reisen gehen wir ...«

Anfang Juni 1791

Mozart wartet. Gemeinsam mit dem Kutscher hat er das Gepäck auf den Wagen geladen, der gleich Frau und Sohn zur Kur hinüber nach Baden bringen soll. Jetzt tritt er von einem Fuß auf den anderen, ungeduldig wie immer. Konstanze hätte längst schon unten sein können.

Aber Pünktlichkeit hat die Frau Mozart nie gelernt, wie vieles andere auch nicht, Kochen zum Beispiel oder mit dem Haushaltsgeld auskommen.

Mozart tritt leicht mit der Fußspitze gegen die Wagenspeichen und seufzt gereizt auf.

»Sie wird gleich kommen, Meister«, beruhigt der junge Mann, der geduldig auf dem Wagentritt hockt. Mozart bedenkt ihn mit einem schrägen Seitenblick.

Dieser Süßmayr. Franz Xaver mit Vornamen. Und gleich bei ihrer ersten Begegnung hatte ihn der um zehn Jahre Jüngere gebeten, ihn so zu nennen, während er selber zu Mozart nie anders als beharrlich »Meister« sagt. Das hatte Mozart nicht gemocht, es klang so kriecherisch devot. Aber er hat es dem anderen nicht abgewöhnen können.

Nein, er selbst wird nicht »Franz Xaver« zu ihm sagen, sondern – mal per Sie, mal per du – »Süßmayr«, nur »Süßmayr«, in ruppig barschem Tonfall, bei dem der Angesprochene jedes Mal zusammenschrickt, was Mozart jedes Mal genießt. Und er hat immer einen reichlich groben Scherz für ihn, als wolle er sich gegen ein Zuviel an zudringlich-einvernehmender Unterwürfigkeit schützen, die am Ende noch irgendwann ihren Preis fordern könnte.

Auch bei diesen Scherzen zuckt Süßmayr stets zusammen, wie ein Hund, der eben einen Hieb bekommen hat. Doch er lässt nicht nach in seiner stets präsenten Hilfsbereitschaft. So ist er in den letzten drei Jahren Mozart zwar lästig, aber auch unentbehrlich geworden, als Assistent, Notenkopist, Helfer bei allem.

Süßmayr ist selbst Komponist, kein schlechter mit gutem dramatischem Gespür. Mozart muss das mit kleinem Widerwillen einräumen. Salieri-Schüler dazu, bei diesem Namen lässt Mozart die Lippen verächtlich zucken. Aber Süßmayr, niemand kann es leugnen, versteht sein Handwerk, literarisch, musikalisch und auch so.

Mozart betrachtet ihn aus den Augenwinkeln.

Wie er wieder da hockt, blass und still, ganz Ergebenheit, den Hut schon auf dem Kopf, die kleinen Hände – Babyhände, findet Mozart – um einen zu kräftigen Stock geklammert. Schulmeistersohn, früh verwaist, wohl mehr aus Barmherzigkeit zur Ritterakademie zugelassen, dort allerdings einer der besten Schüler, ein Muster geradezu. Fleißig. Gescheit. Ein Streber.

Mozart wüsste gern, wohin er strebt.

Süßmayr hüstelt. Wahrscheinlich ist er krank. »Du solltest besser hier bleiben, dich mal kräftig auskurieren«, sagt Mozart in einem ihn selbst verblüffenden Anfall von Besorgnis, und das »Du« klingt diesmal nicht herablassend, sondern fast freundschaftlich.

Freudig sieht Süßmayr hoch, schüttelt jedoch nur den Kopf und zieht wieder die Schultern ein, als würde ihn gleich der nächste Hieb treffen. Mozart seufzt abermals, diesmal eher nachdenklich.

Ist es richtig, diesen Kümmerling seiner Konstanze als Gefährten auf ihrer Fahrt nach Baden mitzugeben? Würde er ihn nicht hier in Wien viel mehr brauchen?

Aber Mozart treibt eine unbestimmte Sorge. Als müsse er seine Frau und das Ungeborene in ihrem Leib schützen, er weiß selber nicht genau wovor. Denn große Gefahren würden sie im stillen Baden kaum erwarten. Aber es ist ihm einfach wohler, in ihrer Nähe einen Ausbund an Ergebenheit wie Süßmayr zu wissen.

»Nun sag bloß, Wolferl, dein Stanzerl könne nicht auch pünktlich sein!«

Konstanze. Endlich tritt sie aus dem Haus, Söhnchen Carl Thomas an der Hand, den Leib schon stattlich gewölbt, einen kleinen Hut schief auf den Locken, dass die Krempe fast bis zum linken Auge hinunterreicht, daran eine alberne, grün gefärbte Feder. Auch Geschmack hat sein Stanzerl nie gelernt. Mozart lacht auf.

Nur eine halbe Stunde hat sie ihn diesmal warten lassen, im Gefühl, die pünktlichste Frau der Welt zu sein. Jetzt umarmt sie ihn.

»Kannst nicht doch mitkommen, Wolferl?«

»Du weißt doch, Stanzerl. Die Arbeit …«

»Arbeit. Immer Arbeit …«

Sie hatte sich in früheren Jahren die Ehe mit einem gefeierten Musikus anders vorgestellt. Viele Feste, Personal, ein großes Haus – und zwischendurch wäre der Mann hinüber ans Klavier gehuscht und hätte rasch ein Meisterwerk geschrieben. Aber nun: Arbeit, nur Arbeit …

»Ich komme nach, sobald ich kann, Stanzerl. Sieh erst mal zu, dass du wieder recht gesund wirst …«

»Ach, Wolferl …« Ihr Gesicht nimmt wie immer, wenn es um ihr Wohlbefinden geht, einen leidenden Zug an.

»Es wird dir gefallen in Baden. Ich habe eine schöne Wohnung ausgesucht, zwei Kammern für euch ganz allein …«

»Und dir wird es auch nicht zu still werden so ganz ohne uns, Wolferl?« Sie kennt ihres Mannes große, manchmal panische Angst vor tonloser Leere und Einsamkeit. Er schüttelt rasch den Kopf, versucht einen leichten Ton, obwohl ihm vor dem Gedanken ans Alleinsein graust.

»Der Schikaneder hat gesagt, wenn es mir zu still werden sollte daheim, kann ich immer hinüber ins Theater kommen, ins Häuserl im Bühnenhof. Dort könnte ich sitzen und arbeiten, und reichlich zu essen, gut zu trinken gibt es auch. Dafür würde er schon sorgen, der Schikaneder …«

»… und für leckere Weiber ebenso.«

Eifersucht blitzt in Konstanzes Blick. Die Stimme – das schmerzt Mozart fast physisch – verzieht sich ins Schrille. Er kennt diesen Ton, seufzt nur leicht. Dann: »Leb wohl, Stanzerl!« Er umarmt den Sohn: »Du auch, Carli. Und pass mir gut auf die Mama auf.« Er wendet sich Süßmayr zu, streckt die Arme aus, wird fast herzlich: »Sie aber, lieber Süßmayr ...«

Süßmayr neigt sich vor, hofft auf eine Umarmung. Mozart belässt es bei einem kräftigen Händedruck, einem herzlichen Lächeln. Und registriert verwundert Süßmayrs langen Blick erst zu ihm, dann auf Konstanze, gleichermaßen ängstlich wie hoffnungsvoll und seltsam sehnsüchtig. Dann steigt der junge Mann zu den anderen in den Wagen.

Der Wagen ruckt an. Mozart hat den Schlag zugeworfen, winkt noch einmal, will ins Haus zurückkehren.

In die Stille dort. Die leere Einsamkeit. Unerträglich.

Er würde jetzt gern reiten, ins Weite hinein, wie ihm schon vor Jahren der Arzt geraten hat: »Mehr Bewegung, lieber Mozart, mehr spazieren gehen oder reiten!« Und: »Am besten halten Sie sich ein eigenes Pferd! Das zwingt Sie dann, jeden Tag wenigstens einmal auszureiten.«

Mozart hatte genickt, er hatte nicht gesagt, dass er sich ein Pferd kaum würde leisten können. Am Ende hatte er sich wirklich ein Pferd gekauft, einen Braunen mit einer langen Blesse, der in einer Stallung nahe seiner Wohnung untergebracht war.

Dort stand er nun nicht mehr.

»Verkauf endlich den Gaul!«, hatte Konstanze gedrängt. Sie hielt ein eigenes Pferd für überflüssigen Luxus, ja, für schiere Anmaßung, wenn man zugleich nicht wusste, wie man die Miete zahlen sollte. Verschwendung ebenso wie die Seidenanzüge ihres Mannes mit der Goldstickerei, den eigenen Diener und den jeden Morgen ins Haus zitierten Coiffeur, der Zopf und Locken in die richtige Form zu bringen, sie mit dem teuersten Puder zu überstreuen hatte.

Überflüssig das alles, auch die erlesenen Duftwässer, die er so liebte, die Schokolade, die er so gern aß, die stets blütenreinen Manschetten aus feinster Spitze.

»Wir Musiker sind Könige. Und wie Könige müssen wir uns geben, nicht wie Vagabunden, die kein sauberes Hemd im Schrank haben.«

Der Vater damals. Vor jedem Auftritt hatte er ihn wie Nannerl aus kritisch zusammengekniffenen Augen gemustert, bevor sie wie Fürstenkinder aufgeputzt hinaus in den Konzertsaal traten. Und Mozart hat das beibehalten, gleich wie schlecht es ihm geht. Die Fassade muss schimmern und funkeln.

Auch jetzt meint er den unerbittlichen Blick des Vaters zu spüren und wischt eine nicht vorhandene Staubflocke von der Schulter.

Er wird nicht reiten. Er wird laufen. Das dürfte selbst in Konstanzes Augen kein überflüssiger Luxus sein.

Er geht los, einfach so. Geht bald nicht mehr. Hastet, rennt, stolpert. Das ist die Art, wie sich Mozart fortbewegt, schon als Kind. Tausend Noten schwirren dazu in seinem Kopf, zu allen nur denkbaren Ouvertüren, Konzerten, Symphonien.

Das alles würde er noch irgendwann komponieren müssen, muss sich nur hinsetzen, diese Noten niederschreiben. Das ist für ihn die größte, die eigentliche Mühe, die er am meisten scheut. Und dann ist da auch noch diese vermaledeite »Zauberflöte«. Von wie viel anderem Wichtigerem, Größerem hält ihn dieses Machwerk ab!

Er sieht das Buch vor sich. Oben auf seinem Arbeitstisch. Gern hat er einen Bogen darum gemacht, es dann aber doch genommen, aufgeschlagen, und gleich sind ihm dazu Melodien eingefallen. Die Arie des Prinzen. Der Augenblick, da die Königin der Nacht erscheint, um die entführte Tochter klagt ...

Nicht Schikaneders Verse reißen ihn mit. Die sind mittelmäßig, allenfalls. Und die Fabel bleibt abstrus. Zudem weiß Mozart recht genau, wo überall sie sich der Schikaneder zusammengeklaubt hat.

Im Französischen gibt es einen Roman, »Sethos« oder so heißt er, Mozart hat ihn mal in seiner Pariser Zeit gelesen. Er handelt von der Weihe eines schönen, jungen Ägypterpriesters, und ein Abbé, wahrscheinlich schwul, hatte das geschrieben, vor sechzig Jahren schon.

»Oberon« vom Wieland lugt gleichfalls heftig um die Ecke, dazu manches aus Wielands Märchensammlung »Dschinnistan«, wie heißt das eine Märchen noch?

»Lulu«, richtig, »Lulu oder die ...«, da haben wir es!, »... oder die Zauberflöte.«

Mozart steckt die Hände in die Taschen. Christoph Martin Wieland, Herausgeber der bedeutendsten literarischen Zeitschrift damals, dem »Teutschen Merkur«, war des Vaters Lieblingsdichter gewesen. Vielleicht hätte das Leopold Mozart mit dieser »Zauberflöte« versöhnt, mit diesem ...

Machwerk. So würde es wohl der Herr Papa nennen.

Plötzlich hat er des Vaters Stimme im Ohr, hart und höhnisch: »Ach, eine Zauberoper fürs gemeine Volk schreibt jetzt mein Herr Sohn? Habe ich ihn dafür in ganz Europa bekannt gemacht? Hat er das vergessen?«

Mozart hat das nicht vergessen. Nie.

Nicht jene Jahre, als sich ihm Zauberwelten wie Paris und London öffneten, Damen in Seide, Herren in Samt nach seinem Spiel nur so zu lechzen schienen, als alle Welt ihn, nur ihn lieb zu haben schien und selbst ein so berühmter Mann wie Johann Christian Bach, Sohn des großen Johann Sebastian Bach, neugierig zur Schwelle hin sah, auf der das Kind Mozart stand.

Alle sind in den Buben verliebt

»Kommen Sie nur herein, mein lieber Freund!«

Der hochgewachsene Mann mit dem freundlich-ernsten Blick hatte sich der Tür zugewandt, wo das Kind Mozart erschienen war, ganz der kleine Kavalier, makellos in Puderlocken und Escarpins, den Degen an der Seite.

»Ein kleiner Erwachsener. Kein Kind«, dachte Johann Christian Bach, Hofkompositeur, Konzertmeister und nahezu allmächtig im Londoner Musikleben. Jetzt lächelte er, streckte die Hand aus. Mozart versank in einer überartigen Verbeugung. Bach lachte nur: »Aber nicht doch, lieber – Kollege …«

Der Junge sah etwas erschrocken hoch, als wolle sich der andere über ihn lustig machen. Aber beim Blick in dessen ruhig forschende Augen atmete das Kind auf und erwiderte strahlend das Lächeln des anderen. Der hier, gottlob, schien ihn richtig lieb zu haben!

Am Abend zuvor war im Queen's Palace drüben im Londoner St. James Park großes Konzert gewesen, und nur mit leisem Widerwillen, mehr aus Pflicht und Höflichkeit, hatte sich Bach dort eingestellt.

Seine Ohren klangen von allen schwelgerischen Lobpreisungen rund um die Mozart-Kinder, die fast schon ein Jahr quer durch Europa unterwegs waren, und ob in Wien oder Paris: Alle Welt schien ganz verrückt nach ihnen zu sein. Nur noch von einem »Wunder« war die Rede, und auch nicht die berühmtesten Kastraten dieser Zeit, nicht mal die Primadonnen in der Londoner Haymarket Opera konnten mit solch emphatischem Jubel rechnen wie dieses Kind.

Johann Christian Bach, Sachse und eher nüchtern in seiner Welt- und Menschensicht, spürte leises Unbehagen. Mit allen

Wassern des Musikbetriebs gewaschen, kannte er nur zu genau dessen Tricks und Mechanismen, um noch auf irgendwelche Reklame-Finten hereinzufallen. Und dann der Vater, dieser Leopold Mozart! Wer war nur dieser Zuchtmeister seines gerade achtjährigen Sohnes?

Bach hatte der eigene Vater nie zur Kunst gezwungen. Er hatte ihn zwar unterrichtet, nun gut, dann aber seinen Jüngsten den eigenen Weg gehen lassen, über Italien bis hierher nach London, und das war gut so gewesen. Junge Bäume, ein Standardspruch des alten Johann Sebastian, muss man zuweilen richten, sie aber im übrigen sprießen lassen.

Dieses Bäumchen aber, ein Kind den Jahren nach und doch kein Kind ...

Johann Christian Bach hatte sich an diesem Abend in den hintersten Winkel des kleinen Konzertsaals zurückgezogen, wo König George III. und seine Frau Sophie Charlotte in der ersten Reihe saßen, und zunächst nur zugehört.

Erst mal das Mädchen. Hübsch anzuschauen, brillant im Spiel. Wohlwollen breitete sich aus, und die Königin sah man sogar heimlich eine Träne wegtupfen. Wie gern wäre sie selbst Musikerin gewesen und keine einflusslose Herrscherin an der Seite dieses Königs mit dem roten Bauerngesicht, dessen breite Hände stets mehr einen Pflug übers Feld zu schieben als ein Szepter zu umklammern schienen.

Jubel ums Nannerl. Die Königin hatte einen Kuss auf die Stirn der Kleinen gehaucht, Bach einige Male höflich in die Hände geklatscht. Im übrigen war er von ihrem sicheren Können nicht so überrascht. Das Mädchen war immerhin bald vierzehn, fast schon eine junge Frau. Hier noch von einem Wunder zu sprechen, schien denn doch verfehlt.

Jetzt aber dieser Knirps, acht Jahre alt, wenig über einen Meter groß. Und schon wirbelten die kleinen Hände nur so über die Tasten, fehlerlos, virtuos. Bachs Augen suchten den Blick des Vaters. Stolz, ein wenig überheblich: Seht her, so ist mein Sohn! Und Leopold Mozart war vorgetreten, hatte ein Schnupftuch über die Hände des Jungen gelegt. Der spielte weiter. Jetzt band er ihm ein anderes Tuch vor die Augen. Der Kleine ließ sich nicht beirren.

»Er spielt nicht. Es spielt aus ihm«, dachte Bach.

Bravorufe, Applaus. Bach sah zu seinem Freund Karl Friedrich Abel hinüber, dem anderen Allgewaltigen in Britanniens Konzertwesen. Der erwiderte den Blick und hob nur wie in hilfloser Verwunderung die Schultern: Was vermögen wir zwei alte Hasen gegen solch ein Naturereignis? schien die Geste auszudrücken.

King George, noch immer in die roten Hände klatschend, wuchtete sich hoch, griff hinter sich, zog Noten hervor. Werke vom alten Händel, von Abel, von Bach selbst. Die legte er dem Kind vor. Und das Kind spielte. Ohne Zögern. Jetzt aber lauschte Bach nahezu ergriffen: Hatte er je die eigene Musik so spielen gehört? Der Kleine dort schien in seinem Spiel mehr zu erahnen, was der Komponist hatte ausdrücken wollen, als der Kompositeur selbst.

»Sie werden mich besuchen, Mozart, gleich morgen, bitte!«, hatte er beim Abschied gesagt und nachts wach dagelegen, hatte in sich Musik klingen hören, nicht die eigene, nein, die zu dieser Zeit fast vergessene vom Vater Johann Sebastian Bach.

Die müsste mal dieser Knirps spielen. H-Moll-Messe und Brandenburgische Konzerte, all die Fugen, das Wohltemperierte Klavier. Zu welch neuem Leben, zu welchem Glanz würde das alles unter diesen Patschhändchen erwachen!

Jetzt also saß ihm dieser Wicht in seiner üppig ausgestatteten Wohnung am King's Square gegenüber, und Bach schob ihm einladend eine Schale Konfekt zu. Der Kleine ließ sich nicht lange bitten, stopfte sich in fröhlich jungenhafter Verfressenheit das süße Zeug in den bald schon schokoladenumschmierten Mund. Bach lächelte fast erleichtert: Am Klavier mochte das Kind ein kleiner Gott sein. Hier war es nur ein Kind und ein sehr irdisches, nun ja.

Er begann den Jungen auszufragen.

»In München seid ihr also zuerst gewesen und dann in Wien? Dort hat es dir gefallen?« Unwillkürlich war er vom »Sie« zum »du« übergegangen. Das Bürschchen nickte eifrig. Die Stadt sei so groß und die Menschen so freundlich, und dann sei da dieses Schloss gewesen, zu dem sie hinausgefahren seien, vor der Kaiserin höchstselbst, ihrem Gemahl Franz und all den kleinen Erzherzoginnen und Erzherzögen zu musizieren, und auf der Fahrt dorthin habe er den Vater gefragt, warum denn wohl dieses Schloss »Schönbrunn« heiße. Der Vater hatte es gewusst, natürlich, der Vater weiß ja alles.

»Und warum heißt es denn Schönbrunn?«

Der Junge, stolz darauf, einem Älteren etwas beibringen zu können, stopfte gleich noch ein Praliné in den Mund: »Da war ein Kaiser Matthias, der stand im Wald an einem Quell und sagte nur: ›Ei, ist das hier ein schöner Brunn.‹ Dort wurde dann das Schloss gebaut, von einem ganz berühmten Baumeister. Der hieß ... der hat geheißen ...«

Ihm fiel der Name »Fischer von Erlach« nicht ein, aber der andere schien ihm sowieso nicht richtig zuzuhören. »Dort also hast du vor der Kaiserin gespielt?«

»Ohne Audienz vorweg. Das sei noch niemals vorgekommen, sagt der Vater.«

»Der Kaiser selber hat dich examiniert?«

»Der ist zu mir nach vorn ans Klavier gekommen und hat gemeint, so zu spielen, die Tasten vor sich, sei wohl doch sehr einfach. Und dann hat er mir ein Tuch über die Hände gelegt und ich habe nicht anders gespielt als vorher auch. Sogar noch besser.«

Der Kleine lachte stolz.

»Und da war dann der Kaiser zufrieden?«

»Noch immer nicht. Er hat gemeint, mit beiden Händen so zu spielen, dass es schön klingt, sei noch keine Kunst. Ich sollte es mal mit nur einem Finger versuchen.«

Das war an jenem Abend in Schönbrunn der Augenblick gewesen, als von ihrem Sessel aus die Kaiserin mit mütterlicher Sorge gerufen hatte: »Geh, Franzerl! Jetzt lässt du aber den Buben. Was soll denn der noch alles können?«

Aber der Kleine hatte schon mit nur einem Finger zu spielen angefangen, und alle hatten sich zugenickt. Es hatte wirklich kaum anders und ebenso schön geklungen wie das Spiel zuvor.

»Und nach dem Konzert hast du die Kaiserin auf den Mund geküsst?«

»Ich? Die Kaiserin? Auf den Mund?«

In Mozarts blauen Augen stand blankes Entsetzen und wie automatisch fuhr er sich mit der Hand über die Lippen.

Nein, er hatte nicht die Kaiserin, die Kaiserin hatte ihn geküsst, nachdem sie ihn zu sich auf den Schoß gehoben hatte, und am liebsten hätte er sich auch damals die Lippen abgewischt.

Denn er konnte die ewige Knutscherei nicht ausstehen, und ganz schrecklich war das in Wien geworden, wo sich dauernd irgendwelche Damen mit wogendem Busengebirge und einem sirrenden »Hach, ist das Buberl herzig!« über ihn gebeugt hatten, während im Hintergrund der Vater triumphierend zur Mutter hinübersah: »Alle, siehst du, sind in unseren Buben verliebt!«

»Du hast also Kaiserin Maria Theresia nicht geküsst? Dein Vater erzählt das so.« Bach nahm nun seinerseits ein Stück Schokolade: »Er versteht sein Geschäft, dein Vater. Er weiß, dass zu jedem richtigen Genie Anekdoten wie diese gehören. Die leben oft länger als seine Werke.«

Er steckte das Stück Nugat in den Mund, schmatzte leicht: »Wie oft habe ich in meiner Kindheit gehört, mein Vater sei zu Orgelmusik auf die Welt gekommen, weil die Wehen meine Großmutter in der Kirche überkommen hätten. Unsinn natürlich. Er wurde brav wie alle anderen in der Wöchnerinnenstube geboren, und dazu hat sicher keine Orgel gespielt.«

»Der Herr Vater ist auch ein Musikus?«

Bach antwortete nicht. Armer Alter! Vermoderte jetzt namenlos unter irgendeiner Steinplatte in St. Thomas zu Leipzig, während die Musikwelt längst andere Idole hatte. Und dafür nun Mühe und Arbeit eines langen Musikerlebens!

Nein, ihm selbst sollte es nicht so gehen. Und auch der Knabe dort, dachte er, wird hoffentlich sehr andere und glücklichere Wege nehmen.

»Die Tochter von der Kaiserin, die Erzherzogin Marie Antoinette – die hätte ich ganz gern geküsst«, unterbrach der Junge seine Gedanken, »die war hübsch und lieb, und als ich hingefallen bin auf dem glatten Parkett, hat ihre Schwester nur hochmütig weggeguckt, aber sie hat mir aufgeholfen, da habe ich zu ihr gesagt: Dich heirate ich mal ...«

»Die Marie Antoinette?« Nun lachte Bach schallend. »Damit wirst du dich aber beeilen müssen. Ihre tüchtige Mutter hat sie dem französischen Kronprinzen versprochen, es soll die Hochzeit des Jahrhunderts werden, die große Aussöhnung der Häuser Habsburg und Bourbon nach hundert Jahren Krieg und Zwist ...«

»Den Dickwanst soll sie heiraten?« Der Junge war ganz erschüttert und sah diesen Prinzen Louis, den künftigen Ludwig XVI., mit seinen hervorquellenden Augen vor sich, wie er während ihres Konzerts unablässig glasierte Maronen in sich hineingestopft hatte.

Das war im Schloss zu Versailles gewesen, auf ihrer dritten und größten Europa-Reise, die sie bis nach Paris geführt hatte, über des Vaters Heimatstadt Augsburg, wo zum größten Bedauern des frommen Katholiken nur »Lutheraner« im Parkett gesessen hatten, arg knauserige dazu, über Stuttgart, Heidelberg, Mannheim, Mainz bis nach Frankfurt, der Krönungsstadt für alle Kaiser des Heiligen Römischen Reiches. Und überall Konzerte.

Vor Fürsten, vor Bürgern. Das Publikum verschwamm ineinander, wurde zur gesichtslos austauschbaren Menge. Der Einzelne verschwand darin. Nur einmal nicht. Das musste in Frankfurt gewesen sein.

Mozart hatte während des Konzerts – manchmal empfand das Kind ein wenig Langeweile bei der unablässigen Wiederholung immer gleicher Kunststückchen – den Blick über die dicht besetzten Stuhlreihen schweifen lassen und plötzlich in die Augen eines Jungen von vielleicht vierzehn Jahren geblickt, riesengroß und so braun wie die seinen blau. Augen, die diese gesamte Schöpfung nicht zu schauen, nein, sie gleichsam zu schlürfen, in sich aufzusaugen schienen.

Der junge Mann hatte zwischen zwei älteren Damen gesessen, wohl der Mutter und einer Freundin von ihr, und sie hatten sich bedeutungsvolle Blicke zugeworfen.

»Wahrhaft ein Wunderkind!«, hatte die eine immer wieder während des Konzerts geseufzt und die andere, die Mutter, hatte leicht die Stirn gekraust: »Ich weiß nicht, ein Kind so auszustellen – das kann doch nicht gut für den Jungen sein?« Und später dann, als das Konzert vorüber war und der Beifall irgendwann geendet hatte: »Ein Glück nur, dass mein Johann Wolfgang kein Genie ist!«

Mit diesen Worten war die Frau Goethe in den Frankfurter Abend hinausgerauscht, heim zum Haus am Hirschgraben. Jener Johann Wolfgang aber sollte viel später überlegen, ob nicht Mozart und kein anderer die Musik zu seinem »Faust II« hätte schreiben müssen. Und eine Art Fortsetzung der »Zauberflöte« hatte er auch gedichtet.

Damals aber, an jenem Augustabend 1763, hatte der Knabe Mozart der Gruppe nachgeschaut und dabei nur festgestellt, dass der junge Mann, obgleich einige Jahre älter als er und wohl schon ausgewachsen, kaum längere Beine hatte als er selbst.

Das »Unternehmen Mozart«, hochnobel im eigenen Wagen, mit Diener und Klavichord im Gepäck, war weitergezogen, der französischen Grenze entgegen.

»Und wie hat dir Paris gefallen?«, wollte Bach wissen. Der Junge hob nur die Achseln.

Dreckig und stinkend war diese angebliche »Lichterstadt« gewesen, mit ekligen Krüppelbettlern an jeder Straßenecke und hoch aufspritzendem Kot, wenn wieder einmal die Equipage eines Aristokraten ohne Rücksicht auf andere vorübergeprescht war. All das Elend hatte selbst dem nicht so empfindlichen Leopold Mozart die Prunkempfänge in den strotzenden Palästen der Reichen fast verleidet.

Aber für die Mozarts war Paris wieder ein großer Erfolg geworden, mitsamt Einladung nach Versailles, wofür ein gewisser Baron Melchior Grimm gesorgt hatte, ein Journalist, dessen literarisch-ästhetische »Korrespondenz« wegen ihrer subtilen Verflechtung von künstlerischem Urteil und feinsinnigem Klatsch an allen Höfen Europas gelesen, nein, wahrhaft verschlungen wurde.

»Einladung an die Tafel des Königs schön und gut«, hatte Grimm gelächelt, »aber wirklich wichtig ist das nicht. Wichtig ist nur sie.

Viel wichtiger als unsere arme Königin Maria Lescynska, die so hässlich ist, dass sie nicht einmal einen Liebhaber hat. Sagt man jedenfalls …«

Sie – das war jenes Fräulein Poisson, zu Deutsch Fisch, das als Madame de Pompadour zu einer der mächtigsten Frauen des Kontinents geworden war, bis sie selbst von der Kaiserin Maria Theresia nur mit »chère cousine« angeredet wurde. Der kleine Mozart konnte sie nicht ausstehen. Obwohl gerade sie ihn nicht hatte küssen wollen.

»Auf einen Tisch musste ich steigen, weil ich so klein sei und sie mich ganz genau sehen wollte«, in dem Jungen kochte hörbar verletzter Stolz, »ist doch blind wie eine Schleiereule, die Alte, und voll geschmiert mit Schminke und auf der Backe hat sie eine ganz fette schwarze Fliege gehabt …«

»Eine Mouchette. Ein Schönheitspflästerchen. Ihre Erfindung«, verbesserte Bach behutsam.

»… und ums Handgelenk baumelte ihr so ein blöder Beutel …«

»Ein Pompadour. Auch ihre Erfindung.«

»… und nach Parfüm hat sie gestunken, und auf ihrem Kleid sind Blutflecken gewesen, das habe ich ganz genau gesehen …«

Arme Pompadour!

Bach seufzte leicht. Die Frau hatte so redlich versucht, ihren fünfzehnten Louis zu einem »König der Philosophen« zu erziehen, wie es drüben in Preußen der große Friedrich war. Darüber war sie alt geworden und von Schwindsucht geschüttelt, während ihr königlicher Galan längst sein Vergnügen in jener Villa im früheren Versailler Hirschpark fand, wo ganz junge Mädchen auf ihren Herrscher warteten und seinem Beinamen »Vielgeliebter« einen ganz besonderen Unterton gaben.

Aber das alles, unmöglich, konnte man einem achtjährigen Jungen nicht erzählen.

»Weißt du, mit solchen Damen ist das so. Die wollen nämlich …«, fing er leicht belehrend an und sah zugleich, dass der Junge ihm gar nicht mehr zuhörte, sondern mit verzückt aufgerissenen Augen auf die Tür starrte.

Durch die schlich gerade ein Kätzchen herein, gelb gesprenkelt, mit weißen Pfoten, und »darf ich mit der mal spielen?« stieß der Junge fast atemlos hervor. Bald darauf lag er mit dem Kätzchen am Boden und schrie vor Lachen, als ihm das Tier immer wieder zu entwischen drohte.

Eben doch ein Kind, Gott sei Dank, dachte Bach, und: Die Welt dort draußen mit all ihren Scheußlichkeiten wird dieses Kind noch früh genug kennen lernen.

Er horchte in Londons Lärm hinein, in diese schrille, atemlose, nach allem Neuen schnappende Weltstadt, dieses Raubtier, dessen Sensationsgier immer neue Atzung brauchte, auch in der Kunst, in der Musik, mal einen berühmten Kastraten, dann wieder irgendeinen Instrumentalvirtuosen und nun eben ein Wunderkind.

Der alte Händel, sein großes Vorbild, hatte das begriffen, hatte als »charming brute«, ein »charmantes Ungeheuer«, der Stadt nicht nur Musik, sondern auch ständig neuen Gesprächsstoff gegeben, und auch Bach selbst beherrschte bald das Spiel, als er vor acht Jahren in London gleichsam Händels Nachfolge angetreten hatte, während sein eigener Vater – spröde, störrisch, kein Komödiant – nicht mal im kleinen Leipzig mit dem Musikbetrieb klargekommen war.

»Alte Perücke!«, dachte jetzt der Sohn, und eine große Zärtlichkeit überschwemmte ihn beim Gedanken an den Vater, »er hat nur gelebt, um zu komponieren. Ich aber komponiere, um zu leben. Und der Kleine dort«, er sah nachdenklich auf den Jungen, der noch immer mit dem Kätzchen spielte, »der muss noch lernen, wie man als Musiker leben kann. Genie allein genügt dafür nicht und auch nicht nur Musik.«

Schon bald hatte Bach vorgeführt, was er darunter verstand. Das war bei einem eigenen Konzert gewesen, wo wieder König und Königin zugegen waren und selbstverständlich die Mozarts.

Zu ihnen war er hinuntergestiegen, hatte mit elegantem Schwung den Jungen zu sich aufs Podium gehoben und ihn sich zwischen die Knie geklemmt. Dann mit einem Grinsen hinunter ins erlauchte Publikum: »Mein Freund hier und ich – wir werden jetzt zusammen spielen, und Sie dort unten dürfen raten, wer von uns beiden gerade spielt.«

Jubel war bald ausgebrochen, denn tatsächlich wusste niemand, wer gerade die Tasten bewegte, der in tausend Konzertschlachten erprobte Virtuose oder der Knabe. Zwei volle Stunden lang war das so gegangen und Bach hatte in sich hineingenickt: Ja, das waren so die kleinen Schauspiele, die man einem Publikum wie den Londonern bieten musste. Dem Kind flüsterte er zu: »Siehst du, schon frisst uns die Meute aus der Hand ...«

Sie fraß tatsächlich.

Zumal der Adel riss sich in diesen Londoner Tagen um die Mozarts, es hagelte Einladungen, und Vater Leopold sonnte sich im anhaltenden Erfolg, der sich endlich auch an der Kasse etwas auszahlte. »Morgen geht es zu Mylord Thanet«, verkündete er und meinte – englische Namen machten ihm Mühe – den Lord Sackville Taften. Hochnobel wollte er dort mit seinen Kindern vorfahren, doch war keine Kutsche aufzutreiben, nur eine Sänfte, in der aber lediglich die Kinder Platz fanden, so dass der Vater entschied: »Dann werde ich euch eben zu Fuß folgen.«

Die Träger schlugen ein Tempo an, dass Vater Mozart kaum mitkam. Er keuchte, japste, geriet ins Schwitzen und war endlich wie aus dem Wasser gezogen, als sie vor dem Landsitz eingetroffen waren. Gierig stürzte er ein Glas eisgekühlte Zitronenlimonade hinunter und ließ zugleich seine schweißfeuchte Stirn vom kalten Abendhauch trocknen, der durch die hohen Fenster wehte.

Am nächsten Morgen hatte er keine Stimme mehr.

Schlimmer noch: Sein Hals brannte wie Feuer, und Ärzte wurden eilends herangezogen. Sie ließen zur Ader, verschrieben Quecksilber und »Ruhe! Absolute Ruhe!«, befahl einer, »nicht einmal Musik darf in Ihrer Nähe sein.« Draußen brodelte London in anhaltend ewigem Lärm.

Die Mozarts zogen aufs Land hinaus, nach Chelsea in ein kleines Landhaus. Dort wurden die Vorhänge zugezogen und jedes laute Geräusch verboten, Klavierspiel voran. Der kleine Mozart langweilte sich tödlich.

Träge zog die Themse vorüber. Hier an ihrem grünen Ufer war es so still, als sei das nahe London um Welten entfernt. Mozart hockte im Gras, ein Notizbuch auf den Knien. Er sah über den Fluss hin, horchte der Musik in sich hinterher. Dann kritzelte er los.

Nannerl kam hinzu: »Was machst du da?«

Der Bruder antwortete nicht.

»Du schreibst Musik?«

Sehnsüchtig sah sie zu, wie er immer hastiger seine Noten hinmalte: »Das möchte ich auch gern.«

Er sah hoch: »Du? Ein Mädchen?«

Statt einer Antwort summte sie eine kleine Melodie.

Der Bruder horchte auf: »Das klingt gut.« Er schrieb rasch die Noten hin.

»Du, das ist aber mein Lied!« Nannerl weinte fast. Der Bruder achtete nicht darauf.

Schon vorher auf dieser Reise hatte er komponiert, unter strenger Aufsicht des Vaters, damit die Bezeichnung »Komponist« auf den Plakaten gerechtfertigt war. Er hatte aber die Werke des Sohnes so gründlich korrigiert, dass sie am Ende mehr von ihm als von Wolfgang stammten.

Jetzt schrieb der Junge, wie es ihm gerade einfiel, ungestüm, fehlerhaft – und im herrlichen Gefühl, alleiniger Herr seines Werks zu sein. Das Notizbuch mit über vierzig Arbeiten gab er später in London Christian Bach.

Der sah nur flüchtig hinein, stellte es auf sein Klavier: »Spiel mir das mal vor!«

Mozart spielte. Nur kurz. Dann unterbrach er sich: »Hier ist ja ein Fehler!« Bach nickte nur. Mozart spielte weiter. Unterbrach sich wieder, hatte einen weiteren Fehler entdeckt. Und noch viele, sehr viele an diesem Vormittag. Bach hatte dazu kaum ein Wort gesagt.

So hatte ihn selbst der eigene Vater unterrichtet. Hatte ihn spielen, selbst seine Fehler entdecken lassen. Die »Unterweisung« bestand einzig darin, dass der alte Bach jede Lehrstunde mit der fröhlichen Bemerkung eröffnete, er hätte überhaupt keine Lust, seinem Schüler etwas beizubringen, viel lieber würde er selbst etwas spielen. Und das war auch schon der eigentliche »Unterricht« gewesen.

Der Schüler sollte ihn nicht kopieren. Er sollte sich an seinem Beispiel ausrichten und so zur eigenen, unverwechselbaren Linie finden, über Irrtümer und Fehlwege hinweg, die nur er selbst erkennen und korrigieren sollte. Eine gute Methode, die beste, wenn, ja, wenn einer dem Bach'schen Titanengenie gewachsen war. Wie dieser Junge hier. Was hätte der Vater aus diesem Riesentalent gemacht! Aber es gab ja noch ihn, Sohn Christian.

Christian Bach trat an das Kind heran, legte ihm beide Hände auf die Schultern: »Alles sehr schön, Wolfgang! Und nun werde ich dir noch ein paar Dinge sagen ...«

Längst redete er den Kleinen nur beim Vornamen an, und auch Mozart sagte unbefangen »Christian« und »du« zu ihm. Der um zwanzig Jahre Ältere war nicht gerade ein anderer Vater, wohl aber so etwas wie ein großer Bruder geworden, und in seinem Alter waren große Brüder noch wichtiger als Väter. Auch wenn der »richtige« Vater diese Freundschaft der beiden nicht gern sah.

Doch beschäftigten den gerade jetzt ganz andere Sorgen.

Nach seiner Genesung – über Wochen hatte Mutter Mozart in der Sorge gelebt, plötzlich mit ihren Kindern allein in einem fremden Land zu sein, ohne auch nur ein paar Brocken Englisch zu sprechen – waren sie in ein sehr anderes London zurückgekommen als das, was sie verlassen hatten.

Das Mozart-Fieber war fast so rasch vergangen, wie es aufgetreten war. Der König hatte sich auf sein geliebtes Land zurückgezogen, wo er sich seinen Spottnamen »Farmer George« redlich verdiente. Außerdem trieb ihn die Sorge um die immer unruhiger werdenden Kolonien drüben in Amerika um, und ein höfisches Leben, höfische Konzerte fanden kaum noch statt. Die reichen Adligen, Mozarts wichtigste Gemeinde, hielten sich alle auf ihren Landgütern auf.

Nun verstand Vater Mozart sein Handwerk, wie es Christian Bach ganz richtig gesehen hatte. Durch immer neu angedrohte

Abreisen und »letzte Konzerte« versuchte er die erschlaffte Neugier wieder anzustacheln. Die Königin erhielt sechs vom Sohn komponierte Klaviersonaten zugeeignet. Und er sondierte schon mal, wohin nach London die Reise weitergehen könnte. Nach Dänemark vielleicht oder nach Russland?

Christian Bach erschauerte, als er davon hörte: »Wollt ihr denn unbedingt erfrieren oder euch von Bären fressen lassen?« Bei Vater Mozart war aber ein Herr aus Holland vorstellig geworden. Im Namen seiner Fürstin, der Prinzessin von Nassau-Wilberg, flehte er nahezu, die Mozarts mögen doch ihrer Heimat die Ehre geben: »Das ganze Land wird Ihnen zu Füßen liegen, ich schwöre es Ihnen, teurer Mozart, die größten Kirchen, die schönsten Konzertsäle werden sich öffnen ...«

Also Holland. Danach, unbedingt, Italien! Aber erst einmal Städte wie Gent, Antwerpen, Rotterdam. Schließlich noch Den Haag. Das »Unternehmen Mozart« zog in diesem Juli 1765 weiter. Dem Jungen war traurig zumute. Er hatte London lieben gelernt, es blieb für ihn »ein Traum«. Und außerdem war dort sein großer Freund Christian.

Der war zum Abschied mit einem dicken Paket gekommen, hatte es Mozart in die Hand gegeben und den Jungen in einer kurzen, heftigen Aufwallung fest an sich gedrückt: »Leb wohl, mein Junge!« Und, leise: »Nie habe ich eigene Kinder haben wollen. Die Geschwister daheim in Leipzig waren mir genug«, auf insgesamt zwanzig Kinder hatte es der alte Bach gebracht, »aber einen Sohn wie dich, den hätte ich schon ganz gern.«

Leopold Mozart, der das gerade noch mitbekam, warf ihm einen scheelen Blick zu.

»Sieh nur, was der Christian mir mitgegeben hat«, meinte am ersten Abend in Den Haag der Junge zu Nannerl. Gleich sollten sie zu einem Konzert hinaustreten.

Noten! Werke von Christian Bach! An denen sollte sich der kleine Mozart schulen, dabei Musik lernen, wie sie jetzt in Mode kam, nicht schwerfällig prunkvoll wie die vom Altmeister Händel, einfacher, klarer, schnörkellos, wie um diese Zeit auch die Häuserfassaden luftiger, eleganter wurden. Mozart vertiefte sich darin und wollte gerade ein Blatt nach dem anderen an die Schwester weiterreichen.

Die aber schien gar nicht recht gehört zu haben, was der Bruder gesagt hatte, sondern starrte ihn nur aus glasigen Augen an.

»Was ist dir, Nannerl?«

Nannerl war krank. Schwer krank. »Die Blattern«, entschied der eilends herbeigeholte Arzt. Es waren nicht die Blattern, sondern Typhus. Bauchtyphus.

Das Mädchen lag da. Es wurde immer schmaler, schwächer, das kleine Gesicht immer durchscheinender. Die Lippen bewegten sich, brachten seltsam krause Worte hervor.

»Was redet Nannerl da?«

Leopold Mozart horchte auf das fiebrig flüsternde Stimmchen. »Das ist Englisch, dann wieder Deutsch, nein, das eben war Französisch. Alles durcheinander. Sie phantasiert.«

»Muss Nannerl sterben, Papa?«

Ihm erschien der Gedanke nicht so schrecklich, da man dann ja in den Himmel kam, und dort sollte alles viel schöner sein als hier, schöner noch als selbst im Schloss Schönbrunn. Aber der Vater sah den Jungen nur aus stumpfen Augen an: »Wenn sie stirbt, dann ist es Gottes Wille, und dem müssen wir uns fügen.«

Mit diesen Worten schob er den Sohn sachte hinaus. Er wollte allein mit seiner sterbenskranken Tochter sein.

Nannerl sprach weiter im Fieber, vom British Museum, wo sie die merkwürdigsten Fische und seltsame ausgestopfte Vögel gesehen hatte, von der Menagerie, wo es Elefanten gab und gestreifte kleine Pferde und Löwen, vor deren Gebrüll der Bruder so fürchterlich erschrocken war, dass er prompt in Tränen ausbrach.

All diese Erzählungen gingen wirr und kunterbunt durcheinander, der Vater saß dabei, hörte zu, stand schließlich auf, um auf Zehenspitzen hinüber ins Nachbarzimmer zu gehen, wo seine Frau mit rotgeweinten Augen saß.

»Es ist soweit«, sagte er mit der Ruhe eines Mannes, der sich einer selbst durch den Tod nicht infrage zu stellenden Ordnung sicher weiß, »unser Nannerl stirbt. Wir werden den Priester rufen und ihr die letzte Ölung geben.«

Der Priester kam. Aber Nannerl genas wieder. »Deine Schwester wird leben. Bald werdet ihr wieder miteinander musizieren können.« Mit einem kleinen glücklichen Lächeln war Leopold zu seinem Sohn getreten, der wie immer am Klavier saß. Die kleinen Arme hingen schlaff herab.

»Freust du dich denn nicht, Wolfgangerl?«

Der Junge hob den Blick. So glasig wie der von Nannerl zuvor. Der Vater erschrak zutiefst, fasste nach seinen Händen. Glühend heiß. Auch der Junge hatte Fieber, an Typhus erkrankt auch er.

Wirres Zeug stammelnd, wie vor ihm das Nannerl, lag er in seinem Bett. Die Hände fuhren hin und her, als wollten sie immerzu Klavier spielen. Und der Vater betete auf den Knien, die Hände erhoben: »Gott im Himmel, lass den Jungen nicht sterben! Nimm uns dieses Wunder nicht . . .«

»So hast du beim Nannerl nicht gebetet«, meinte am Tisch seine Frau.

Leopold Mozart erhob sich: »Lass nach Salzburg schreiben! Sie sollen fürs Wolfgangerl neun Messen lesen.«

»Beim Nannerl waren es nur fünf. Und zweiundzwanzig bei dir selbst.«

8. Juni 1791

Der Wagen ruckt und ruckelt, geht in die Schräge, rumpelt weiter. Der Kutscher sieht misstrauisch aufs linke Hinterrad. Hat das nicht eben so merkwürdig geeiert? Wird es sich gleich lösen?

Mozart im Inneren des schwachbrüstigen Gefährts bleibt ganz ruhig. Das alles kennt er. Dreißig Jahre schon.

Unterwegs sein. Das ist sein Schicksal. Per Schiff, in der Kutsche. Manche Erinnerung daran macht ihn lächeln.

Nicht alle. Nicht der Tag von Lyon, da dort ein Galgen gestanden und daran ein Mensch gehangen hatte. Mozart überläuft es noch heute kalt, wenn er an den zunächst noch zappelnden, dann starr und stumm dahängenden Körper denkt. Und er denkt an die gleich vier Gehenkten damals in Mailand. Gleich noch einmal erschauert er.

Rasch andere Gedanken, andere Bilder her: die vom Zoll vor Wien, als das Kind mit seinem Geigenspiel die Zöllner vom Gepäck der Mozarts abgelenkt hatte, und das war wohl besser so gewesen. Oder die Überfahrt von Calais nach Dover. Wie Nannerl und er kotzend an der Reling gehangen hatten und auch der Vater, sonst immer Würde und Haltung, reichlich grün um die Nase gewesen war.

Mozart muss lachen und sieht zum Fenster hinaus.

Diesmal geht es nicht von Calais nach Dover oder von München nach Paris, von Wien nach Prag. Diesmal führt die Reise nur nach Baden hinaus, zum Stanzerl, zum Frauchen.

»Ein Mädchen oder Weibchen ...«, pfeift Mozart vor sich hin. Schikaneders Papageno-Verse aus der »Zauberflöte«! Er hat sie nur einmal lesen müssen, um dafür eine Melodie zu wissen. Seine Melodie. Die eigene Sehnsucht nach Weibchenbrüsten, Mädchenschenkeln. Noch einmal pfeift er das Motiv, hält ein, stöhnt kurz auf.

Schikaneder! Seine »Zauberflöte«!

In der Brust zieht sich bei diesem Wort alles zusammen, aus Wut wie Enttäuschung. Schweiß tritt ihm auf die Stirn. Nur jetzt nicht daran denken!

Nicht an jenen Abend neulich, als unverhofft Schikaneder zu ihm gekommen war, Sorgenfalten auf der Stirn: »Ich muss dir etwas sagen, lieber Mozart, etwas ziemlich Schlimmes. Unsere ›Zauberflöte‹ also, ich weiß nicht, ob wir die überhaupt noch . . .«

Nein! Jetzt kein Gedanke daran! Nur an Konstanze gedacht, ans erste kuschelige Stündchen im Bett, ans vergnügte Aufwachen am nächsten Morgen, wenn sie sich wieder wie ein sattes Kätzchen warm und wohlig an seiner Seite räkeln würde.

Anfangs, nach ihrem Aufbruch nach Baden, hatte er sie noch nicht gar so vermisst. Dafür hatte die Arbeit zu viel Spaß gemacht.

Noten! Nur Noten! Die waren jetzt die einzige Gefährtin. Lass es dir also gut gehen in Baden, Stanzerl, dir und den Kindern auch, dem an deiner Hand und dem anderen in deinem Bauch! Euer Vater hat zu tun.

Dann Schikaneders Hiobsbotschaft, es würde am Ende eine »Zauberflöte« gar nicht geben! Wieder krampft sich in Mozart alles zusammen. Es war, als sei ein Rennpferd im wildesten Galopp zurückgerissen worden und stünde nun zitternd in der Stallung. Der Rest waren Stille, Leere. Mozart hatte allein in der Rauhensteingasse gehockt. Jetzt fehlte ihm sein Stanzerl ganz fürchterlich.

Ihre Stimme. Ihr Lachen. Ihr Leib.

Er hatte sie vor sich gesehen. Nackt. Ihre nach allen Geburten dennoch fest gebliebenen Brüste, den kleinen Popo mit den Grübchen, die Beine, das seidig schwarze Schamhaar. Sein Mund war trocken geworden, und nachts lag er wach, hatte ins Dunkel gestarrt, das Glied steif werden gespürt, hatte hinuntergelangt und sich etwas Erleichterung verschafft. Die Sehnsucht nach Konstanze blieb.

Also nach Baden! Und wenn es nur für ein paar Tage, besser: Nächte war. Gewiss, sie war schwanger, er würde behutsam sein müssen, ja, wahrscheinlich würden sie keusch bleiben müssen in dieser Zeit.

Aber schon die Vorstellung, nur neben ihr zu liegen, ihren warmen Körper zu spüren, eine Frau neben sich, seine Frau ...

»Ein Mädchen oder Weibchen ...« Mozart merkt, dass er noch immer das gleiche Lied pfeift. Vielleicht wird es nie jemand anderer als er selber hören. Genau am Abend dieses 10. Juni wird sich das entscheiden. Mozart weiß, dass er in Wien hätte bleiben, die Gefahr abwarten sollen, und gestern war er dazu noch entschlossen gewesen.

Dann aber war die Angst plötzlich übergroß geworden: fort, nur fort aus Wien, vor allem fortgelaufen bis hin zum Stanzerl nach Baden! Dort sind Heimat, Wärme, Geborgenheit. Dort wird er wenigstens für Stunden die übrige feindliche Welt vergessen dürfen.

Er schaut zum Fenster hinaus und zwingt sich zu anderen Gedanken.

Draußen schaukelt die Landschaft vorbei. Sanftes Grün im milden Sonnenlicht. Hatte es nicht ähnlich, nein, ganz genauso zwischen München und Augsburg ausgesehen oder zwischen Augsburg und Aachen oder Aachen und Lille?

Mozart vermag nicht mehr zu unterscheiden. Nur einzelne Erinnerungen ragen heraus. Flüchtig. Zufällig.

Aachen. Die alte Kaiserstadt. Köln. Die Stadt mit dem Dom, den Vater Leopold ziemlich scheußlich gefunden hatte. Frankfurt dann. Der Römer dort, sonst alles ziemlich dreckig und verkommen. Weiter war es gegangen, immerzu.

Wohl zwanzig Jahre lang.

Wo, überlegt Mozart jetzt, hatte er sich am glücklichsten gefühlt? War er überhaupt irgendwo glücklich gewesen?

München? Zu behäbig. Heidelberg oder Worms? Zu klein. Da hätte man gleich in Salzburg bleiben können. Paris? Zu laut, zu schrill. London aber ... ja, London ...

»Kommen Sie nach London, Mozart! Das ist die Stadt für Sie!« Christian Bachs Stimme. 1778 hatten sie sich wiedergesehen, in Paris, Mozart dort mal ohne den Vater, Christian Bach mit den Vorbereitungen für die Pariser Aufführung seiner Oper »Amadis de Gaule« beschäftigt.

Kurze Phase wechselseitigen Misstrauens. Nicht mehr Lehrer und Schüler, nein, sie waren nun beide Komponisten, vielleicht Rivalen. Dann aber doch ein lachendes Wiedersehen. Zwei gestandene Männer saßen sich jetzt gegenüber, Mozart über zwanzig schon, Bach in den frühen Vierzigern, viele Fältchen im Gesicht, Spuren eines Lebens, zu dem zu viel Champagner, zu viele Mätressen gehört hatten.

Der Ältere hatte am Fenster gelehnt, hinaus in dieses Paris geschaut, wo noch nicht die Bastille gestürmt, der König noch nicht in seine Hauptstadt zurückgezerrt worden war und doch schon der bittere Geruch nach Rauch und Schwefel in der Luft gelegen hatte: »Paris, schön und gut. Die Herren hier haben es ganz gern, wenn man ihnen zuweilen anständige Musik vorsetzt, nachdem ihnen des Sonnenkönigs Lully alle eigene Musik ausgetrieben hat. Nur fürchte ich«, er lachte, »hier werden bald ganz andere den Ton angeben als die Herren Mozart oder Bach. Oder sehen Sie das anders, lieber Freund?«

Sie waren hier in Paris zum »Sie« zurückgekehrt.

Mozart hatte mit den Schultern gezuckt, er verstand nicht viel von solchen Dingen. Kleinlaut meinte er nur: »Ich hatte gehofft, eigentlich, hier vielleicht eine feste Anstellung zu bekommen ...«

»Am Hof draußen in Versailles?«

»Warum denn nicht? Auch der Herr Gluck war Musiklehrer der Dauphine gewesen, der heutigen Königin ...«

»... und hat ihr den Walzer beigebracht, den jetzt alle tanzen wollen. Ja, sie macht Mode und Musik, die Marie Antoinette, die Sie mal hatten heiraten wollen. Das war doch so, nicht wahr?«

Bach hatte gelacht, und Mozart war etwas rot geworden.

Missmutig hob er die Schultern: »Der Vater will ja, dass ich Hofkapellmeister in Salzburg werde.«

»Bei seinem Fürstbischof?«

»Ja. Das, was er selber nie geworden ist ...«

»Der Vater! Immer der Vater! Wie bei mir! Ich bin vor der alten Perücke bis London geflohen, und doch holt mich der Alte ein, immer wieder. Und auch du, Wolfgang, scheinst ihn nie ganz loszuwerden ...«

Unbewusst war Bach ins frühere »Du« hinübergeglitten, und beim Abschied hatte er Mozart so heftig umarmt wie damals in London. Mozart aber, jetzt fast so groß wie er, hatte sein Gesicht ganz nah vor sich gesehen, etwas müde schon, und keine vier Jahre später hatte er vom Tod des Freundes erfahren. Christian Bach war 46 Jahre alt geworden.

Die Väter sterben, ich bleibe noch ein wenig, denkt Mozart jetzt. Aber der Gedanke an London hatte sich damals in ihm festgefressen, die Erinnerung an die Weite dort, an den Hauch Freiheit, der dort über allem lag wie über dem Hafen der Tang- und Salzgeruch vom Meer her. Er hatte sogar dem Vater daheim in Salzburg davon erzählt.

»Du willst mich verlassen, Wolfgangerl? Für immer? Mit einem ganzen Meer zwischen uns?«

Aus schreckgeweiteten Augen hatte ihn damals Leopold Mozart angestarrt, und der Sohn hatte darin nicht Zorn oder Strenge gelesen, sondern nackte, unverhohlene Angst. Vor dem Alleinsein, vor dem Nichtssein ohne den Sohn.

Nein, hatte damals Mozart entschieden, wenigstens zu Lebzeiten konnte er das dem Vater nicht antun und einfach nach London entschwinden.

Ein gewaltiger Rumpler. Mozart wird hinüber zur anderen Seite geschleudert.

Das Rad hat sich nun wirklich gelöst, der Wagen liegt schräg im Graben. Mozart klettert mit Mühe hinaus, lacht ein wenig über die gewaltigen Flüche des Kutschers. Wenigstens ist nicht die Achse gebrochen. In wohl einer Stunde kann es weitergehen, abends werden sie in Baden sein.

Mozart hat den Rock ausgezogen, will helfen. Der Kutscher

winkt ab. Mozart setzt sich in den Graben, den Rock über den Knien.

Ja, auch so was gehört zum Reisen. Immer schon. Gleich bei der ersten Tour, wo Vater Mozart noch so stolz auf den eigenen Reisewagen gewesen war. Auch da war gleich kurz hinter Salzburg ein Rad gebrochen.

»Muss das sein, der eigene Wagen?«, hatte noch bänglich Mutter Mozart gefragt und an die hohen Kosten gedacht. Aber »das muss sein«, hatte der Vater entschieden, »wir sind nicht irgendwelches fahrende Volk. Wir sind die Mozarts.« Und nur in den allerbesten Gasthöfen, selbstredend, durfte abgestiegen werden. Wobei sich in späteren Jahren Mozart manchmal fragte, wie es wohl erst in den nicht so guten Gasthöfen aussehen möge.

Die Betten immer zu hart oder weich, die Stuben überheizt oder eisig kalt. Der Körper am Morgen von Flohstichen übersät. Und die Zugluft in der Gaststube, wo ranziger Wein, angeschimmeltes Brot als Festmahl vorgesetzt wurde, wehte ebenso Krankheiten heran wie der Wind, der durch alle Ritzen der klapprigen Reisegefährte drang. Die Kinder waren von kaum einer verschont geblieben.

Der Typhus damals in Den Haag, als sich der Vater nur noch über Wolfgangs Bett gebeugt und stammelnd erklärt hatte, der Sohn sei »unkennbar« geworden, war die sicher schlimmste gewesen.

Doch noch vieles andere hatte es gegeben, etwas zum Beispiel, das Gelenkrheumatismus hieß und Wolfgang für Wochen ans Bett gefesselt hatte, während nebenan der Vater verzweifelt auf und ab gelaufen war und alle auf diese Weise entfallenen Konzerthonorare ausgerechnet hatte. Oder diese andere Krankheit, sehr schmerzhaft – das war gleich beim ersten Besuch in Wien gewesen – , eine so genannte Erythema nodosum, eine Knotenrose.

»Die Seele wehrt sich«, hatte damals der aus dunklen Augen klug blickende Arzt gesagt, dem Vernehmen nach ein getaufter Jude. Er hatte aber nicht verraten, wogegen sich wohl die Seele des Siebenjährigen wehren mochte.

1767 waren dann die Blattern über die Mozart-Kinder gekommen, nicht ganz so arg wie damals der Typhus, und doch hatte Mozart noch lange nach seiner Genesung jeden Morgen neu voll Trübsinn in den Spiegel gestarrt.

Das war kein milchhäutiger Prinz mehr, der ihm aus dem Spiegelglas misstrauisch forschend entgegensah. Es blieb ein mäßig hübscher Bursche mit leicht gekrümmter Haltung und vielen Narben im Gesicht. Den Wunderbub, die hübsche Puppe am Klavier gab es jetzt nicht länger.

Nun, fünfundzwanzig Jahre später, sitzt Mozart im Straßengraben und hofft innig, dass es bald weitergeht zu seinem Stanzerl.

Am Himmel ziehen Wolken auf, es beginnt zu regnen. Die Flüche des Kutschers werden noch deftiger. Mozart streift sich den Rock über, stellt sich unter einen Baum.

Dem Stanzerl, nein, dem war es nicht darauf angekommen, ob einer Narben hat. Ein Kerl mit kräftiger Rute muss es sein, das hat sie oft gesagt. Kein Mickerling wie ... wie ...

Süßmayr!

Warum fällt ihm gerade jetzt dieser Name ein und dazu der treue Hundeblick, der beim Abschied so sehnsuchtsvoll auf seiner Konstanze geruht hatte, als sei hier einer überglücklich, einige Tage mit ihr allein zu sein, endlich, Wand an Wand oder gar Bett an ...

Nein! Kein Gedanke an Süßmayr! Dann lieber an die »Zauberflöte«!

Mozart springt auf, marschiert auf und ab. Auch jetzt kann er nicht ruhig sitzen, muss sich bewegen, irgendwie, schlägt die Arme trotz sommerlicher Wärme wie fröstelnd um die Schultern. Der Kutscher wirft ihm einen verwunderten Blick zu.

Mozart geht weiter auf und ab, pfeift dazu die Arie des Prinzen, »Dies Bildnis ist ...«, nickt ganz zufrieden in sich hinein. Inzwischen hat er den Stoff fast lieb gewonnen. Schon weil die Verse deutsch sind.

Die deutsche Oper. Der alte Traum. Gleich mit seiner ersten großen Wiener Arbeit, der »Entführung aus dem Serail« vor neun Jahren, hatte er ihn unter dem freundlichen Beifall der Majestät verwirklicht geglaubt.

Aber am Ende hatten auch diesmal die Italiener gesiegt und der große Salieri zu allem sein undurchdringliches Lächeln gezeigt. »Sei vernünftig, Mozart«, schien das zu heißen, »sei einer von uns, dann werden wir dich irgendwann mal als einen von uns anerkennen, vielleicht.« Mozart war denn auch brav zum Italienischen zurückgekehrt.

Weil eben Italienisch die Opernsprache ist, und »nur in Italien lernst du, was Oper sein kann und wie man sie macht, nirgends sonst«. Das hatte schon in London Christian Bach gesagt, und der Vater war mal ausnahmsweise der gleichen Ansicht gewesen.

Also auf nach Italien, damals 1769, zwei Jahre nach der Pockenerkrankung. Und in der Erinnerung daran reibt sich Mozart die Hände. Weil damals dieses immer sonnige, warme Italien zunächst mal lausig kalt und gar nicht sonnig gewesen war.

»Wir können weiterfahren, Herr!«

Der Kutscher hält den Schlag auf, klettert auf den Bock. Der Wagen ruckt an. Es geht weiter nach Baden. Mozart denkt ans Italien von damals zurück, hört noch die Beifallsstürme im Opernhaus zu Mailand. War ihm je wieder so heftig applaudiert worden wie damals?

Komponisten und andere unnütze Leute

Regen wie in Salzburg. Nur böser, härter, trommelnder. Nun Tage schon, die Nacht hindurch. Mozart hatte wach gelegen und in den italienischen Herbst hinausgehorcht.

Hier in Mailand also, im Oktober 1770, würde er mit der Arbeit an seiner Oper »Mitridate, Re di Ponto« beginnen. Und zum ersten Mal hatte er Angst vor einer Aufgabe, hatte noch am Tag zuvor an Mutter und Schwester nach Salzburg geschrieben, sie möchten einige Gebete zum Gelingen des Werks hinauf zum Himmel schicken.

Der Regen trommelte noch härter und böser.

Ächzend drehte sich Mozart auf die andere Seite und stieß dabei gegen den Körper des Vaters. Sie teilten nicht ein erstes Mal auf ihren Reisen das Bett. Aber ein erstes Mal war es Mozart peinlich.

Er war nun vierzehn, noch kein Mann, aber auch kein Knabe mehr. Die Arme wurden länger, die Beine ebenso, die Stimme sank um wenigstens zwei Oktaven tiefer, und auf der Scham sprossen schon Haare.

Es sprossen aber auch erste winzige Zweifel und ein kleiner Widerstand gegen die unantastbare Allgewalt des Vaters, und gerade darum wollte er ihn nicht mehr im Nachthemd oder halb bekleidet sehen, so wie er sich selbst die Hand rasch vors Geschlecht hielt, wenn er einmal nackt war und der Vater unverhofft ins Zimmer trat.

»Schämst du dich denn vor mir, Wolfgangerl? Vor deinem eigenen Vater, der dabei war, als du nackt und bloß in diese Welt eingetreten bist?«

In des Vaters Augen hatte eine Trauer gestanden, als schaue er der unaufhaltsam schwindenden Kindheit seines Sohnes hinterher, und gern hätte ihn der Sohn getröstet. Aber dazu fiel ihm nichts ein.

Nein, er liebte und bewunderte den Vater noch immer. Wie selbstverständlich der sich im Vatikan zu Rom Zugang verschafft hatte zur Zeremonie, wo Kardinäle gerade die Armen speisten! Ein herrischer Zuruf, ein kurzer Wink zu den perplexen Wachen hin – und schon hatten Vater und Sohn, regierenden Fürsten gleich, alle Absperrungen souverän durchschritten. In solchen Situationen war Leopold Mozart ganz unvergleichlich.

Im Dunkel des Schlafgemachs horchte der Sohn zu den schweren Atemzügen des Vaters hinüber.

Er meinte ihn leise stöhnen zu hören. Wahrscheinlich hatte er wieder Schmerzen im Fuß, wie immer seit dem Unfall vor einigen Tagen, als der klapprige Zweisitzer vom Weg abgekommen war und sich Leopold schützend über seinen Sohn geworfen hatte. »Ach, das vergeht bis morgen wieder«, hatte er nur gelacht, als sein Schienbein dick und blau angeschwollen war. Aber es verging nicht, im Gegenteil. Am anderen Tag schmerzte auch der andere Fuß.

Doch nur nichts sich anmerken lassen, was den Mailänder Erfolg des Sohnes gefährden könnte! Und es klang, als würde Leopold Mozart noch im Schlaf die Zähne zusammenbeißen. Mit einem Stöhnen hatte er sich eben umgewandt.

Mozart hielt die Arme hinter dem Kopf verschränkt und konnte nicht einschlafen.

Dieses Italien! Das Traumland! Regen und Kälte fast von Anfang an! Und was für Kutschen gab es hier, zweirädrig, offen, dass man sich vor der Kälte draußen nur in dicken Fußsäcken verkriechen konnte! Was für Straßen auch, wo hinter jedem Busch ein Bandit zu lauern schien, schwarzbärtig, den gezückten Dolch in der Hand!

Bella Italia war wohl doch nicht so ganz das Sonnenland, von dem der Junge nach ihrer Europa-Reise umso heftiger geträumt hatte, je enger ihm das heimatliche Salzburg geworden war. Würgend eng geradezu.

Nichts mehr damals in Salzburg mit rauschenden Konzerten, bejubeltem Erfolg! Das alles schien schon kurz nach ihrer Rückkehr um Ewigkeiten zurückzuliegen. Es zählte nur der Alltag, das Salzburger Grau.

Der Junge hatte dagesessen, griesgrämig, verstockt, hatte die Noten zu einem frommen Oratorium hingekritzelt, »Die Schuldigkeit des ersten Gebots«, dessen Verse irgendein Salzburger Kaufmann verbrochen hatte, und dann noch die zu einem nicht ganz so frommen Singspiel um den Gott Apollo und seinen Liebling Hyacinth. In jenen grauen Stunden hatte der kleine Komponist nur manchmal den Kopf gehoben und zur Tür hingehorcht, als würde es daran vielleicht wieder klopfen wie schon einmal so um 1761 herum.

Damals – Mozart war fünf Jahre alt gewesen – hatte ein zierliches Männchen vor der Tür gestanden, hatte in langen gedrechselten Wendungen nach seinem guten alten Freund, dem Herrn Vizehofkapellmeister Leopold Mozart, gefragt und ob der Freund wohl die Güte habe, ihn einige Minuten lang anzuhören, in einer ganz dringlichen Angelegenheit.

Denn er, Franz Spöckner, der Tanzmeister vom Akademischen Gymnasium, habe gerade jetzt ein so schönes Stück für den Abschluss des Schuljahres entworfen, »Sigismundus Hungariae rex«, über König Sigismund von Ungarn. Das also sollte, mit viel Ballett und Musik, in den ersten Herbsttagen im Großen Akademischen Theatersaal von seinen Schülern aufgeführt werden.

Nun aber, man denke und der Himmel helfe!, sei einer der Knaben krank geworden, »ein Fieber, ganz rätselhaft, nicht einmal Aderlässe nützen«, alles sei verloren, wenn nicht eben ...

»Wenn nicht was?«, wollte Leopold Mozart von dem hüstelnd auf der Stelle trippelnden, sich immerzu die Lippen mit einem Spitzentüchlein betupfenden Männchen wissen.

Nun ja, man wisse doch vom Sohn des Herrn Konzertmeisters, dem Wolfgang Amadeo, dass der ein wahrlich reizender Knabe sei, hübsch und musikalisch. Ob der wohl – ein weiteres Hüsteln – gleichsam einspringen könne?

»Ja!«, hatte von oben her der Junge so laut geschrieen, dass die beiden Herren auf der Treppe zusammengefahren waren, und der Vater hatte wohlwollend genickt. So war es gekommen, dass am 1. und 3. September 1761 der Knabe, prächtig aufgeputzt, zwischen all den anderen auf der Bühne stand.

Das waren alles Edelknaben gewesen, Jungen, die den Spross aus bürgerlichem Haus sonst keines Blickes gewürdigt hätten. Was aber zählte das noch? Nichts! Auf der Bühne kam es einzig darauf an, was jeder an seinem Platz leistete. Und Mozart trippelte, drehte sich so schön, so anmutig wie kein anderer, jedenfalls seiner eigenen Meinung nach. Und wie ein kleiner Rausch war es über ihn gekommen.

Nein, er war nicht länger der kleine Wolfgang aus der Salzburger Getreidegasse. Er war jetzt ein Prinz, ein Zauberer, ein phantastisch gefiederter Vogel, vielleicht auch ein Zwerg, ein Riese, eine schöne Fee. Alles, was die Phantasie aus ihm nur machen wollte.

So war Theater! So konnte es sein!

Aber das hier? Dieses knochentrockene Oratorium, dieses törichte Singspiel? Das langweilte ihn schließlich so sehr, dass er richtiggehend krank wurde.

Kopfweh quälte ihn seit seiner Rückkehr, oft brach er in Tränen aus, die Mutter betrachtete ihn voll Sorge: »Woran leidet denn unser Wolfgangerl nur?« Aber der Vater hörte nicht recht zu. Er brütete längst schon über neuen Reiseplänen.

Nach Italien! Das stand fest. Zuvor aber ein weiteres Mal nach Wien. Weil dort nämlich die Kaiserin damit beschäftigt war, ihre gerade sechzehnjährige Tochter Maria Josepha mit dem kaum älteren König Ferdinand von Neapel und Sizilien zu verkuppeln, und für die Hochzeitsfeierlichkeiten, rechnete sich Vater Mozart aus, dürfte ein kleiner Opernauftrag für Sohn Wolfgang wohl abfallen, nicht wahr?

Doch gerade dagegen, wollte ihm später scheinen, schien sich alle Welt, wenn nicht der Teufel selbst verschworen zu haben.

Erst war da die Pockenseuche, von der die kleine Braut weggerafft wurde. Und überhaupt war das Wien, in das sie endlich nach überstandener Krankheit einfuhren, nicht mehr ganz die Stadt ihres ersten Besuchs.

Eine miefig schwere Dunstglocke schien über allem zu liegen und besonders über dem eben noch so lachend lebensfrohen Schönbrunn. Dort hatte die Kaiserin ihren immerzu ungetreuen

Franzl verloren, war beim Begräbnis auf die letzte seiner zahllosen Geliebten zugetreten und hatte sie kurz und fest in ihren Arm gedrückt: »Wir beide, meine Liebe, haben heute einen schweren Verlust erlitten!«

Danach wollte sie aber nur noch Schwarz tragen, mied Opern und andere Lustbarkeiten und ließ eine keineswegs nur komische »Keuschheitskommission« über die Moral ihrer Untertanen wachen, damit nicht anderen Frauen widerfuhr, was sie selbst ein Eheleben lang hatte durchleiden müssen.

Dennoch war die Majestät zu einer Audienz bereit gewesen, neben ihr lehnte als neuer Mitregent Sohn Joseph. Und sie gab sich freundlich, wollte zwar diesmal den Jungen nicht küssen, streichelte ihm aber wiederholt über die Wange mit den noch roten Pockennarben: »So schwer krank bist du gewesen, Bub, hast viele Tage nichts sehen können, bist blind gewesen, richtig blind? Ja, so war das bei meiner armen Maria Josepha auch.« Und zur Mutter hin: »Sie wollen den Buben so kurz nach der Genesung gleich wieder konzertieren lassen?«

Ein stummer Knicks der Angeredeten. Die Mozarts nahmen die kaiserliche Sorge als Zeichen besonderer Huld, und die Mutter sollte noch lange erzählen: »Wie zu ihresgleichen hat die Kaiserin zu mir gesprochen, als Mutter zur Mutter, von Frau zu Frau . . .«

Die Arme! Sie musste nicht sehen, wie sich nach ihrem Abgang die Kaiserin zu ihrem Sohn umwandte, der schmallippig und kaltäugig dastand, hörte sie nicht sagen: »Eltern sind das, diese Mozarts! Ihr Kind kaum dem Tod entronnen, und schon soll er für andere den Affen machen«, wonach sie sich wieder ihrem Plan zuwandte, den so traurig um seine Braut gebrachten König Ferdinand gleich mit ihrer nächsten Tochter, der kaum vierzehnjährigen Maria Carolina, zu verbinden. Nur ein letzter Seufzer: »Für solche Leute, nun ja, sind ihre Kinder einzig ein Geschäft!«

Kaiser Joseph II. sagte nichts.

Er sprach überhaupt nicht viel und ließ Dinge gern ein wenig unbestimmt. So auch bei Vater Mozarts eifriger Nachfrage, wie es denn um einen möglichen Opernauftrag für den Sohn stünde: »Sie werden da wohl mit unserem guten Grafen Affligio sprechen müssen, bester Mozart!«

Der war Italiener, ein Abenteurer und Freund von jedermann bis hin zum nicht weniger abenteuerlichen Giacomo Casanova, und keinen dieser Freunde hatte er nicht irgendwann schon mal übers Ohr gehauen.

Jetzt, sein größtes Abenteuer, hatte er die beiden kaiserlichen Theater gepachtet, die »Burg« und gleich dazu noch deren Filiale am Kärntnertor, und zu seinen Plänen gehörte gewiss nicht, dort eine Oper von irgendeinem Knaben namens Mozart aufzuführen. Zumal dem Kind, vermutete er jedenfalls, sehr wahrscheinlich der Vater beim Komponieren die Hand geführt hatte.

»Der Vater komponiert für den Sohn? Aber wer macht denn so was?«, hatte, mit verwundertem Tadel im Unterton, sein guter Bekannter Christoph Willibald Gluck gefragt.

»Ich als Mozart würde es so machen«, antwortete der Neapolitaner, der eigentlich schlicht Giuseppe Maratti hieß und später elendig auf einer Galeere krepieren sollte.

Aber natürlich verhielt er sich dem Vater gegenüber sehr höflich. Denn wusste man so genau, wie hoch der in der kaiserlichen Gunst stand? So gab sich denn Affligio entzückt, schaffte ein Libretto nach einer Komödie des Venezianers Carlo Goldoni herbei, »La Finta semplice« oder »Die verstellte Einfalt«, und war ebenso eifrig bemüht, die Aufführung dieser »Verstellten Einfalt« um jeden Preis zu verhindern.

Ein erstes Mal erlebte der junge Komponist Mozart das Theater, wie es auch sein kann, als Labyrinth aus Bosheit, Arglist und Intrigen allein um der Intrige willen.

»Dieser Gluck! Daran kann nur dieser Gluck schuld sein«, hatte der Vater gewütet, als endgültig die Chance einer Wiener Aufführung geplatzt war, und der Sohn begriff nicht ganz, wieso gerade der weltberühmte Schöpfer der großen Reformoper »Orfeo e Euridyce« die Schuld an diesem Desaster tragen könne.

Ohnehin nahm er die Dinge weniger tragisch als der Vater und hatte an den gestelzten Humorigkeiten der »Verstellten Einfalt«

viel weniger Freude als an der fröhlichen Lustigkeit des kleinen Schäferstücks »Bastien und Bastienne«, mit dem er gleich danach begonnen hatte.

Der Vater aber wusste jetzt: Ohne italienische Weihen würde der Sohn in der Welt der Oper nie wirklich Fuß fassen! Also nickte er nur auf die Frage, wann es denn endlich nach Italien gehe: »Bald, mein Sohn! Sehr bald schon.«

Genauer: am 15. Dezember 1769.

An diesem Tag war es in Salzburg schon sehr kalt, und die Mozarts, Vater wie Sohn, lechzten nahezu nach etwas Wärme jenseits der Alpenkette. Mutter und Tochter waren daheim geblieben, und Nannerl hatte dicke Tränen in den Augen, als der Wagen um die Ecke bog. »Weine nicht«, hatte die Mutter getröstet, »unser Wolfgangerl wird heil und munter zurückkommen.«

»Jawohl. Als ein großer Komponist«, schluchzte Nannerl, »und was ist mit mir?«

Den Bruder hatte aber in Italien keine Wärme empfangen, und so kalt war es, dass der Vater einmal – das war in einem Kloster bei Mailand – den Sohn im Nebenzimmer hatte jauchzen hören: »Die Betten hier sind angewärmt, Papa. Endlich werde ich mal ohne kalte Füße schlafen!«

Dafür aber, ein Trost, hatte sich die Liebe des Publikums wie ein wärmender Mantel um die Mozarts gelegt. Der Adel umschwärmte den Jungen ebenso wie das vornehme Bürgertum, einer gar ließ das junge Genie eigens malen, und bei manchen Konzerten war der Andrang so groß, dass kräftige Burschen dem Musiker den Weg zum Instrument bahnen mussten.

Unterdrückte dabei mancher seine Enttäuschung, keinen schimmernden kleinen Prinzen vor sich zu sehen, keine Gestalt wie aus Porzellan oder Elfenbein, zu der die Legende das Wunderkind Mozart verklärt hatte, sondern lediglich einen etwas schlaksigen jungen Mann mit einem Gesicht voller Pockennarben und Hemdsärmeln, die man gerade wieder hatte anstücken müssen, so war man sich spätestens bei seinem Spiel einig: Nein, die gewaltig tönende Propagandatrompete des Vaters hatte kaum übertrieben.

Der dort am Klavier, am Cembalo, an der Orgel oder auch nur Violine, seinem simpelsten Instrument, das dennoch unter seinen Händen zu einem Zauberstab wurde, war wirklich ein von Gott aufs höchste begnadetes Geschöpf, kurz: »una miracula«, ein Wunder.

Aber Mozart war nicht so sehr zum Spielen gekommen. Vor allem wollte er hören. Er saß in den Opernhäusern. Er hörte, was immer gegeben wurde, Werke von Hasse, Gluck, Scarlatti. Und er lernte. Wie die anderen ihre Effekte schufen, wie sie die Geschichte dort oben auf der Bühne in ihrer Musik weitererzählten oder dramatische Kontrapunkte setzten. Wie es endlich zum großen Zusammenspiel zwischen Szene und Musik kam.

So saß er im Florentiner Palazzo Pitti, wo 1597 die allererste Oper überhaupt gegeben worden war, das dramma in musica »Dafne« von einem Jacopo Peri. Er bestaunte in Bologna Italiens gerade entstandenes schönstes Opernhaus und wurde im neapolitanischen Teatro di San Carlo vom Vater heftig in die Seite geknufft, weil er beim Einzug des königlichen Paares ungeniert losgeprustet hatte: Der kleinwüchsige König hatte sich bei der Huldigung durchs Publikum offenkundig auf einen Schemel gestellt, damit ihn seine um wenigstens einen Kopf größere Gemahlin nicht allzu deutlich überragte.

»Himmel, ist das altmodisch. Das staubt ja aus jeder Note«, hatte Bachs Schüler dann noch vernehmbar geseufzt, als die Musik eines einst recht erfolgreichen, inzwischen reichlich überholten Komponisten eingesetzt hatte, und wieder hatte ihn der Vater mahnend angestoßen, endlich das lose Mundwerk zu halten.

Hier in Neapel – es war inzwischen früher Sommer – erlebten die Mozarts am ehesten noch das Italien ihrer Sonnenträume. Tiefblau spannte sich der Himmel über der Bucht, die steinernen Zeugnisse antiker Größe erhoben sich in verfallender Pracht, und im Hintergrund rauchte eindrucksvoll der Vesuv. Aber nicht darum hatte sich des Vaters Laune in den letzten Wochen kräftig gebessert.

Viel schwerer wog das dicke Buch in ihrem Gepäck, das Libretto zu der Oper, die der Sohn für den nächsten Mailänder Karneval komponieren sollte. Eine »scrittura«, ein Auftrag, vom Grafen Firmian, dem lombardischen Gouverneur, höchstselbst erteilt.

Der Junge blätterte darin. Nein, so furchtbar aufregend war diese Geschichte um Mitridates, den König von Pontus, nicht, wie er den Söhnen daheim seinen Tod in der Schlacht vorspiegelte, um ihre Sohnesliebe auf die Probe zu stellen. Aber auch nicht so trocken wie die Salzburger Arbeiten, nicht so verzwickt wie diese Goldoni-Geschichte, nicht gar so harmlos wie »Bastien und Bastienne«.

Nein, das hier, dieser »Mitridate, Re di Ponto«, war schon etwas anderes. Das würde nicht nur den Komponisten, sondern auch den musikalischen Theaterdichter aufs höchste fordern. Und so waren sie denn schließlich im Eiltempo nach Mailand zurückgekehrt, binnen nur siebenundzwanzig Stunden den ganzen italienischen Stiefel hinauf, um mit der Arbeit zu beginnen.

»Schlaf endlich, Wolfgangerl«, knurrte jetzt der Vater, als der Sohn neben ihm ins Dunkel hinein einige Takte gesummt hatte. Auch Leopold hatte wach gelegen, von Ängsten geplagt: Diese Oper musste der Durchbruch sein, ein Meisterwerk, der Schlüssel zur ganz großen Künstlerwelt, wo es von da an Ehrungen und Dukaten nur so regnen würde.

Am zweiten Weihnachtstag 1770 sollte die Uraufführung sein. Wenig Zeit bis dahin, der junge Mann arbeitete wie eine Maschine, vom Vater behutsam gebremst: Halt ein, mein Junge, seit dem frühen Morgen stehst du schon am Notenpult, jetzt ist Mittag. Du musst etwas essen, und dann gehen wir erst mal schön spazieren. Freunden in Salzburg hatte er geschrieben, sie sollten dem Jungen nur oft recht muntere, witzige Briefe schicken, wie er sie mag. Denn auf keinen Fall sollte ihm die gute Laune und damit die Inspiration ausgehen.

Dann endlich war der zweite Weihnachtstag da.

Im Mailänder Teatro Regio Ducale summte und brummte es. Das Publikum, bestgelaunt, hatte sich schon in Karnevalsmasken und -kostümen eingestellt, ein bunt leuchtender Reigen von Loge zu Loge, ein Meer von Masken im Parkett. Rasch flüsterte man sich noch einiges von der Probenarbeit zu: Vor allem Tenor und Mitridates-Darsteller Guglielmo d'Ettore soll ja mal wieder unausstehlich gewesen sein, die Launenhaftigkeit in Person. Die 52 Musiker stimmten ihre Instrumente. Am ersten Cembalo saß Mozart selbst.

Dies war sein Tag.

Der zimtfarbene Samtrock strotzte von Goldstickerei, im Jabot leuchteten edle Steine, das Haar, vom besten Coiffeur sorgsamst gepudert, strahlte wie pures Silber, und über den Pockennarben lag eine Schminkschicht, so dick wie die der Pompadour. An seiner Hand aber...

Mozart musste plötzlich lachen. Erstaunt sahen die anderen Musiker zu ihm hin.

Diesen Ring an seiner Hand, aus schwerem Gold mit eingelassenem Amethyst darin, trug er bei jedem öffentlichen Konzert, er war so etwas wie sein Talisman. Es muss aber an einem Abend in Neapel gewesen sein – ja, es war in Neapel – , da hatte ein murrendes Wispern im Saal eingesetzt, er hatte hochgeblickt, die Unruhe nicht verstanden, bis endlich der Vater zu ihm getreten war, ihm aufgeregt ins Ohr geflüstert hatte: Die Menschen witterten so etwas wie Hexerei. Denn dieser Ring sei sicher ein Stück Teufelswerk, und nur mit seiner Hilfe könne der junge Maestro so göttlich die Finger über die Tasten bewegen.

Mozart war aufgestanden, nun ganz der Komödiant, hatte mit großer theatralischer Geste den Ring abgestreift und für alle sichtbar auf dem Instrument abgelegt, dann aber gespielt wie immer, vielleicht noch besser.

Nicht endender Jubel – und Mozart hatte gegrinst wie jetzt wieder: nicht wahr, Freund Bach drüben in London? Beherrscht dein kleiner Bruder im Geiste nicht auch schon ganz hübsch die Mätzchen, mit denen man das Publikum bei Laune und Spannung hält?

Wenn es aber doch ein Zauberring war, so wirkte er noch nie so stark wie an diesem 26. Dezember, als sich wie ein weicher Teppich aus lauter Wohlklang das Mozart-Werk über das zunächst immer stiller werdende, dann immer begeistertere, ja, wahrlich »verzauberte« Publikum ausbreitete.

Nach den ersten Arien, zweiundzwanzig insgesamt, kamen bereits die ersten Da-capo-Rufe, am Ende war der Saal ein einziger »Viva Maestro!«-Schrei, und zu Mozart drang das alles nur wie durch einen dicken Nebel.

Er war wie im Rausch.

Die Proben waren wirklich eine Qual gewesen, die Intrigen hatten denen in Wien kaum nachgestanden, und mehr als einmal sehnte sich Mozart in die Einsamkeit seines Instruments zurück, wo einzig er Herr aller Töne sein durfte.

Jetzt hatte er aber bei den ersten Klängen die Augen gehoben, zur Bühne geblickt, und alles war plötzlich ganz anders als in den strapaziösen Wochen zuvor.

Was er dort oben nun sah, waren nicht mehr ein paar dickbusige Primadonnen in seltsamen Gewändern, kein Herr Tenor Guglielmo d'Ettore, der eigentlich schlicht »Wilhelm« hieß und Bayer war, jetzt aber von sich singend behauptete, der König Mitridates aus dem Reich Pontus zu sein. Mozart sah nicht mehr die dicke Schminke auf den Gesichtern, die Kulisse aus Pappe, Holz und Flitter.

Das dort oben war nun das Königreich Pontus, und wer sich dort bewegte, war tatsächlich Mitridates, waren seine Söhne, die beide die schöne Aspasia, schlank und verführerisch, begehrten. Menschen. Schicksale. Das alles – Mozart spürte ein tiefes inniges Glücksgefühl – hatte seine Kunst zum Leben erweckt. Ja, in seiner Musik konnte er Menschen schaffen wie sonst nur der Herrgott selbst.

Der Rausch dauerte volle sechs Stunden. Dann war fürs erste alles vorbei. Aber noch über zwanzig Mal sollte der »Mitridate« in Mailand gespielt werden, Mozarts erster ganz großer Bühnenerfolg.

»... und du bist nun berühmt wie die Herren Hasse oder Gluck, Wolfgangerl?« Das war die Frage der Mutter gewesen, als sie ihren Sohn in Salzburg nach seiner Rückkehr in die Arme schloss. »Noch viel berühmter«, antwortete statt seiner der lachende Vater. Und wurde nicht müde, von allen Ehrungen und Auszeichnungen zu erzählen, die seinem Sohn widerfahren waren. Zu Mozart selbst drang alles nur wie durch einen matten Schleier.

Er war todmüde, sonst nichts.

»... und der Papst hat ihn zum Ritter vom goldenen Sporn erhoben, zum Cavaliere dello speron d'oro, jawohl«, hörte er den Vater berichten, »er ist jetzt ein richtiger Edelmann, unser Sohn.«

Einiges ließ er aus. Zum Beispiel, wie sich nach der Zeremonie im Vatikan aus dem Kreis der Umstehenden eine schmale Gestalt gelöst, sich wie in leicht ironischer Gratulation vor Mozart verneigt und mit scharfer, leicht näselnder Stimme gesagt hatte: »Sie glauben doch wohl nicht, Mozart – das hoffe ich jedenfalls für Sie und Ihre gottgefällige Demut –, dass Sie nun wirklich von Adel sind?«

»Wer war das?«, hatte Mozart gefragt, als sich nach diesem seltsamen Glückwunsch der schmale Mann in seiner roten Robe wieder zurückgezogen hatte, und der Vater hatte nur mit den Achseln gezuckt: »Ein Graf Colloredo, und manche sagen, er wolle Salzburgs nächster Fürstbischof werden. Was Gott verhüten möge ...«

Mozart hatte sich bekreuzigt.

Nein, so etwas erwähnte der Vater jetzt nicht. Stattdessen erzählte er vom alten Padre Martini, dem berühmtesten Musikwissenschaftler seiner Zeit und »Abgott Italiens«, der sich eigentlich kaum noch in der Öffentlichkeit blicken ließ. Aber beim Sohn hatte er eine Ausnahme gemacht, ihn sogar ein wenig im Kontrapunkt unterrichtet und am Ende das denkbar beste Zeugnis ausgestellt.

In Bologna aber, bei einem Empfang des alten Marschalls Pallavicini, wozu der gesamte Adel der Umgebung in großer Toilette erschienen war, 150 Herrschaften vom allerfeinsten Blut, jawohl, waren sie Farinelli begegnet, dem berühmtesten aller berühmten Kastraten. Der hatte die Herren Mozart gleich noch auf seinen Landsitz eingeladen.

»Nicht nur irgendeine Villa, ein richtiges Schloss. Das alles hat ihm sein Singen eingebracht«, erzählte jetzt der Vater voller Bewunderung und sich für Augenblicke einem wohligen Traum hingegeben: Vielleicht, dass einmal auch sein Wolfgangerl ein solches Schloss besitzen würde, mit ein paar hübschen Zimmern – mehr musste es nicht sein – auch für seine alten Eltern.

Aber der Realist verscheuchte gleich wieder solche Gespinste.

Es würde schon genügen, wenn sein Sohn an einem der italienischen Fürstenhöfe eine feste Anstellung erhalten würde, eine etwas glanzvollere als die hier in Salzburg, wo ihn noch vor seiner Abreise der Fürstbischof zum dritten Kapellmeister ernannt hatte, zu einem ohne Sold.

Noch zweimal sollten die Mozarts in den nächsten drei Jahren über die Alpen ziehen, immer in der Hoffnung, dort würde sich für sie endlich in goldfarbener Pracht alle musikalische Herrlichkeit für immer öffnen, und drei weitere Opern, alle mit großformatigen historischen Sujets, waren in dieser Zeit entstanden.

Die zweite davon, »Il sogno di Scipione«, wurde in Salzburg aufgeführt, zur Inthronisation des neuen Fürstbischofs, und das war nun tatsächlich dieser Graf Hieronymus Colloredo geworden.

Der gab sich erstaunlich gnädig, schien die Begegnung im Vatikan vergessen zu haben, zeigte sich aber von der neuen Oper entzückt und nahm den Komponisten gleich in seinen festen Dienst, als Konzertmeister zum gar nicht so üblen Jahreshonorar von 150 Gulden, wobei Mozart nicht recht wusste, ob dies nun eine Ehrung sein sollte oder nicht eher eine Drohung: Warte nur, Bürschchen! Dich, hochbegabt ohne Zweifel, lasse ich so rasch nicht von der Kette!

Aber solche Ängste und Ahnungen überschatteten Mozart nicht wirklich, ja, er nahm Salzburg samt Fürstbischof kaum noch wirklich ernst. Warum auch?

In Mailand war seine dritte Oper »Ascanio in Alba« ein fast noch größerer Triumph als der »Mitridate« geworden, mit weit über zwanzig Vorstellungen und so gewaltigem Erfolg, dass eine am vorhergegangenen Tag aufgeführte andere, die eigentliche »Festoper« mit dem Titel »Ruggiero« nahezu an die Wand gedrückt worden war.

Deren Komponist war aber kein Geringerer als der an allen italienischen Bühnen unablässig gespielte Johann Adolf Hasse, ein milder alter Herr in den Siebzigern, der sich nach einem Komponistenleben voller Erfolge diesen Misserfolg seines allerletzten Werks wohl leisten konnte und reichlich Großmut gegenüber dem jungen

Kollegen auch: »Dieser Knabe«, hatte der in Bergedorf bei Hamburg Geborene in seinem norddeutsch schleppenden Tonfall gesagt, »wird uns alle vergessen machen.«

Für Mozart war eine andere Reaktion viel wichtiger gewesen, die seines Auftraggebers, des Erzherzogs Ferdinand, der dieses Werk zu seiner Hochzeit geordert hatte. Maria Theresias Sohn zeigte sich begeistert, und Mozart hatte bereits damit gerechnet, von ihm in festen Dienst genommen zu werden: Konzertmeister in Mailand, in der Hauptstadt der Oper sozusagen, mit all den anderen berühmten Opernhäusern gleichsam vor der Tür!

Schon erfuhr die Schwester daheim in Salzburg: »Ich habe keine Lust mehr auf Salzburg!« Sie hatte den Brief ihrer Mutter gezeigt: »Nun ist uns der Wolfgangerl wohl für immer verloren.«

Noch nicht.

Der Erzherzog schien tatsächlich nicht abgeneigt, Mozart in seinen Dienst zu nehmen. Doch als braver Sohn fragte er zunächst bei der kaiserlichen Mutter zu Wien an, und die, aufgeschreckt aus ihrer Witwentrauer, antwortete verdrossen, der Sohn möge sich nicht mit solchen Menschen wie diesem Mozart belasten, nicht mit »einem Komponisten oder ähnlich unnützen Leuten«, und dann, nicht wahr, sei da ja wohl noch die materielle Frage.

Dieser Mozart habe schließlich eine große Familie, und wenn der Sohn nicht aufpasse, dürfe er am Ende die auch noch durchfüttern. Nein, lass lieber die Finger von diesem Mozart, mein Junge! Solche wie ihn findest du an jeder Straßenecke.

Mozart wusste nicht, dass sein Schicksal bereits entschieden war. Geduldig wartete er, reiste ein drittes Mal nach Italien, feierte seinen dritten Triumph dort, diesmal mit der Oper »Lucio Silla«, obwohl manchem Italiener diese Musik zu deutsch und schwer im Ohr hing. Vom Erzherzog kam noch immer keine Nachricht.

So erfuhr denn Mozart erst sehr viel später, dass sein »Traum Italien« ebenso ausgeträumt war wie zuvor der »Traum London«. Er sollte das Land jenseits der Alpen ebenso wenig wiedersehen wie die Weltstadt an der Themse.

Nur der »Traum Oper« blieb.

10. Juni 1791

»Wolferl! Hab ich dich wieder ...«

So hatte Konstanze ihren Mann begrüßt, als er endlich in Baden eingetroffen war, und so strahlend hatte sie ausgesehen, so von Herzen glücklich über das Wiedersehen, dass Mozart alle Sorgen um die »Zauberflöte« vergessen hatte.

Glücklich lachend hatte er den Arm um ihren schon prächtig vorgewölbten Leib gelegt, und eng umschlungen waren sie in das Haus in der Renngasse gegangen, wo Mozart im Erdgeschoss eine kleine Wohnung gemietet hatte, gleich neben dem Antonsbad, wo Konstanze ihre täglichen Bäder nahm.

Das war am Mittwochabend gewesen. Jetzt ist schon Freitag, am nächsten Morgen geht es zurück nach Wien, und alle Ängste, die Mozart tief in die Seele hinuntergedrängt hatte, brechen wieder hervor.

Konstanze ist drüben im Bad. Süßmayr sitzt über den dicken Packen Noten gebeugt, den ihm Mozart gleich bei seiner Ankunft mit einem leicht hingeworfenen »Da! Für dich! Damit du nicht vor Langeweile stirbst!« überreicht hatte. Jetzt kopiert er die Noten, unter leisen Juchzrufen immerzu wachsender Begeisterung: »Wunderbar! Ganz herrlich! Ein Meisterwerk ...«

»Beeil dich! Gleich in Wien will ich mit der Instrumentierung beginnen«, sagt Mozart jetzt und denkt zugleich: »Wozu denn noch? Ein müßiges Geschäft ...«

Die Stube wird ihm zu eng und er hat auch keine Lust, hinauf in die kleine Kammer im Schuppen auf dem Hof zu klettern, wo er in diesen Tagen mit Rücksicht auf Konstanzes Zustand genächtigt hat.

»Bitte, Wolferl! Wir müssen vorsichtig sein! Denk an unser Kind«, hatte Konstanze verlegen gebeten, und ihrem Mann war nichts anderes geblieben, als trübe zu nicken. Die Sehnsucht nach Konstanzes Leib hat ihn, da er sie in seiner unmittelbaren Nähe weiß, nur umso heftiger gequält.

Carl, der Sohn, kommt ins Zimmer gelaufen. Der Vater fasst den Jungen bei der Hand und geht mit ihm hinaus in dieses Baden, das ihm immer schon, seit seinem ersten Besuch, wie ein kleines Paradies erschienen ist.

Das muss damals bei der dritten Wienreise gewesen sein, im Sommer 1773, als die befreundete Musikerfamilie Teyber vorgeschlagen hatte: »Fahren wir doch für ein paar Tage hinaus nach Baden«, und in zwei Wagen waren sie aufgebrochen, im vorderen die Mozarts, dahinter die Teybers mit ihren beiden Töchtern, der neunzehnjährigen Elisabeth und der erst dreizehnjährigen Theresa.

Beide waren Sängerinnen geworden, beide hatten später in Mozart-Opern gesungen, Elisabeth die Zerlina im »Don Giovanni«, Theresa, ganz entzückend, das Blondchen in der »Entführung aus dem Serail«. Aber wenn Mozart jetzt an sie zurückdenkt, sieht er sie nur als die ganz jungen Dinger vom ersten Ausflug nach Baden vor sich, kichernd und schwatzend, allerliebst.

Neben ihm hatte Vater Leopold gesessen und wie immer strenge Zensuren erteilt, diesmal nun dem Kurort Baden, in dessen grün umbuschte Straßen sie gerade eingefahren waren: »Baden ist ein kleines Städl. Der Bäder sind sehr viele. Alles auf diese Art wie in Gastein, nur dass sie bequemer gebaut sind«, hatte er mit leicht hochmütigem Wohlwollen getönt, als würde er jeden Tag in einem anderen Weltbad Einzug halten.

Mozart, damals gerade achtzehn, hatte nur mit halbem Ohr den allzeit fälligen Belehrungen des Vaters gelauscht, hatte dabei ins Sonnenlicht hinaufgeblinzelt, das in goldener Brechung durch das Geäst der Bäume fiel, und nur tief und wohlig durchgeatmet.

Damals wie bei späteren Besuchen in Baden war es ihm immer vorgekommen, als läge Wien, heiß und staubig, um Welten entfernt irgendwo hinter den Bäumen verborgen, ja, als gäbe es dieses Wien gar nicht samt all seinen Problemen, Neidern und Intrigen. So auch jetzt wieder in diesem Juni 1791.

»Spielen wir Fangen, Papa?«

Carls fröhliches Kräh-Stimmchen tönt zu ihm hinauf. Natürlich spielen sie Fangen, und Carl ist so geschickt und schnell, dass der Vater ihn kein Mal erwischt.

»Sieger! Sieger!« Lachend plumpsen sie auf den moosigen Waldboden.

»Mehr, Papa! Jetzt spielen wir Versteck!«

»Gleich, Carli! Lass den Papa mal verschnaufen!«

Mozart spürt wieder die heftigen Stiche in der Brust und muss regelrecht nach Atem ringen.

»Darf ich solange im Wald Beeren suchen?«

»Ja, aber lauf nicht zu weit weg! Sonst kommt der Riese und frisst dich!«

»Was für ein Riese, Papa?«

Der Papa zieht es vor, statt einer Antwort nur eine geheimnisvolle Miene zu ziehen, die den Siebenjährigen mehr belustigt als erschreckt. Dann läuft der Junge in den Wald hinein, während sich Mozart auf einen bemoosten Baumstumpf setzt.

Sein eigener Vater, denkt er jetzt mit einer Mischung aus Rührung und Belustigung, hätte jetzt ganz sicher einen längeren Vortrag über Riesen gehalten. Schon im alten Griechenland, Wolfgangerl …

Kein Wolfgangerl mehr. Nur die Schwester nennt ihn noch so, während er für alle anderen der Wolfgang ist und für Konstanze das »Wolferl«. Beim Gedanken an sie pfeift er eine Melodie vor sich hin und merkt, dass sie nicht aus der »Zauberflöte« stammt, sondern ihm schon vor vielen Jahren eingefallen ist.

In »Bastien und Bastienne« kommt sie vor. In jenem Stück, das er damals mit zwölf in Wien geschrieben hatte nach einer Geschichte des großen Philosophen Rousseau um einen ungetreuen Schäfer, den seine Schäferin mit Hilfe eines Zauberers aus den Armen des schönen, bösen Gutsfräuleins und zu sich zurück gelockt hatte.

Bei der Arbeit daran hatte er sich wie auf einer Insel gefühlt, weitab von allen Wiener Streitigkeiten. Nichts mehr vom Gezänk damals zwischen dem Vater und diesem Grafen Affligio samt dessen Drohung, er würde Mozarts andere Oper, die »Verstellte Einfalt«, auspfeifen und verlachen lassen, wenn sie je auf eine kaiserliche Bühne gelange. Nichts auch vom erbitterten Brief des Vaters an den Kaiser, in dem er alle Sünden Affligios aufgezählt hatte, um sich damit noch gründlicher um die kaiserliche Gunst zu bringen.

Das alles hatte den zwölfjährigen Komponisten in seinem Entzücken am neuen eigenen Werk nicht ernstlich stören können. Er saß da, schrieb seine Noten und freute sich auf den Tag, da er ihnen auf dem Theater wieder begegnen würde.

Das war dann nicht in der Burg gewesen, über die dieser italienische Möchtegern-Graf wie ein böser Drache wachte, sondern im Haus eines gewissen Franz Anton Mesmer, von dem der Vater gesagt hatte, er sei ein sehr berühmter Arzt und dank seiner vermögenden Frau auch noch sehr reich.

Es war ein wunderschöner Abend geworden, und Mesmer hatte hinterher am Fenster des Salons gelehnt, hinaus in seinen prächtigen Garten gesehen und mit einem zärtlichen Lächeln zu dem Kind an seiner Seite gesagt: »Ich sollte hier noch ein richtiges Theater bauen, und deine Werke, Wolfgang, sollten alle dort aufgeführt werden.« Ein schönes Versprechen. Doch war es nie dazu gekommen.

Mozart seufzt auf.

Wie weit das alles zurückliegt. Der Doktor Mesmer war irgendwann weiter nach Paris gezogen, und diese unselige »Verstellte Einfalt« war zwar nicht in Wien, dafür von den Salzburgern gespielt worden, vor allem wohl, um den arroganten Wienern eine hämische Nase zu drehen.

Würde dort auch mal – Mozart auf seinem Baumstumpf lacht bei dem Gedanken – seine »Zauberflöte« gezeigt werden, wenn die Wiener Aufführung unmöglich werden sollte?

»Himbeeren, Papa! Ganze Büsche voller Himbeeren!«

Carl kommt aus dem Wald, Mund, Hemd und Finger rot verschmiert. »Wenn das die Mama sieht«, seufzt der Vater und versucht, Hände und Lippen notdürftig mit einem Taschentuch zu säubern, bevor sie in die Renngasse zurückkehren.

Konstanze ist schon aus dem Bad zurück, das Haar noch feucht, die Augen lustig leuchtend. Die Kur, findet Mozart, tut ihr gut.

Neben ihr steht Süßmayr, ein wenig zu dicht, wie Mozart meint. Er scheint ihr gerade ein paar Noten zu zeigen, summt dazu verzückt ein Motiv, das vom Prinzen, der Paminas Bildnis so bezaubernd schön findet. Mit vor Begeisterung blitzenden Augen wendet er sich dem eintretenden Mozart zu.

»Ganz unvergleichlich. Wie aus Ihrem tiefsten Herzen . . .«

Mozart will abwehren, aber Süßmayr lässt sich nicht halten: »Nur Sie dürften diesen Prinzen spielen, Meister. Denn nur Sie sind dieser Prinz . . .«

»Mein Wolferl ein Prinz?« Konstanze lacht. »Geh, Süßmayr! Mein Wolferl ist doch kein Prinz!«

»Gewiss doch, Frau Konstanze.« Und Süßmayrs sonst eher scheuer Blick richtet sich so voll und strahlend auf Mozart, dass dem unbehaglich wird.

»Sie, Meister, sind der Prinz, der durch diese Welt streift und alle Gefahren meistert und immerzu etwas sucht, um es schließlich irgendwann, irgendwo zu finden . . .«

»Was denn, Süßmayr?«

Süßmayrs Stimme wird ganz leise: »Das Glück, Meister! Das einzig wahre Glück!«

Stille im Raum. Mozart hat sich abgewandt. Süßmayrs Worte haben ihn seltsam angerührt: Glück, oh ja – das suchen alle, das sucht auch er, ohne es je wirklich zu finden. Oder vielleicht erst hinter jener dunklen Tür, durch die alle einmal gehen müssen.

Mozart sieht wieder auf Süßmayr. Am Ende unterschätzt er den Burschen. Auch sein Stanzerl, notiert er, blickt richtig gerührt drein, um gleich darauf in ein kräftiges Lachen auszubrechen.

»Du ein Prinz, mein Wolferl. Das bist du nicht. Eher schon der andere, dieser Papageno, der so gern frisst und säuft und hinter allen Weibern her ist. Wie du doch auch, mein Schlimmer!« Neckisch droht sie mit dem Finger.

»Auch ein Prinz kann wohl ein Papageno sein«, wirft Süßmayr ein, wird bei seiner naseweisen Bemerkung richtig rot und erwartet eine von Mozarts höhnisch hingeworfenen Bemerkungen. Aber Mozart lacht nur: »Meinetwegen! Und jetzt zu Tisch. Du hast Recht, Süßmayr. Auch Prinzen essen und trinken gern ...«

Nur zu gern, denkt er und muss an Frankreichs Ludwig XVI. denken, der als Dauphin beim Hochzeitsmahl mit seiner Braut Marie Antoinette so viel gefressen haben soll, dass er hinterher zu nichts mehr fähig war. Das nun wäre ihm, Mozart, nie passiert, schon gar nicht bei einer Marie Antoinette und auch bei keiner anderen Frau.

Der Tag geht zu Ende. Für Mozart der letzte für längere Zeit hier in Baden. Zu dritt sitzen sie noch zusammen, sprechen weiter über die »Zauberflöte«, ohne dass Mozart den anderen etwas von seinen Sorgen verraten hätte.

»Allein, wie gleich zu Beginn diese Damen auftreten, nachdem sie den Prinzen vor der Schlange gerettet haben«, begeistert sich der an diesem Abend ungewöhnlich gesprächige Süßmayr, »jeder andere, ich wette, hätte die drei an die Rampe treten lassen, und dort hätte jede dem Publikum erzählt, was sie so gerade denkt und fühlt ...«

»Ja, so was finde ich immer unglaublich albern«, meint Mozart und löffelt ein Zitronensorbet.

»Sie aber, Meister ...«

»Nun lass endlich das ewige ›Meister‹«, seufzt Mozart.

»Ja, Meister.«

Mozart seufzt gleich noch einmal.

»Also, bei Ihnen führen die drei ein richtiges Gespräch, und aus der Musik erfahre ich zugleich, was sie wirklich denken und vom hübschen Tamino wollen ...«

Überrascht sieht Mozart hoch. Ein wirklich schlauer Kopf, der Süßmayr! Der hört und versteht mehr als andere.

»Alles, wirklich alles erfährt man in Ihrer Musik«, fährt Süßmayr fort, »wie sich der Prinz gleich in das Bildnis verliebt, wie ihn das Leid der sternenflammenden Königin um die Tochter jammert. Wie er fortstürmt, sie zu retten ...«

»Wovor eigentlich?«, fragt Konstanze, die sich für die zum Dessert gereichten kandierten Granatäpfel eigentlich mehr interessiert als für das jüngste Werk ihres Mannes.

Eifrig setzt Süßmayr mit Erklärungen ein, als stamme alles von ihm selber: »Die wird doch von diesem Zauberer, dem Sarastro, gefangen halten, und der böse Monostatos bewacht sie ...«

»Wer ist denn das schon wieder?«

»Ein Mohr. Schwarz wie die Hölle. Und eigentlich ist er es, der die Prinzessin Pamina begehrt ...«

»Ein Mohr! Igitt! So einen würde ich nie an mich heranlassen«, lacht Konstanze, »vielleicht färbt so einer ab.«

»Mich hat mal eine Mohrin geküsst«, wirft der bis dahin mehr schweigsame Mozart ein und genießt das erstaunte Hochblicken der anderen, »bei unserem ersten Besuch in Wien war das, als alle das Wunderkind kennen lernen wollten. Eine alte Dame, die früher mal eine sehr berühmte Sängerin gewesen sein soll ...«

»Vittoria Stasi?«, fragt Süßmayr, stolz auf sein Wissen. Mozart nickt nur.

»Die also hatte eine Dienerin aus Afrika, und die hat sich zu mir hinabgeneigt, so dass ich erst Angst bekam, vor ihrem schwarzen Gesicht mit den wulstigen Lippen. Aber dann habe ich ihre dunkle Haut gespürt, ganz warm, wie von Afrikas Sonne durchglüht, die war wie ein sanftes Streicheln ...«

Er lacht und ist für Augenblicke wieder der vergnügt feixende Junge seiner Wunderknabenzeit: »Ich kann nur sagen, dieser Kuss hat viel besser geschmeckt als der von der Kaiserin.« In den entsetzten Augen der anderen erkennt er, dass ihm wohl eine Art Majestätsbeleidigung unterlaufen ist, und setzt rasch hinzu: »Es gibt ja schwarze Vögel in der Welt, warum nicht auch schwarze Menschen?«

Wieder verwunderte Blicke der anderen, er zuckt nur mit den Achseln: »Steht so in der ›Zauberflöte‹. Hat ganz hübsche Einfälle, der Schikaneder. Und Recht hat er auch.«

Er räkelt sich ein wenig: »Eigentlich mag ich ihn gern bei allem Bösen, was er tut, diesen Monostatos, und werde ihm ein paar hübsche Töne ins schwarze Maul schieben, damit die Leute etwas Mitleid mit dem Burschen haben, der vielleicht mal eine schwere Schuld auf sich geladen hat, ohne je wirklich schuldig geworden zu sein.«

»Was für eine Schuld?«, will die neugierig gewordene Konstanze wissen.

Mozart zuckt mit den Achseln: »Vielleicht muss er sich nur deshalb immerzu nach weißen Frauen sehnen, weil er der einzigen weißen Frau, die ihn je geliebt hat, seinerseits großes Unrecht tat, so wie dieser Othello ...«

Schikaneder steht ihm vor Augen, damals in Salzburg, als Mozart jeden Tag hinüber ins Theater am Hannibal-Platz geeilt war, um nur ja keine Vorstellung der Schikaneder-Truppe zu versäumen, und einmal hatten sie auch dieses Engländers Shakespeare Geschichte vom eifersüchtigen venezianischen Mohren gegeben, der am Ende seine Desdemona erwürgt.

Schikaneder war nicht der Mohr gewesen (»Ich stehe doch nicht wie ein Depp den ganzen Abend schwarz angeschmiert auf der Bühne herum und der andere kassiert den ganzen Beifall«), sondern Jago, der intrigante Erzschurke, und wie schön böse er gezischelt hatte: »Eifersucht. Das grünäugige Ungeheuer.« An diese seine Worte erinnert sich Mozart und weiß nicht, warum sie ihm gerade jetzt einfallen. Er sieht zu den anderen hin.

Sitzen sie nicht reichlich eng beieinander? Weiß es Süßmayr nicht immer wieder so einzurichten, dass seine Hand wie zufällig Konstanze berührt? Und sie sendet ihm dabei Blicke zu, die nicht unbedingt von Abwehr sprechen.

»Gehen wir schlafen! Ich muss morgen schon sehr früh nach Wien aufbrechen!«

Mozart ist aufgestanden. Süßmayr will sich rasch in die Kammer nebenan verdrücken.

»Süßmayr!«

»Meister?«

Mozart versucht ein Lächeln: »Sei so gut, schlaf diese Nacht drüben im Schuppen! Ich würde gern hier bleiben.« Und wenn es zwischen Stanzerl und ihm in dieser Nacht denn doch zu etwas mehr als nur einem herzhaften Gutenacht-Kuss kommen sollte, will er nicht hinter der dünnen Wand gerade Süßmayrs weit aufgesperrte Ohren wissen.

Süßmayr mag die Gedanken seines Meisters ahnen. Unauffällig verschwindet er in der Dunkelheit. »Und schick mir bald die restlichen Noten nach Wien«, ruft ihm Mozart statt eines »Gute Nacht« oder »Schlaf gut« hinterher, »ich muss endlich mit der Instrumentation anfangen.«

»Was bedrückt dich eigentlich die ganze Zeit, Wolferl?«

Konstanze hat angefangen, sich auszuziehen. Auch ihr Mann legt jetzt Wams und Weste ab, schlüpft aus dem Hemd, wirft ihr einen verwunderten Blick zu: »Was soll mich denn bedrücken, Stanzerl?«

»Irgendwas, Wolferl. Ich kenne dich doch.«

Ja, sie kennt ihn. Nicht sein Werk, von dem sie nicht viel versteht, nichts von seinen tiefsten Sehnsüchten, Hoffnungen, Ängsten, die oft ihm selbst ein Rätsel sind. Aber mit sicherem Gespür erahnt sie, wie es tief drinnen um seine Seele steht.

Mozart sitzt halb nackt auf der Bettkante und schnallt seine Schuhe auf.

»Diesen Mittwoch, als ich zu dir nach Baden kam, ist drüben in der Josefstadt ein anderes Stück aufgeführt worden. Von einem Wenzel Müller, und ›Kaspar der Fagottist oder die Zauberzither‹ heißt das. Zauberzither. Merkst du was?«

»Nein.«

»Es soll das gleiche Stück wie unseres sein, und unsere ›Zauberflöte‹ kann ich dann vergessen, meint Schikaneder. Die hundert Dukaten natürlich auch.«

Nun erschrickt Konstanze wirklich. Ihr Mann fährt fort: »Deshalb muss ich morgen nach Wien, mir dieses andere Stück ansehen. Danach wissen wir mehr.«

Er steht auf, öffnet den Gürtel.

»Nun aber genug davon! Die paar Stunden, die wir noch beisammen sind, sollten wir an was anderes denken.«

Sie hat sich inzwischen aus allen Röcken und Unterröcken geschält, das Mieder abgelegt, steht nackt da. Mozart, gleichfalls ohne Kleider, mustert ihre übervollen Brüste, den schwangeren Bauch mit den dicken blauen Adern darauf und findet das alles so reizvoll wie nie. Sie fängt seinen Blick auf und muss gar nicht erst sein aufgerichtetes Glied sehen, um zu wissen, wie sehr ihn ihr Anblick erregt.

»Aber sei vorsichtig, Wolferl! Du weißt, das Kind ...«

Er ist vorsichtig, zunächst, schiebt behutsam von der Seite her sein Glied in ihre Scheide. Aber dann packt beide die volle Lust, Konstanze faucht wie ein Kätzchen, während sie seine Hinterbacken umklammert, und er grunzt wie ein Eber, als beide den Gipfel erreichen. Beide sind froh, nicht Süßmayr nebenan als Ohrenzeugen zu wissen.

Endlich liegen sie nebeneinander, Konstanze schläft gleich ein, während sich vor sein inneres Auge für Momente ein anderes Frauengesicht schiebt, kühl, spähend, als hätte sie schon die nächste Stufe ihrer Karriereleiter im Blick, und er hört eine Stimme spöttisch fragen: »Wie sehen Sie denn aus, Herr Musikant?«

Aloysia. Die Schwester. Sängerin, sogar eine sehr berühmte, auch wenn inzwischen ihr Zenit überschritten ist. Und sieht Mozart sie heute, eine schon leicht welke Madame, unglücklich verheiratet, auf rastlosen Tourneen dem Erfolg hinterher, kann er nicht mehr so ganz begreifen, was er je an ihr gefunden hat.

Vor allem damals in Mannheim 1778.

Fort mit dir nach Paris!

Die junge Frau hatte am Fenster des reichlich windschiefen Häuschens gestanden, eine Weile in den sanft rieselnden Schnee dieses Februartags 1778 hinausgeschaut und sich schließlich abgewandt, war zum Klavier hinübergegangen, hatte einen Akkord angeschlagen und ihm noch eine silberhelle Koloratur nachgeschickt. Dann lehnte sie sich mit einem seligen Lächeln zurück, als lausche sie verzückt der eigenen Stimme hinterher.

»Ist dein Mozart noch nicht da, Aloysia?«

Aloysia Weber sah zur Tür. Schwesterchen Konstanze! Wie immer reichlich naseweis. Und sich in die Liebschaften der älteren Schwester einzumischen, war der Kleinen einfach nicht auszutreiben. Jetzt beim Herrn Mozart noch weniger als bei den anderen zuvor und fast schien es, als sei sie selbst in ihn verliebt.

Mit kaum sechzehn!

Aloysia wischte den Gedanken fort und versuchte ein Lächeln: »Nein, Herr Mozart ist noch nicht da, wird aber sicher gleich kommen. Im übrigen«, ihr Ton bekam etwas belehrend Mütterliches, als spräche sie mit einem Kleinkind, »ist er nicht ›mein‹ Mozart, sondern der Herr Musikus, sonst nichts.« Womit sie das Gespräch für beendet hielt.

Aber Konstanze hatte es sich inzwischen auf dem ausgebleichten Plüsch des kleinen wackligen Sofas bequem gemacht und sah die Ältere neugierig an: »Du liebst ihn, nicht wahr? Bist ganz fürchterlich in ihn verliebt?«

Aloysia antwortete nicht.

Einige Wochen war es schon her, als hier in Mannheim der Herr Mozart dem Hause Weber seine Aufwartung gemacht hatte. Der Ruf seiner Wunderkinderjahre umglänzte ihn noch immer, und unwillkürlich hatte Aloysia einen strahlenden Helden erwartet statt eines mittelgroßen Mannes, der in ihre Richtung hin einen übertrieben devoten Kratzfuß gemacht hatte.

Nein, sie konnte nicht sagen, dass sie der Mann Mozart wesentlich beeindruckt hatte. Da war sie ganz andere Kavaliere gewohnt.

Aber dann war der Moment gekommen, da nach dem kargen Abendbrot – eine üppigere Bewirtung konnten sich die Webers nicht leisten – Vater Weber den Gast aufgefordert hatte, die Tochter ein wenig beim Gesang zu begleiten: »Sie ist noch keine richtige Sängerin wie unsere Älteste, die Josepha, aber auch sie singt nett und hat schon auf der Bühne gestanden.« Mozart hatte sich folgsam ans Klavier gesetzt.

Da war es allen aber gewesen, als wachse plötzlich dieser Wicht ins Titanische, und das mäßig gut gestimmte Instrument wurde unter seinen Händen zum wahren Wunderwerkzeug, aus dem Klänge purer Himmelsmusik aufstiegen.

Aloysia hatte mit ihrem Gesang eingesetzt, und auch sie schien sich zu verändern, als sei plötzlich ihre Stimme um vieles größer, reicher, voller geworden. Sie blinzelte zum Klavier hin. Der Mann dort zwang sie in ganz neue Dimensionen hinauf, und ihr Gesang bekam einen jubelnden Glanz, der bis in den letzten Winkel der schäbigen Stube zu strahlen schien.

Mozart hatte erstaunt hochgesehen. Er hatte die großen italienischen Sängerinnen gehört, er kannte sich mit Stimmen aus. Diese hier, das hörte er beim ersten Klang, war etwas Besonderes und im Verein mit einem schmelzenden Melos zu einer Ausdruckskraft fähig, wie er sie bei einer Deutschen so nie vermutet hätte.

Gewiss war das alles nicht perfekt. Noch nicht. Vieles war noch grob und rau und unvollendet. Es würde eben einer kommen müssen, dieser Stimme den letzten Schliff beizubringen. Einer wie er. Und er müsste für diese Frau hier eigens komponieren, Lieder, Arien, ganze Opern.

»Nun? Liebst du ihn?« Konstanze ließ nicht locker.

Aloysias Stirn krauste sich. »Er ist der größte Musiker, den ich kenne«, fing sie nachdenklich an, »und würde vielleicht noch größer werden, wenn ich es bin, die seine Noten singt. Wenn er mit mir nun hinunter nach Italien zöge ...«

»Will er das wirklich?«

»Er sagt es. Und ich glaube, ihm ist es ernst damit.« Sie lachte auf, und für Augenblicke huschte ein sehnsüchtiger Schimmer über das schöne, kühle Gesicht: »Ich die berühmteste aller Primadonnen, ›Viva Aloysia!‹ würde die Menge schreien, und er mein Komponist, mein Maestro ...«

Sie sah auf die teils herunterhängende Tapete an den wasserfleckigen Wänden und dann an sich selbst hinunter, an dem billigen, vielfach geflickten Kattun ihres Allerweltskleides: »Ich brauchte nie mehr solche Fetzen zu tragen, hätte Schmuck und Dienerschaft und eine Kutsche und würde bestimmt nicht mehr in einer muffigen Bude hausen wie wir hier in Mannheim ...«

»Du liebst also gar nicht den Mann. Du liebst nur den Musiker.«

Aloysias Lächeln bekam einen Stich ins Böse: »Hat sich die Gräfin Haydeck zur Mätresse unseres Kurfürsten machen lassen und ihm so viele Kinder geschenkt, weil der Fürst ein so schöner, ein so aufregender Mann ist? Gewiss nicht. Weil er Kurfürst ist, nur darum.«

Nein, dachte sie dabei, auch Mozart ist nicht schön und eigentlich nicht aufregend, wenn er nicht gerade am Klavier sitzt. Die Augen, nun ja, und das Blondhaar und die Hände vielleicht. Das alles war ganz nett. Aber sonst?

»Er sieht oft recht traurig aus«, durchbrach die Schwester ihre Gedanken. Konstanze hatte jetzt beide Ellbogen auf die Tischplatte gestützt und das Kinn auf die geballten Fäuste gelegt. »Vielleicht«, überlegte sie laut, »vielleicht braucht er mehr eine Frau als eine Sängerin.«

Aloysia fuhr zusammen.

Dieses Biest! So etwas auszusprechen. Da konnte sie der Schwester nur mit einem hastigen »Nun rede nicht über Dinge, von denen du nichts verstehst« über den Mund fahren und noch »Er darf froh sein, wenn ihn eine Sängerin wie ich erhört« hinzu setzen, denn »eine Frau, die in ihm nicht so sehr den Musiker bewundert, nur den Mann, hätte an dem Mann wahrlich vieles zu tadeln«.

Das hastige Sprechen zum Beispiel, diese plötzlich hervorsprudelnden Wortkaskaden, deren blitzschnell hin und her huschenden Gedankensprüngen zu folgen selbst dem Geduldigsten schwer fiel.

Dann das grelle Kichern zwischen den einzelnen, wie unter Dampf hervorgestoßenen Sätzen. Und Mozarts Humor war auch nicht jedermanns Sache, seine Neigung, Worte zu verdrehen, gegen die Silbenfolge zu sprechen in nicht immer anständigster Weise, mit vielen »Arsch« und »Scheiße«, »Furz« und »Schwanz« dazwischen.

»Und dass er sich nie bewegen kann wie andere«, überlegte Aloysia laut, »einfach einen Fuß gesittet vor den anderen setzen, sondern immerzu rennen, stolpern, laufen ...«

Wie jetzt wieder, da zu dieser Stunde Mozart durch Mannheims Straßen dem Haus der Webers entgegenlief. Der Weg war glatt vom frisch gefallenen Schnee, Mozart glitt aus, stürzte zu Boden, und »Hoppla, junger Mann!« rief der eine Passant, während ein anderer ihm aufhalf und im breitesten Mannheimer Dialekt sagte: »Müssense beim Schnee schoi aufpasse, wohin Se de Föß setze ...«

Mozart nickte ihm mit einem dankbaren Lächeln zu und dachte zugleich: »Nein, mein Guter. Nicht der Schnee zieht mich zu Boden. Das ist der Brief in meiner Tasche.«

Der Brief vom Vater. Wie Blei wog er jetzt, da Mozart etwas vorsichtiger Fuß vor Fuß setzte, und er sah des Vaters Gesicht vor sich, wie er übers Pult gebeugt dagestanden und diesen Brief geschrieben haben mochte, voll Trauer über den Sohn draußen in der Fremde.

Vielleicht, dass er sich bereits Vorwürfe machte, diesen noch ganz ungereiften Jungen aus der Heimat fortgeschickt zu haben, wo er am Ende daheim in Salzburg besser und vor allem vor sich selber sicher aufgehoben wäre.

Salzburg! So fern hier in Mannheim!

Ohne jede Spur von Heimweh dachte der Sohn an die Stadt an der Salzach zurück.

Schon länger waren die Mozarts nicht mehr in der Enge der Getreidegasse zu Hause gewesen. Sie brauchten jetzt, hatte der Vater bald nach der Rückkehr aus Italien entschieden, eine noblere Unterkunft. Er hatte sie schließlich gefunden, das so genannte »Tanzmeisterhaus« am anderen Salzach-Ufer schräg gegenüber dem Theater am Hannibalplatz, acht Zimmer mit einem kleinen Saal dabei, der als Musikzimmer diente.

Dort hatte dann der Sohn gesessen, nun wieder nichts anderes als der kleine Musiksöldling im Frondienst seines Fürstbischofs. Er hatte aus dem Fenster geschaut, aus der Salzach war wieder Nebel aufgestiegen und mit ihm alle Angst seiner Kindheit.

Davor ließ sich nur in Musik flüchten, und der Komponist Mozart war so eifrig wie nie gewesen, hatte eine Symphonie nach der anderen geschrieben, neun insgesamt, und viele Sonaten und sehr viel Kirchenmusik, Inseln, die einige selige Stunden lang Zuflucht boten vor der Wirklichkeit.

Die Gespenster draußen vor den Fenstern blieben aber, und manches von ihnen, unverkennbar, trug die Züge des Grafen Colloredo, Fürstbischof von Salzburg.

So übel war der Mann als Landesvater nicht, ein wacher Geist, der recht genau verstanden hatte, dass es mit der Welt ganz so wie bisher nicht weitergehen konnte. Und er saß an seinem Schreibtisch, alle Unterlagen der Salzburger Finanzen vor sich, er schüttelte immerzu den Kopf: Es musste gespart werden, endlich.

Wozu zum Beispiel ein eigenes teures Schauspielensemble, wenn es die Gastspiele fahrender Truppen wie der des Herrn Schikaneder im Theater am Hannibalplatz ebenso taten? Warum für Opern teure Sänger von außen herbeiholen, am Ende gar die kaum erschwinglichen Kastraten? Salzburger Stimmen reichten auch.

Also Feder her, ein Strich, die Ausgaben waren mal wieder gesunken. Und zugleich ging der misstrauische Blick des Fürstbischofs zum jungen Herrn Mozart hin.

Vom Papst zum Ritter geschlagen! In Italien umjubelt! So was steigt zu Kopf, der Bischof lächelte böse: Genau das, jawohl, ist der Stoff, aus dem der Zeitgeist sich Rebellen schnitzt. Und er musste an die unbotmäßigen Amerikaner denken, die gerade drüben in Übersee ihrem königlichen Herrn in England den Gehorsam aufgekündigt hatten. Wäre Mozart dort gewesen, Colloredo nickte grimmig vor sich hin, hätte auch der die Waffe gegen alle gottgewollte Obrigkeit gerichtet, wahrscheinlich ganz vorn in der ersten Reihe …

Etwas war an diesem jungen Mann, das den Grafen Colloredo stets von neuem reizte. Obwohl er doch höflich war und fleißig und an seinen musikalischen Diensten nichts ausgesetzt werden konnte. Dennoch mochte ihn der Fürstbischof nicht und den Vater eigentlich auch nicht. Und dann war der Augenblick gekommen, da er mit flacher Hand zornig auf den Tisch geschlagen hatte.

Was las er dort in diesem Schrieb? Der Herr Mozart junior suche um seine Entlassung nach, um wieder einmal konzertierend die Welt zu bereisen? Eine Zirkusfahrt quer durch den Kontinent war ihm also wichtiger als der Dienst bei seinem Landesherrn? Das, er war sicher, hatte der Vater dem Sohn souffliert.

»Nun gut, die Herren sollen haben, was sie wünschen«, murmelte er und entließ nicht nur den Sohn, sondern den Vater gleich dazu. Der Sekretär neben ihm hüstelte.

»Was gibt es?«

»Sollte nicht bedacht werden, dass der Besuch des Herrn Kaisers aus Wien in Salzburg ansteht und wir darob alle Musiker brauchen, insbesondere den Herrn Mozart senior?«

Der Bischof überlegte, nickte dann: »Der Sohn soll davonziehen. Aber der Vater mag bleiben.«

Im Haus Mozart am Hannibalplatz saß sich die Familie gegenüber und sah sich aus trüben Augen an.

»Du kannst nicht allein reisen, Wolfgangerl, unmöglich«, hatte der Vater angefangen und mit knapper Geste ein zages »Warum denn nicht, Papa?« schon im Ansatz erstickt: »Deine Mutter wird dich begleiten.«

»Ich?«, kam es ängstlich von Anna Maria Mozart. Denn anders als fürs Nannerl und die beiden Männer war für sie schon die erste große Europa-Reise ein Alptraum gewesen. Jetzt sollte es gleich wieder bis nach Paris gehen, in diese brodelnde Riesenstadt mit ihren Menschenmassen, dem Dreck in den Straßen, dem Elend und Verbrechen an jeder Ecke. Anna Maria Mozart zog die Schultern zusammen.

»Wenn aber ich den Bruder begleite?« Das war Nannerls schüchternes Stimmchen. Der Gedanke jedoch, zwei so junge Menschen allein durch halb Europa ziehen zu lassen, war so abwegig, dass der Vater nur den Kopf schüttelte.

Mutter und Sohn würden reisen, das stand für ihn fest. Wieder in eigener Chaise und mit einem kleinen Notenberg im Gepäck: »Immer erwähnen, dass du der Kompositeur bist, mein Sohn. Das erhöht die Chance einer festen Anstellung, weil sie dann auch gleich einen Komponisten fürs gleiche Geld haben«, hatte Leopold Mozart gemahnt.

Denn das war der tiefere, der eigentliche Grund dieser neuerlichen Reise. Nicht nur den welk gewordenen Virtuosenruhm aufzufrischen, sondern endlich an einem der großen Höfe Europas, am besten in Versailles, die ersehnte feste Anstellung zu ergattern.

Die Abreise kam. Es war der 23. September 1777.

Noch war es fast Nacht, als sich an diesem herben Herbstmorgen die Mozart-Chaise in Bewegung setzte. Vater Leopold hatte bis zuletzt Ratschläge und Anweisungen gegeben. Dann stand er da, wollte dem davonrollenden Wagen hinterherwinken. Doch die Arme hingen ihm bleischwer herab.

Ein alter Mann mit eingezogenen Schultern und schleppendem Schritt, so kehrte er ins Haus zurück, das ihm plötzlich unendlich leer und still erschien.

Ein Geräusch schreckte ihn hoch: »Nannerl?« Er stürzte in ihr Zimmer. Dort hing sie über einer Schüssel und musste gerade furchtbar erbrechen. Der Abschied und mehr noch das Gefühl, wieder nicht dabei zu sein, wenn der Bruder die Welt erobern würde, hatten ihr den Magen umgedreht. Der Vater hielt ihr den

Kopf, sie beruhigte sich allmählich wieder, und abends, bei der ersten gemeinsamen Partie Piquet, schien alles wieder halbwegs gut.

Der Bruder empfand jedoch zur gleichen Stunde nichts anderes als unendliche Erleichterung und jubelnden Triumph. Wieder unterwegs sein! Ohne den Vater diesmal! Der eigene Herr, sozusagen selbst mal der Papa sein!

»Hast du auch all deine Diplome und Empfehlungen dabei?«, fragte die Mutter. Erschrocken sah er sie an. Nein, genau die hatte er zu Hause liegen gelassen. Die Mutter seufzte: »Ach, Wolfgangerl ...« Aber der Sohn verschwendete keine große Sorge darauf.

Die Gedanken waren schon in München, der ersten großen Etappe ihrer Reise. Einzig gute Erinnerungen verbanden ihn mit dieser Stadt, in die er das letzte Mal zwei Jahre zuvor im Winter 1775 gereist war.

Eisig kalt war es damals zwar gewesen. Aber Mozart, mal als Mohr, mal als Friseurbub maskiert, hatte sich auf allen Festen des gerade durch die Stadt wogenden Faschings warm getanzt, und das schönste aller Feste war die Aufführung seiner im kurfürstlichen Auftrag entstandenen Oper »Die Gärtnerin aus Liebe« am Salvatortheater gewesen, die von den Münchnern mit nahezu südlicher Begeisterung aufgenommen worden war.

Das Haus gerammelt voll, Bravo!- und Viva-Maestro!-Rufe, und nicht einmal der Herr Fürstbischof in Salzburg hatte sich diesem Erfolg so ganz verschließen können, als er bald danach Mozart in leicht säuerlicher Güte mit einer Oper für den Besuch des Erzherzogs Maximilian Franz beauftragt hatte, »Il re pastore«. »Das Buch ist vom Meister Metastasio. Da wird wohl nicht viel misslingen können«, hatte er in näselnder Herablassung angemerkt.

Elender Großmufti, wie Mozart den Übergott aus der Salzburger Residenz vor sich und wenigen anderen zu nennen pflegte. Mochte er getrost vierspännig durch Salzburgs Straßen rasen. Ihn scherte dieser Mann nicht mehr.

Auf Mozart wartete nun wieder München, das wohl den »Gärtnerin«-Erfolg nicht ganz vergessen haben dürfte.

Zunächst schien es tatsächlich so. Denn schon vor dem Quartier im »Schwarzen Adler«, dem ersten Haus natürlich, trat ihm der Wirt Franz Joseph Albert mit einer so tiefen Verbeugung entgegen, als begrüße er eine regierende Fürstlichkeit. Hätten doch nur alle einflussreichen Münchner vor einem Genie so viel Respekt gehabt wie dieser Mann!

Doch das gleichsam offizielle München schien dem Ankömmling eher mit Skepsis zu begegnen, und der Kurfürst selbst, der noch nach der »Gärtnerin aus Liebe« dem Komponisten huldvollst die Hand zum Kuss gereicht hatte, schien nun in merkliche Distanz zu gehen: Was würde wohl der fürstliche Kollege drüben in Salzburg sagen, wenn er dessen einstigen Musiker in den eigenen Dienst übernehmen würde?

Dumpf saß Mozart in seinem Zimmer im »Schwarzen Adler«. Draußen toste und lärmte die Kaufingerstraße. Er hörte es kaum: »Wenn ich wenigstens einmal dem Kurfürsten vorspielen dürfte! Der alte Perückenkopf weiß doch gar nicht richtig, was ich wirklich kann.« Fast hätte er darüber das sanfte Klopfen an der Tür überhört. Der Wirt trat ein, der Herr Franz Joseph Albert.

»Der Maestro hat Sorgen, höre ich? Will sogar abreisen?«, hüstelte er. Mozart nickte nur. »Wenn nun ich und ein paar andere vermögende Herren aus der Bürgerschaft«, setzte Herr Albert so zögernd ein, als mache er dem jungen Mann einen unsittlichen Antrag, »wenn Ihnen also jeder jeden Monat nur einen Dukaten zahlen würde, zehn also insgesamt – wäre das eine Möglichkeit, uns Ihren Genius zu erhalten?«

Mozart fuhr hoch. Am Ende war dies die Lösung. Er könnte in München warten, bis sich endlich die Chance einer festen Anstellung ergab, und raunte es nicht überall, gerade hier in München solle so etwas wie das deutsche Singspiel entstehen? Ein Mozart stünde dann bereit.

Der Vater in Salzburg sah aber nur das höhnische Gesicht seines Erzbischofs, die verächtlich verzogenen Mundwinkel: Ach, das ist aus dem Herrn Sohn geworden? Irgendein Musikus ohne feste Anstellung und abhängig von der Wohlfahrt irgendwelcher Bürger? Meinen Glückwunsch zu diesem Sprössling, der Herr Mozart …

Nein, mein Junge! Weiter! Kurz noch nach Augsburg, den Verwandten dort zu zeigen, was für ein Prachtkerl du geworden bist! Dann rasch weiter über Mannheim nach Paris! Und bei der Erinnerung an die Tage im Augsburg des Oktobers 1777 verlangsamte sich jetzt hier in Mannheim Mozarts Schritt.

Er griff mit beiden Händen in den Schnee und formte im Weitergehen einen Ball, den er schließlich in jählings aufschießender Wut einer vorüberpreschenden Kutsche hinterherschleuderte.

Denn Gesichter waren vor ihm aufgetaucht, das noch gutmütige freundliche des Onkels Franz Alois, aber zugleich andere, nicht so gutmütige, voll Hohn auf diesen Musikerspross aus einer Aristokratenwelt, mit der ein wackerer Bürger nicht gar so viel zu schaffen haben wollte. Und über seinen päpstlichen Orden, den Titel eines Chevalier hatten sie sich lustig gemacht, ungehobelte Kerle, die selber nie auch nur in die Nähe eines Papstes gekommen wären.

Seufzend hatte damals Mozart festgestellt, bürgerlicher Hochmut sei am Ende ärger noch als aristokratischer, der wenigstens mit Form und Höflichkeit versetzt war. In dieser Bürgerbastion Augsburg sei aber das Musikleben, nun ja, »eine Bettelei«.

Dann aber, plötzlich, durchbrach hier an diesem Mannheimer Morgen ein Sonnenstrahl all seine grauen Erinnerungen, und Mozart, wie von einer jähen Freude überrascht, blieb für Augenblicke mitten auf der Straße stehen.

Ein anderes Gesicht stand unverhofft vor seinem inneren Blick, ein Frauenbild, runde Wangen, frische Augen, die Tochter des Onkels in Augsburg, Maria Anna Thekla, das »Bäsle«. Mozarts Schritt geriet ins Schwingen, und er kicherte so grell in sich hinein, dass sich etliche Passanten fragten, woran wohl gerade dieser so vergnügt dahinhüpfende junge Mann denken mochte.

An alles Gescherze und Gejuchze jener Tage. Daran dachte er. Und wie Kinder waren er und die Base gewesen, zunächst jedenfalls. Da war ihm noch das Mädchen wie ein anderes »Nannerl« erschienen, die ein wenig drallere, etwas frechere Schwester. Dann aber, eines Tages, hatte sie ihn gefragt, wie er es denn so, ein Mann, mit der Männlichkeit halte, und dabei recht unverhohlen auf seinen prallen Hosenbund gestarrt.

Für Augenblicke schien ihm der Atem zu stocken. Obwohl man im Haus Mozart nie prüde gewesen war, auch nicht in geschlechtlichen Dingen.

Die Kinder hatten kichernd zur Schlafkammer der Eltern hingehorcht, wenn sie es dort schnauben und stöhnen und die Bettstatt rhythmisch knarren hörten. Sie wussten längst, dass der Zipfel zwischen den Beinen eines Jungen, die Ritze zwischen denen eines Mädchens nicht einzig zum Wasserlassen da waren, und auf den Reisen nach Wien, durch Italien hatte der junge Mann nur aus Furcht vor dem Vater und mehr noch aus Angst vor den vom Papa in allen Höllenfarben ausgemalten Krankheiten »Nein« gesagt, wenn eine Mädchenhand nach der seinen griff und er es schon im Glied zucken und pochen spürte.

Nun war er über zwanzig, der Vater fern, das Bäsle nah, und die Stunde war gekommen – war es in ihrer Kammer gewesen oder oben auf dem Dachboden? – , da sie sich vor ihm aller Kleider entledigt, ihm sodann die Hose von den schmalen Hüften gezogen hatte, und alles war sehr schnell gegangen, zu schnell, wie die Base fand. »Das nächste Mal wird es besser«, hatte sie gekichert und ihm ans rasch wieder steife Glied gefasst: »Reichlich Werkzeug hast du ja . . .«

Das nächste Mal war es wirklich besser geworden und das Mal darauf schon richtig gut. »Du machst es jetzt schon fast so wie der Herr Dompfarrer«, hatte ihm die Base zwischen zwei strammen Stößen ins Ohr geflüstert.

Da, erinnerte er sich jetzt, hatten sie zum ersten Mal in einem richtigen Bett gelegen, mit dickem Pfühl darüber und furchtbar quietschender Matratze unter sich, und beim Wort vom Dompfarrer war er denn doch zusammengezuckt. Sollte am Ende der böse Klatsch ums Bäsle Recht haben?

Nein, beteuerte er im nächsten Brief dem misstrauisch witternden Vater, das Bäsle sei gewiss kein »Pfaffenschnitzel«, wie das hässliche Gerede ging.

Der Wagen mit Mutter und Sohn war weitergerollt, nun auf Mannheim zu.

Fürs Bäsle blieben nur Briefe, viel freier noch und kecker als alles, was sie so im Bett getrieben hatten. Erst mit der Zeit wurden die Worte wieder zahmer, die Anrede züchtiger. Das Bäsle war nur noch Erinnerung, Mozart selbst in eine andere Welt übergewechselt.

Die hieß Mannheim.

Eine junge Stadt, wenig über hundert Jahre alt. Schnurgerade Straßen, prächtige Bauten und ein Kurfürst, der als Politiker zwar eher mäßig, als Förderer der Künste jedoch allererste Klasse war, immer nach dem Vorbild des französischen Sonnenkönigs, dem er nachsah, dass der nicht nur Dichter und Künstler gefördert, sondern auch seine Heimat, die Pfalz, aufs Schlimmste verwüstet hatte.

Hier in Mannheim waren unter des Kurfürsten Ägide Akademien entstanden und eine Gesellschaft zur Pflege deutscher Sprache und später noch das Nationaltheater, aus dem Menschen einer Ohnmacht nahe hinauswanken sollten, als dort erstmals Friedrich Schillers »Räuber« über die Bühne gingen.

Vor allem aber hatte Mannheim das wohl beste Orchester der Welt. Sehnsüchtig horchte Mozart in seinen Klang hinein. Was für Farben, welch eine Fülle! Dort vorn an seiner Spitze stehen, mit ihm die eigenen Werke spielen! Himmel würden sich dann öffnen, es wäre wie im Paradies.

Doch auch dieses Paradies hatte fest verschlossene Tore mit manchem Cherubim davor, und einer war der Intendant Graf Savioli. Italiener natürlich. Der hatte zur Begrüßung die Braue in die Stirn gezogen: »Sie sollen, Herr Mozart, ein ganz passabler Klavierspieler sein.« Ganz passabel. Das, jawohl, war seine Begrüßung eines Mozart gewesen.

Immerhin hatte er ihm eine Begegnung mit dem Kurfürsten vermittelt, und der hatte freundlich zugehört, wie ihm der Musiker den Plan einer deutschen Oper entwickelte. Die kurfürstlichen Gedanken waren indessen anderswo.

Die weilten schon drüben in Bayern, wo er die Nachfolge des gerade verstorbenen dortigen Vetters antreten sollte. Man würde dazu die Residenz wohl von Mannheim nach München verlegen müssen, und Krieg mit Preußen drohte auch, da der grimme Fridericus die Erbschaft anfocht. Also Sorgen genug und für Mozart nur ein mattes Lächeln: »Wir werden sehen, mein Freund.« Das war bei lästigen Bittstellern die Standardfloskel seines Abgottes Louis Quatorze gewesen.

Dennoch war der Mozart dieser Mannheimer Wochen nicht unglücklich, auch wenn sie sich zu Monaten dehnten und kaum anderes brachten als ewige Warterei.

Denn es hatte auch jenen Tag im frühen Januar 1778 gegeben, da er der Musikerfamilie Weber seine Aufwartung gemacht hatte, als ihm Vater Weber ein paar Noten abschreiben sollte. Eigentlich keine Leute, die man unbedingt kennen oder gar zu Freunden haben musste: Vater Fridolin war ein schon kranker, halb verkrachter Sänger, Souffleur und Kopist, die Frau eine herrschsüchtig ordinäre Madame, und dann gab es noch vier Töchter. Die zweitälteste hieß Aloysia.

Mozart saß am Klavier. Er hörte sie singen. Und die schmutzige Stube der Webers wurde zum Palast, das Mädchen dort, gerade achtzehn, zu einer wahren Königin. Die Mutter ließ zwischen beiden den Blick listig lauernd hin und her gehen. Sollte sich hier für die Tochter keine so schlechte Partie anbahnen? In einer Ecke, fast unbemerkt, hockte die fünfzehnjährige Konstanze.

Weiterhin gingen Briefe an den Vater. Brav. Gehorsam. Von den Webers dort kaum ein Wort. Und wie hätte der Sohn auch erklären können, dass er sich in ihrem leicht verwilderten, zigeunerisch freimütigen Kreis viel wohler, mehr zu Hause fühlte als je daheim in Salzburg?

Gewiss war das nicht die Welt eines Prinzen. Hier war eher Papageno zu Hause. Aber gerade das gefiel Mozart. Hier endlich, den sabbernden, schmatzenden, rülpsenden Vater Weber vor sich, der stets von einer Alkoholfahne umwehten Mutter mit den reichlichen Essensflecken auf dem ausgebleichten Kleid gegenüber, fühlte er sich frei von aller andressierten Zucht.

Dann kam noch dazu, was er für Aloysia empfand, etwas ganz anderes als fürs Bäsle, tiefer, inniger, brennender. Wie das jedoch dem Vater sagen?

»Wann werden Sie dem Herrn Papa endlich von unseren Plänen berichten?«, hatte schließlich Aloysia gefragt. Sie schien es nicht erwarten zu können, von Mannheim fort und in die Welt hinaus zu kommen. Seufzend hatte er die Feder in die Tinte getaucht.

»Was will denn der Wolfgangerl nur in Italien?«

Am Mittagstisch in Salzburg hatte Nannerl erschrocken hochgesehen. Ohnehin machte sie sich Sorgen um den Vater, der immer blasser, grauer wurde nach jeder durchwachten Nacht, in der er wieder einmal die wachsenden Kosten dieser kein Ende nehmenden, kein Ergebnis bringenden Europa-Fahrt nachgerechnet hatte. Die wenigen Konzerte des Sohnes brachten nicht so viel, dass sich davon die Reise finanzieren ließe, und Nannerl hatte schon Klavierstunden geben müssen, damit sie hier in Salzburg halbwegs leben konnten.

Vater Leopold legte den Brief des Sohnes beiseite und stand auf.

Eine Frau steckte hinter allem. Sonnenklar. Dazu hätte er gar nicht den von der Mutter an den Rand des Briefs hingeschriebenen Nachsatz mit seinen verschämten Andeutungen lesen müssen.

Diese Aloysia Weber verbarg sich hinter dem Wahnsinnsplan einer Italienreise, ein wahres Teufelsweib, das den armen Bub fest in ihren Krallen zu halten schien. Und nun hatte sie offensichtlich dem so leicht, viel zu leicht Beeinflussbaren auch noch eingeredet, sie zur italienischen Primadonna zu machen.

Leopold Mozart schrieb einen Brief. Den wohl längsten seines Lebens, und alles zählte er dort auf, die Kosten der Reise, die bis dahin allesamt gescheiterten Hoffnungen, den Unsinn, eine Deutsche zur Italienerin und einer regierenden Primadonna machen zu wollen.

Wirklich wichtig war aber nur der eine Satz: »Fort mit dir nach Paris!«, und wie ein eherner Rhythmus durchhämmerten die fünf knappen Worte Mozarts Gehirn, als er jetzt, den Brief in der Tasche, durch den Mannheimer Februarschnee dem Weber'schen

Haus entgegenstrebte. So würde er nun gleich vor die vergötterte Aloysia hintreten müssen, mit dem väterlichen Befehl, sie schleunigst zu verlassen.

»Und ich soll auf Sie warten, Herr Mozart?« Das war Aloysias erste Reaktion, nachdem sie zunächst Schwesterchen Konstanze hinausgeschickt hatte. Die hielt das Ohr ans Holz der Tür gepresst und hörte den Herrn Mozart stammeln, stottern, sich zuweilen in sein grelles Kichern flüchten. Dann aber war ihr, als schluchze er, und tatsächlich: Mozart weinte.

»Was soll ich denn machen, wenn es der Herr Papa befiehlt ...«

Aloysia gab keine Antwort. Aber in ihrem Blick stand nackte Angst. Um ihn, um sich, um alle schönen Pläne? Mozart wusste es nicht. Doch so hilflos wirkte sie jetzt, so ganz wie ein kleines Mädchen, dem man eben sein schönstes Spielzeug geraubt hat, dass es ihm ins Herz schnitt.

Sprudelnd, mit sich überschlagender Stimme fuhr er fort: »Ich bleibe nicht lange fort. Und Paris wird mir großen Erfolg bringen, ich bin ganz sicher. Dann gehen wir nach Italien, kein Papa hält uns noch auf, kein ...«

Sie hob jetzt die Schultern, seufzte nur. Mozart stürzte davon, so tränenblind, dass er beinahe das Mädchen vor der Tür übersehen und die Kleine über den Haufen gerannt hätte. Konstanze sah ihm nach und trat dann ins Zimmer. Auf der Treppe hörte man noch seine davonpolternden Schritte.

»Der Ärmste«, sagte sie leise.

»Ja, sehr arm«, meinte auch Aloysia und schien in ihren Gedanken bereits sehr fern zu sein.

13. Juni 1791

Drüben am Tisch lachen und saufen sie, schreien und rülpsen. Eine vergnügte Komödiantenschar, die den Abend auf der Bühne hinter sich hat und nun prahlend, grölend in die andere, die »richtige« Welt zurückkehrt.

»Habt ihr gemerkt, wie die Idioten dort unten endlich die Pointe im 3. Bild kapiert haben«, ruft gerade Nouseul, Sänger, Schauspieler und Komiker der Truppe, »wie sie gelacht und geklatscht haben, als ich sagte: Hohe Herren sind von hinten noch viel schöner als von vorn?« Die anderen lachen und klatschen jetzt auch.

Mozart sitzt abseits am Klavier. Auch er lacht, obwohl er kaum den Blick von den Noten hebt. Unermüdlich kratzt seine Feder weiter, und leise singt er aus dem Auftrittslied der Knaben: »Sei standhaft, duldsam und verschwiegen ...«

Manche wundert es, dass er inmitten aller Turbulenz so dasitzen und in aller Seelenruhe komponieren kann. Aber so ist Mozart. Er braucht den Lärm, das Leben. Schon als Schutz gegen alle dunklen Gedanken, wie sie auf ihn in der Stille der Rauhensteingasse einzudringen pflegen. Und Schikaneder weiß das.

Es war gescheit von ihm, dem Komponisten Zuflucht im Gartenhaus hinter dem Theater zu bieten, wo allabendlich nach der Vorstellung die Komödiantenmeute hereinbricht und Leben über ihn ausschüttet. So auch in dieser Nacht.

Korken knallen. Schaumwein spritzt. Auch Mozart hat zu einer Flasche gegriffen, setzt sie an. Das prickelnde Nass rinnt ihm an beiden Mundwinkeln hinunter, während die Augen hinüber zu den anderen gehen, zu Barbara vor allem, der Frau des Sängers Franz Xaver Gerl, der gerade seinen Prachtbass bedeutungsschwer grummeln lässt, während er berichtet, wie unglaublich geistesgegenwärtig er die Situation mal wieder gerettet hatte, als sich das Orchester hoffnungslos vergeigte (»Sage ich einfach: Meine Herren, das ist wohl mir gegenüber kaum der rechte Ton!«).

Mozart grinst zur Barbara hinüber. Die lässt wie zur Antwort das rote Zünglein im Mundwinkel spielen. Immer noch grinsend wendet sich Mozart wieder dem Klavier zu, ohne einen Anflug schlechten Gewissens. Schadet dem alten Bramabas Gerl gar nichts, wenn sein Weibchen zuweilen die Lagerstatt mit einem anderen teilt.

An Konstanze denkt Mozart nicht.

»Wunderhübsch, was Sie gerade schreiben, Meister!« Für einen Moment meint Mozart, Süßmayr stünde hinter ihm. Er sieht aber in ein flaches, teigiges Gesicht mit kleiner Stupsnase, in zwei blasse Augen unter rötlichem Wimpernkranz: Gieseke oder Giesecke, Karl Ludwig wohl mit Vornamen, kann der Kerl sich nie entscheiden, wie sich nun sein Name schreibt, mit oder ohne c? Mozart mag ihn ebenso wenig wie Süßmayr leiden, seiner kriecherischen, dann wieder arrogant aufbegehrenden Art wegen.

Dabei soll Gieseke aus recht gutem Haus stammen, eine hohe Bildung haben. Aber unaufhaltsam hat es ihn unters Theatervölkchen gezogen, wo er in Schikaneders Truppe gerade einmal kleine und kleinste Röllchen spielen darf. Und für einen Dichter hält er sich auch.

Jetzt nickt er so herablassend gütig, als sei er mindestens Schikaneder selbst: »Man spürt doch gleich, ob es echte Poesie ist, die Sie zu Noten machen, lieber Mozart!«

Mozart hält Schikaneders Verse keineswegs für echte Poesie, hat aber keine Lust auf Debatten: »Ja, euer Prinzipal hat ein ganz hübsches Büchl geschrieben.«

»Der Prinzipal? Schikaneder?«

Gieseke schreit es fast, so dass die anderen für einen Augenblick erstaunt hinübersehen. Dann beugt er sich zischelnd vor: »Keine Zeile stammt von ihm, gerade noch der Papageno. Alles andere kommt von mir, nur von ...«

Hoch-Rufe am Tisch. Schikaneder steht in der Tür, macht eine abwehrende Geste, ruft zu Gieseke hinüber: »Nun halt mal unseren Meister nicht von der Arbeit ab!«, dann zu den anderen: »Schluss auch für euch andere! Zecht woanders weiter! Ich habe was mit unserem Mozart zu besprechen.«

Polternd stehen die anderen auf. Noch eine Weile hört man sie draußen singen und lachen. Schikaneder greift sich eine der halb leeren Schaumweinflaschen, trinkt, rülpst, schüttelt den Kopf: »Schrecklicher Kerl, dieser Gieseke. Ist aber so bei Leuten, die sich für zu fein fürs Theater halten und doch nicht davon lassen können. Die müssen immerzu stänkern, intrigieren.« Er seufzt: »Ich hätte ihn längst schon davongejagt, aber irgendwie tut er mir leid.«

»Als Dichter soll er ganz brauchbar sein.« Mozart hat noch Giesekes kühne Behauptung im Kopf, er sei der eigentliche Urheber der ›Zauberflöte‹.

»Als Dichter?« Schikaneder lacht auf: »Du meinst seinen ›Oberon‹? Ganz geschickt von einem anderen Stück abgeschrieben, ja.« Jetzt hebt er den Blick, sieht Mozart aus seinen tiefdunklen Augen an, flüstert: »Hast du inzwischen das Stück gesehen, das andere?«

»Du meinst diese ›Zauberzither‹ drüben in der Josefstadt bei Marinelli?«

Mozart verschränkt die Arme hinter dem Kopf und aus seinem Lächeln strahlt unendliche Erleichterung: »Ja. Gleich nach meiner Rückkehr aus Baden war ich in der Vorstellung.«

»Und?«

»Ich habe sehr gelacht!«

»Nur gelacht?«

»Weil es sehr komisch ist. Wie dort der Fagottist auf seinem Instrument herumfurzt, und einmal spritzt roter Saft aus seiner Röhre. Die Leute haben gebrüllt. Aber, ich habe es gleich ans Stanzerl geschrieben«, Mozart wendet sich wieder den Noten zu, »überhaupt keine Konkurrenz für uns.«

Er summt das Knaben-Motiv.

»Du machst es dir zu einfach, Mozart.«

Schikaneder ist aufgesprungen, marschiert auf und ab. Mozart betrachtet ihn in seiner Erregung eher belustigt.

»Das Stück läuft Abend um Abend vor vollem Haus. Und wenn alle Besucher in der Stadt erst erzählen, unser Stück müsse man nicht sehen, es sei das Gleiche wie in der Josefstadt, sind wir ruiniert. Mein Gott, Mozart, weißt du eigentlich, was mich jeder Theaterabend kostet?«

›Gleich rauft er sich die Haare‹, denkt Mozart. Und tatsächlich greift Schikaneder in den schwarz gefärbten Schopf, sein Klageschrei wäre eines Hamlet oder Orest würdig: »Hundertfünfzig Gulden. Die wollen erst mal wieder eingenommen sein. Wie aber das bei leerem Haus?«

»Und jetzt willst du ein völlig neues Stück?«

»Nicht völlig neu, um Himmels willen. Soll ich etwa meinen Papageno nicht spielen dürfen?« In seinem Blick glitzert kleine Gier: »Hast du schon mein Auftrittslied geschrieben, dieses ›Der Vogelfänger bin ich ...‹«, und auf Mozarts Kopfschütteln hin spitzt er die Lippen, pfeift ein paar Takte, bricht ab.

»Was ist das?«

»Irgendwas. Hat neulich vor unserem Haus ein vorüberziehender Wanderbursche gepfiffen ...«

»Hübsch.« Mozart hat schon die Noten notiert.

Schikaneder gerät indessen ins Sinnen: »Kein neues Stück, nein. Nur etwas anders. Damit die Leute sagen: So, aha, läuft das in der Josefstadt. Aber beim Schikaneder läuft das noch viel spannender. Ein Zauberer ist nicht einfach ein Zauberer, und diese Königin der Nacht, diese angeblich so sehr um die Tochter bangende Mutter ...«

Er unterbricht sich: »Ein grässliches Weib. Ich kann es sowieso nicht leiden, kann es nicht mal richtig besetzen. Aber wenn sie ein bisschen anders, böser wäre – dann könnte ich mir zum Beispiel deine Schwägerin Josepha in dieser Rolle vorstellen.«

Mozart findet das Gespräch allmählich spaßig: »Soll am Ende keine gute, sondern eine böse Mutter ihre Tochter vor einem nicht bösen, sondern guten Zauberer retten wollen?«

»Warum nicht?«

Mozart seufzt: »Weil ich die große Klage der Mutter um ihre

Tochter schon geschrieben habe.« Er intoniert kurz die erste Arie der Königin der Nacht.

»Und wenn sie nun lügt, ihren Jammer nur vortäuscht, um den Prinzen zum Werkzeug ganz anderer, viel böserer Pläne zu machen?«

»Diese Musik lügt nicht.« Vor spontanem Ärger ist Mozart ein Finger ausgeglitten, es gibt einen hellen, schrillen Ton. Mozart horcht auf: »Doch. Sie lügt. Und so könnte sie sich verraten. Mit diesem schiefen Ton mitten in ihrer Jammer-Arie.« Aber gleich wieder kraust sich seine Stirn: »Die Knaben. Wieso stehen solche Engelsgeschöpfe im Dienst irgendeines Höllenweibs?«

Die Passagen mit den Knaben sind seine Lieblingsszenen.

»Kinder, Mozart!«, Schikaneder breitet beide Arme aus, als wolle er alle Kinder dieser Welt unter seine Fittiche nehmen, »was wissen die, wie böse Erwachsene sein können? Hast du gewusst, damals als Knabe, was Erwachsene so alles mit dir anstellen?« Und wie im Vorgenuss leckt er sich die Lippen: »Ich lasse sie im goldenen Ballon auf die Bühne fliegen. Die Leute werden jubeln, und niemand, ich wette, fragt, wer die Burschen eigentlich sind.«

»Und der Zauberer, wie heißt der noch ...« Mozart kann sich einfach den Namen »Sarastro« nicht merken, »der soll plötzlich ein guter Zauberer sein und hält sich dennoch Sklaven, lässt sie peitschen ...«

»Na und?« Schikaneder blickt philosophisch: »Viele große Herren können nicht so edel sein, wie sie eigentlich möchten. Denk an unseren armen Kaiser Joseph mit all seinen gescheiterten Reformen, die er alle wieder rückgängig machen musste! Und überhaupt«, er rückt näher an Mozart heran, seine Stimme wird ein vertrauliches Raunen, »sollten wir nicht statt eines Zauberstücks wie viele andere lieber eines mit großer menschlicher Botschaft schaffen, wie sie Künstlern wie uns würdig ist? Denk an unseren letzten Besuch bei unserem armen Freund Born und was er uns dabei noch gesagt hat: Schafft ein Gedicht gelebter Humanitas! Das, ja, das«, Schikaneder schickt einen tiefen seelenvollen Seufzer hinterher, »das hat unser Ignaz gesagt.«

Bei diesem Namen wird Mozart schwer ums Herz.

Denn es waren vor allem Männer wie der Wissenschaftler und Mineraloge Ignaz von Born gewesen, die ihn Ende 1784 dazu gebracht hatten, einer der acht Wiener Freimaurerlogen beizutreten, der von Born selber gegründeten »Zur Wohltätigkeit«. Jetzt aber, keine fünfzig Jahre alt, liegt Born im Sterben, und allein beim Gedanken daran muss Mozart schwer schlucken.

Schikaneder merkt seine Erschütterung, er nutzt sie: »Stell dir den Sarastro wie Ignaz von Born vor! So lauter, edel, gut. Und eine Szene sehe ich schon vor mir«, er hat diese Szene bereits seit Tagen im Kopf, tut aber jetzt so, als falle sie ihm in diesem Augenblick ein, »die Königin der Nacht, also die böse, hat der Tochter einen Dolch in die Hand gedrückt, Sarastro zu ermorden. Das geht natürlich schief, sie fleht ihn kniefällig um Gnade an ...«

»Schon wieder? Hat sie nicht schon vorher mal gekniet, als sie aus Sarastros Garten zu fliehen versucht hatte?« Mozart gähnt leicht.

»... der aber«, fuhr Schikaneder mit unbeirrtem Feuer fort, »der weist jeden Gedanken an schnöde Rache von sich ...«

»Natürlich. Er ist ja edel.« Mozart amüsiert der Eifer des anderen.

»... er sagt also ungefähr ... er sagt ...« Schikaneder zögert, setzt dann mit grollendem Pathos ein: »In diesen heiligen Hallen kennt man die Rache nicht oder so ...«

»Wie?« Mozart ist hochgefahren.

»In diesen heiligen Hallen kennt man die Rache nicht«, wiederholt Schikaneder und lacht leicht verlegen: »Ich weiß selbst, das klingt etwas albern, aber ...«

»Überhaupt nicht. Das ist gut. Sehr sogar.«

»Findest du wirklich?«

Mozart wirkt plötzlich wie elektrisiert. Und Schikaneder spürt, dass der Widerstand gegen eine neu gefasste »Zauberflöte« zu schmelzen beginnt.

Er setzt nach: »Diese Hallen, dieser ganze Priesterbund, dem Sarastro vorsteht, das muss schön heilig klingen, mit großen Chören, Ensembles ...«

»Schön pompös und pathetisch, nicht wahr?«, lacht Mozart auf, »lass dir deine ›Zauberflöte‹ doch gleich vom Salieri komponieren!«

»Ach, Salieri. Was weiß denn der schon? Nein ...«, Schikaneder zögert: »Ich denke mir das anders. Alles sollte so sein ... wie ... wie ...«

Ein Blick zu Mozart hinüber, fast ängstlich: »Ja, wie bei uns in der Loge. Wie bei uns Freimaurern ...«

»Du willst unsere Bräuche und Riten auf die Bühne bringen? Werden uns das nicht die anderen übel nehmen?«

»Aber warum denn?« Schikaneder blickt jetzt so treuherzig drein wie auf der Bühne als Heldenvater, der den Wüterich um Erbarmen mit seinem einzigen Kind anfleht: »Es steht nicht gut um sie. Das weißt du doch. Die Zeiten, da selbst unser Kaiser Franz einer von uns Brüdern war, sind vorbei. Schon wird geraunt, die Logen sollten verboten werden. Was könnte da besser sein als ein Werk, das ihre Würde und Weisheit preist?«

Mozart betrachtet den anderen nachdenklich. Er weiß, dass Schikaneder einer Loge angehört haben soll. Aber er kennt zugleich die Gerüchte, dass er wegen sittlicher Verfehlungen wieder ausgeschlossen worden sei. Soll ihm jetzt seine »Zauberflöte« einen neuerlichen Zugang verschaffen? Steckt eigentlich das hinter allen Änderungswünschen und nicht die angebliche Konkurrenz des anderen Zauberstücks in der Josefstadt?

Gerissener alter Schurke! Wahrscheinlich hat er bereits durchgerechnet, wie viel Geld in die Kasse strömt, wenn jeder Wiener Logenbruder wenigstens einmal in sein Theater kommt, dieses Freimaurerstück zu sehen.

»Armer Prinz«, murmelt er.

Schikaneder hat sich schon zur Tür gewandt und dreht sich noch einmal um: »Arm? Wieso denn?«

Mozart seufzt tief: »Meint, für das Gute einzustehen, und muss erfahren, dass er für das Böse kämpft ...«

»Na und?«

Schikaneder ist zu Mozart zurückgekehrt und beugt sich mit der ganzen Masse seiner hochgewachsenen Gestalt über ihn, dass der sich nahezu erdrückt fühlt: »Hat es denn für dich nie eine Stunde gegeben, wo alles plötzlich anders war als vorher? Hast du noch nie von einem Augenblick zum anderen anders denken, sprechen, fühlen müssen?«

Mozart antwortet nicht.

So tief ist er in Grübeleien versunken, dass er Schikaneders Hinausgang kaum noch registriert. Mechanisch greift er zur Schaumweinflasche, tut einen langen Zug. Was denn nun Wahrheit sei und ob von allem nicht auch das Gegenteil gelten könne, ist in ihm bereits Musik geworden. Dunkel schwebend, zagend, fragend.

»O ew'ge Nacht, wann wirst du schwinden?«

Mozart setzt die Flasche ab und horcht in Wiens nächtliche Stille hinein. Schikaneder hat Recht. Auch für ihn gab es Stunden, wo sich alle gültige Wirklichkeit unverhofft in ihr Gegenteil verkehrt hatte.

Wie damals vor recht genau zehn Jahren, als er sich endgültig gegen Gott und Übergott, gegen Vater und Bischof entschieden hatte. Gegen Salzburg und für Wien. Für ein neues, anderes Dasein. Für die Freiheit.

Ein Fußtritt hatte das in jenem Mai 1781 besiegelt.

Jetzt fängt mein Glück an

»Er hat mich hinausgeworfen. Einfach so. Mit einem Fußtritt!«

»Sagen Sie nur, Herr Mozart . . .«

Frau Cäcilie Weber musste vor Schreck gleich noch einmal zur Rotweinkaraffe greifen, wobei sie allerdings dachte: »Schadet dem arroganten Lümmel gar nichts!« Zugleich lächelte sie süß der eintretenden Tochter Konstanze entgegen: »Denk dir nur, was man unserem Herrn Mozart angetan hat!«

Was hatte man ihm denn in diesem Mai 1781 angetan?

Den Dienst beim Fürstbischof war er endgültig leid gewesen, hatte ein weiteres Mal sein Entlassungsgesuch eingereicht, nun aber für immer, und der Oberhofküchenmeister – wieso gerade der? – hatte ihn zunächst noch zu beschwichtigen gesucht.

Dieser Karl Joseph Graf Arco war bis dahin ein Gönner der Mozarts gewesen. Aber er war auch getreulicher Dienstmann seines Herrn und hatte auf den rabiaten Knaben geblickt, der diesem Herrn den ganzen Bettel hinschmiss, mit einem Ruck und einfach so. Da hatte den Grafen der große Zorn gepackt.

Wie gern hätte er selbst einmal seinem Bischof ähnlich deutlich die Meinung gesagt! Wie viel Kränkungen und Demütigungen hatte er schon, obgleich ein Graf und damit weit über diesem Mozart, in seinem Höflingsleben einstecken müssen! Aber bitte, man war wohlerzogen, wusste stets, was sich gehört. Also stillgeschwiegen, die Ahnenreihe vergessen, einen gehorsamen Buckel gemacht!

Jetzt aber dieser Mozart! Ein Musiker! Der kaum bessere Lakai! Er maßte sich an, was sich kein Graf je anmaßen würde. Arco geriet in Zorn, seine Stimme wurde laut und heiser, doch siehe: Mozart schrak nicht zusammen, schlich sich nicht scheu beiseite.

Der brüllte zurück. Der nannte den Bischof bei Namen, die der

Graf nicht einmal zu denken gewagt hätte. Und da hatte es eben in der gräflichen Wade gezuckt, da hob sich der gräfliche Fuß ...

Nein, sollte der Graf bis ans Ende seines 87-jährigen Lebens beteuern, nie habe er dem Mozart wirklich einen Fußtritt verpasst. Denn dumpf ahnte er damals schon, dass von ihm, solange man sich seiner erinnerte, immer nur dieser eine Fußtritt im Gedächtnis der Nachwelt haften würde. Und er seufzte tief auf: Das hatte man nun davon, wenn man großzügig, tolerant und verständnisvoll zu solchem Gesindel war. Revolution ist das Ergebnis. Hört man nicht schon überall, wie die Knechte gegen ihre Herren aufbegehren, hierzulande oder drüben in Frankreich?

Frankreich! Ja, dachte der Graf, dort wird man den Mozart so verdorben haben. In diesem Paris, wo sich die feinsten Herren nicht scheuten, im Salon ihre giftigen Sottisen gegen jede gottgewollte Obrigkeit abzuschießen. Das Volk draußen auf der Straße griff aber die Schlagworte nur allzu gierig auf, um sie in ihre Parole von »Gleichheit, Freiheit, Brüderlichkeit!« umzumünzen.

Genau das war die Stimmung in jenem Paris gewesen, in das drei Jahre vor dem gräflichen Fußtritt die Mozarts, Mutter und Sohn, eingefahren waren, damals im März 1778.

Eine scheußliche Fahrt, kalt und nass, hatte hinter ihnen gelegen. Scheußlich war auch das Quartier in Paris gewesen, nun nicht mehr erstes Haus am Platz, im Gegenteil. Eine stockfinstere Kammer mit zwei Betten musste genügen. Mutter Mozart sah sich um und fröstelte.

In diesem Loch sollte sie in den nächsten Wochen hausen. Das karge Licht reichte gerade für ein bisschen Strickarbeit, das karge Geld für etwas Brot und Suppe. So hockte sie denn da, strickte und wartete, während draußen in diesem stinkenden, feindlichen, bösen Paris der Sohn hektisch Anschluss an das französische Musikleben suchte.

Abends war er dann zurückgekommen, meist müde und enttäuscht. Er war vor ihr auf und ab gelaufen, sofern das in der engen Kammer möglich war, und hatte berichtet: »Hoforganist in Versailles könnte ich werden, für gerade 1200 Livres Gehalt, lächerlich.«

Oder: »Die Frau Herzogin hat mich vorspielen lassen, in einem eiskalten Saal auf einem völlig verstimmten Instrument, dem kein einziger richtiger Ton zu entlocken war, fürchterlich.«

Die Mutter hörte zu, verstand nicht viel, nickte nur: »Wie schön für dich, mein Wolfgangerl!«

Er sah sie an, schüttelte den Kopf: »Sie hören doch, was ich sage, Mama?«

»Gewiss, Wolfgangerl. Du wirst irgendwo Organist und spielst lauter Herzoginnen vor, und Gehalt bekommst du auch.«

Er beugte sich zu ihr hinunter, fasste an ihre glühend heiße Stirn: »Haben Sie irgendwo Schmerzen?«

Ja. Überall. Seit der Ankunft. Aber bitte: »Schreib nichts dem Papa davon!« Sie schob sich ein paar Brotkrumen in den Mund. Schon seit Tagen hatte sie nichts Richtiges mehr gegessen.

»Der Mama scheint es nicht sehr gut zu gehen ...« In Salzburg hatte Leopold Mozart vom Brief hochgesehen, den ihm der Sohn am 3. Juli, seltsamerweise mitten in der Nacht, geschrieben hatte.

»Und dem Wolfgangerl? Wie geht es ihm?« Das war Nannerl, die ihm wie immer bei Tisch gegenüber saß.

Die Miene des Vaters hellte sich auf: »Der scheint Erfolg zu haben, endlich. Die Aufführung seiner Sinfonie war wohl ein recht guter Erfolg mit so viel Beifall, dass sich danach dein Bruder ...«, der Vater musste es gleich noch einmal lesen und schmunzelte dabei, »der hat sich darauf ein gutes Halbgefrorenes geleistet. Und das, Nannerl«, sein Schmunzeln vertiefte sich, »leisten wir uns nun auch zu Ehren unseres Wolfgangerl.«

Gut gelaunt wanderten Vater und Tochter in die Stadt hinein, und ein Bekannter war ihnen entgegengekommen, der beste, engste Freund der Familie und Beichtvater für alle Mozarts, der Abbé Bullinger. »Unser Sohn hat großen Erfolg in Paris«, rief ihm Leopold Mozart schon aus einiger Entfernung entgegen, damit es möglichst viele hörten. Doch der Abbé machte ein düster abweisendes Gesicht.

Leopold Mozart lachte: »Haben Sie nicht verstanden, lieber Freund? Der Wolfgangerl hat uns geschrieben ...«

»Mir auch«, unterbrach ihn der andere, »deshalb wollte ich gerade zu Ihnen.«

Umständlich nestelte er ein dicht beschriebenes Blatt Papier aus der Tasche: »Er schreibt mir hier, dies sei nun der traurigste Tag in seinem Leben, und er wage gar nicht, es Ihnen zu sagen. Das solle lieber ich tun ...«

»Was denn?«

»Seine Mutter ... Ihre Frau ... also die Frau Mozart ... die ist am 3. Juli, nun ja, gestorben ...«

Nannerl hatte nach dem Arm des Vaters gegriffen. Doch der schien keine Stütze zu brauchen, ging starr und aufrecht, als sei er eine am Stab geführte Puppe, in sein Haus zurück. Erst dort brach er im nächsten Sessel zusammen.

»Aus! Aus! Alles aus!«, schrie er dabei. »Wieso denn?«, stammelte Nannerl. Sie verstand den Vater nicht. Der aber starrte aus totem Blick ins Leere.

Die Frau irgendwo fern in welscher Erde begraben. Der Sohn hilflos, ohne Schutz. Wie sollte sich der Bub nur zurechtfinden?

Der Bub? Ein Mann, wenigstens den Jahren nach! Und endlich war es Zeit, dass er sich auch wie ein Mann verhielt. Nicht in Paris! Hier auf Salzburger Boden und nach Salzburger Maßstab! Ohne Lenkung durch den Vater.

Aber dieser Vater wäre nicht Leopold Mozart gewesen, wenn er nicht sogleich für den Sohn zu planen angefangen hätte. Selbst den Bittgang zum Fürstbischof scheute er nicht, und Hieronymus von Colloredo hatte sich erstaunlich gnädig gezeigt: »Ihr Sohn soll erfahren, dass ein strenger Herr dennoch ein gütiger Herr sein kann. Berichten Sie ihm, ich wolle ihn zu meinem Hoforganisten machen, für fünfhundert Gulden im Jahr! Nur muss er dafür fleißig komponieren, und meine Sängerknaben unterrichten soll er auch ...«

In Paris bestieg also Mozart im September 1778 die Reisekutsche. Keine eigene Chaise mehr, nicht einmal eine Extra-Post. Ein ganz gewöhnlicher Postwagen rumpelte zur Grenze, über Nancy und Straßburg, und: »Kein Aufenthalt in Mannheim!«, hatte der Vater angeordnet.

Der Sohn nahm dort dennoch Quartier beim Freund Christian Cannabich, dem Mannheimer Konzertmeister, oder genauer: bei dessen Frau, da Cannabich selbst seinem Kurfürsten in die neue Münchner Residenz gefolgt war.

Mozarts erste Frage galt den Webers.

»Auch die sind jetzt in München, und ihnen geht es gut. Fridolin Weber hat eine Anstellung gefunden, und die Tochter, die Aloysia ...«

»Was ist mit ihr?«

»Man hat sie an die Oper geholt. Als Primadonna. Mit Riesenerfolg.«

Aloysia! Sein Geschöpf! Er sah noch ihr tränennasses Gesicht beim Abschied, hörte ihre Stimme klein und kläglich werden: »Was bin ich ohne dich?«

Ein erstes Mal war sie ins »Du« gewechselt, und Mozart trug die Erinnerung daran wie eine kostbare Gabe bei sich. Jetzt also hatte sie es geschafft. Zwar ohne seine Hilfe, aber dank seiner Zucht. Vergnügt lachte er in sich hinein, und Frau Cannabich schenkte ihm ein Lächeln, mit kleinem Mitleid dabei.

Alle Ängste schienen von ihm gewichen. Wie im Sturmflug ging es nach München weiter, an Augsburg vorbei, kein Aufenthalt bitte!

Das Bäsle erhielt gerade noch einen Brief, sie solle doch nach München kommen, dort könne sie Augenzeugin eines ganz wundervollen Geschehens werden. Und immer wieder malte sich Mozart dieses wundervolle Geschehen aus: Wie er vor Aloysia hintreten, sie in zarten Worten um ihre Hand bitten würde, und ein Brautgeschenk hätte er auch dabei, eine eigens für sie komponierte Arie. Ihr Blick würde groß und feucht werden, es würde ihr zunächst an Worten fehlen, dann aber, endlich, würde sie sagen ...

»Wie sehen Sie denn aus, Herr Musikus?«

Aloysia stand vor ihm, eine Fremde, die einen Fremden aus geringschätzig kühlen Augen musterte. Und sie hatte nach den schwarzen Knöpfen an seinem Rock gefasst, die er zum Zeichen der Trauer um seine Mutter trug, sich dann gleich wieder mit einem

Achselzucken abgewandt. Stammelnd, stotternd hatte er dennoch seinen Heiratsantrag angebracht, da hatte sie schrill aufgelacht.

Ihn heiraten? Sie? Ja, wenn er ruhmbekränzt aus Paris zurückgekehrt wäre! Aber nun sie, der aufgehende Stern, Ehefrau eines kläglich gescheiterten Musikers, der gerade mal Organist in Salzburg werden würde? Was war er denn anderes als ein kleiner schäbiger Mann im lächerlichen Lakaienhabit?

Das musste er doch selber einsehen.

Aber Mozart begriff nur, dass sie ihn verschmähte, die Frau den Mann, das Geschöpf seinen Schöpfer. Da war denn seine Stimme plötzlich klar und fest geworden: »Erlauben Sie mir wenigstens, Ihnen ein kleines Ständchen darzubringen?« Schon hatte er am Klavier gesessen, kräftigst in die Tasten geschlagen und so lauthals gesungen, dass es im gesamten Haus Weber widerhallte: »Leck mich das Mensch den Arsch, das mich nicht will ...«

Mutter Weber war hinzugekommen, der Vater, die Schwestern. Sie alle hatten erst sehr verwundert dreingeblickt, dann zu lachen angefangen, immer lauter und schallender, nur Aloysia nicht, die sich endlich abgewandt hatte und, gekränkte Primadonna, davongerauscht war.

Auch Mozart hatte nicht gelacht.

Das herbeigereiste Bäslein, ganz gute Freundin, hatte einiges zu tun, seine Ströme heißer Tränen zu trocknen, und sie flossen noch, als sie wieder mal im gemeinsamen Bett gelegen hatten. Dort aber – nie hatte ihm Aloysia solche Freuden gewährt – packte ihn ein großer Zorn, in wütenden Stößen drang er ins Bäsle ein und sank nach rasch erreichtem Höhepunkt ohne einen Laut der Lust über ihrem Leib zusammen.

»Denk nicht immer an sie!«, mahnte das Bäsle.

Die Kusine war ihm noch für ein paar Wochen nach Salzburg gefolgt. Das war eine Zeit, da Mozart oft wie in dickem Nebel eingepackt durch die Gassen ging, und sprach ihn einer an, kam es vor, dass er wie träumend hochsah, ein seltsam entrücktes Lächeln um den Mund, als befinde er sich irgendwo in einer anderen Welt und wüsste gar nicht recht, wo er gerade sei.

Korrekt versah er seinen Dienst, komponierte mehr denn je, und doch schien zwischen ihm und der übrigen Welt ein dicker Schleier zu hängen.

Der hob sich nur, wenn er drüben im Theater saß, wo erst die Truppe eines Herrn Johann Böhm, dann die von Emanuel Schikaneder ihr Repertoire abspulte, mal Shakespeare, den »Macbeth« oder »Hamlet«, dann wieder irgendeine gängige Posse.

Mozart auf seinem Freiplatz im Parkett – der Herr Schikaneder war großzügig, da ihm der Komponist für ein Gozzi-Stück eine Arie geschrieben hatte – sah bei allem gleichermaßen gespannt zu, man hörte ihn wieder herzlich lachen, und oft schien es, als sei das Geschehen auf der Bühne für ihn die eigentliche Realität. Weshalb er denn auch, als erneut aus München der Auftrag einer Karnevalsoper kam, mit so noch nie gesehenem Eifer an die Arbeit ging.

Das Werk sollte vom kretischen König Idomeneo handeln und von seinem entsetzlichen Geschick, nach heiler Rückkehr aus dem Trojanischen Krieg den eigenen Sohn den Göttern opfern zu müssen, und diese so ferne, abstruse Geschichte schien Mozart so intensiv zu beschäftigen, als ginge es am Ende um sein eigenes Los.

Noch nie hatte er in einem Bühnenwerk eine so persönliche Sprache gesprochen, Gefühle von zartester Liebe bis zur wilden Verzweiflung in seinen Noten so plastisch hingemalt. »Wenn das nur die braven Münchner richtig verstehen«, hatte der Vater dazu geseufzt, war aber zu Beginn des Jahres 1781 dem Sohn zur Uraufführung in die Isarstadt gefolgt. Großzügig hatte beiden ihr Herr im bischöflichen Palais einige Wochen Urlaub gewährt.

Die »Idomeneo«-Uraufführung am 29. Januar 1781 schlug nicht so ein wie zuvor die umjubelte »Gärtnerin aus Liebe«. Dafür war »Idomeneo« zu ernst und faschingsfern. Dennoch trieb Mozart ganz auf den Wogen eines »Erfolgskomponisten« und winkte nur wie belästigt ab, als der Vater freundlich mahnte: »Es wird wohl Zeit, nach Salzburg zurückzukehren.«

Das fand der Sohn nun gar nicht. Zunächst wollte er sich im hochrauschenden Fasching austoben. Was er denn auch über Wochen hin tat. Bis zum ganz energischen Befehl des Fürstbischofs:

Er habe sich sofort, aber sofort bei ihm einzustellen! Nicht in Salzburg! In Wien!

Dort war im vorausgegangenen November Kaiserin Maria Theresia ihrem geliebten Franzl in die ewige Ruhe gefolgt, und bei aller tiefen, echten Trauer ging doch auch ein leises Aufatmen durchs Land. Denn sie war denn doch in späten Jahren arg störrisch und widerspenstig gegenüber allen Reformversuchen gewesen.

Wie anders der Sohn Joseph II., der jetzt endlich aus ihrem Schatten hervortrat! Der schien von Reformeifer schier überzuquellen, sprach von so unerhörten Dingen wie den angeborenen Rechten seiner Untertanen und ließ schon mal die kaiserlichen Parkanlagen öffnen, auf dass sich alle anderen ebenso beschaulich im Grünen ergehen konnten wie die Majestät.

Alles schien möglich. Nichts war völlig ausgeschlossen. Das war die Grundstimmung dieser Zeit, und gemäßigte Reformer wie Salzburgs Fürstbischof witterten Aufruhr und Empörung gegen jede geltende Norm.

Da hieß es zeitig vorzubeugen.

Salzburgs Landesherr war nach Wien gereist, den erkrankten Vater zu besuchen und dann auch dem neuen Herrscher seine Antrittsvisite abzustatten, und Kaiser Josephs leicht ironischer Blick verriet ihm, was dieser Mann über ihn wohl denken mochte: alter konservativer Querkopf! Unverbesserlicher Reaktionär!

Dazu hob Colloredo unter der Bischofsrobe nur die schmalen Schultern: Mochte ihn dieser seltsame Reformkaiser für was immer halten – er würde nicht zu denen gehören, die den Räubern auch noch die Schlüssel reichen, damit sie ungestört sein Haus verwüsten. Und sein Blick fiel gleich auch auf diesen Herrn Mozart in seinem Gefolge, der gerade aus München einzutreffen und seinen Dienst aufzunehmen die Güte hatte.

Seht nur, wie er sich hier in Wien aufführt! Wie er sich nicht lange im Vorzimmer aufhält, sondern an den Lakaien vorbei mit provozierend selbstbewusstem Gang in den Salon geschritten kommt! Wie er mit den Herren dort plaudert, und wie die mit sich plaudern lassen! Als ob hier einer mit seinesgleichen spricht.

Des Fürstbischofs Blick verfinsterte sich. Dem Herrn Mozart wird man wohl wieder beibringen müssen, dass er ein Diener ist, sonst nichts, und an der bischöflichen Tafel gerade noch etwas oberhalb der Köche seinen Platz hat. Und dann war noch das Konzert zu Ehren des alten Fürsten Rudolf von Colloredo gewesen, des früheren Reichsvizekanzlers und Vaters des Bischofs.

Mozart hatte Eigenes gespielt, und schon bei den ersten Klängen war der alte Herr aus seiner dahindämmernden Ruhe aufgeschreckt. Er hatte mit fieberfeuchter Hand den Ellbogen des Sohnes angerührt und mit vor Erregung heiserer Stimme geflüstert: »Hören Sie, mein Sohn! Ein völlig neuer Klang. Das ist, als würde sich der Himmel öffnen ...«

»Finden Sie, Vater?«, hatte der Bischof kühl entgegnet, dem dieser Gefühlsausbruch peinlich war. Doch der Vater fuhr unbeirrt fort: »Aber gewiss doch. Und so einer steht in Ihrem Dienst! Ein unverdientes Geschenk Gottes! Ich kann nur hoffen, Sie erweisen sich seiner würdig ...«

Ein Gottesgeschenk und dazu noch unverdient! Das hatte gesessen, zumal sich der Bischof nicht erinnerte, selbst je vom Vater mit solch schmeichelhaften Worten ausgezeichnet worden zu sein. Seine Lippen wurden sehr schmal, sein Blick stechend.

Bald schon erging an den Herrn Mozart die Weisung, seine Anwesenheit in der Nähe des Fürstbischofs sei nicht mehr nötig. Er möge umgehend die hübsche Dachkammer mit dem weiten Blick bis hin zum Stephansdom räumen, die ihm im Wiener Quartier seines Herrn zugewiesen worden war.

Mehr verdutzt als zornig packte Mozart seine Sachen und zog zu den Webers, die es inzwischen im Gefolge ihrer ans Hoftheater verpflichteten Aloysia nach Wien getrieben hatte. Vater Fridolin durfte dort noch an der Theaterkasse sitzen, dann verstarb er, und Witwe Cäcilia, allein mit drei ledigen Töchtern, besserte ihre kärglichen Einkünfte durch Vermietung von Zimmern an alleinstehende Herren auf. Mozart war einer von ihnen und fühlte sich im kleinen Weber'schen Chaos ebenso wohl wie seinerzeit in Mannheim.

Doch war sein Brotherr mit allen Sticheleien und Schikanen noch nicht am Ende. Der Mozart solle sich zurück nach Salzburg scheren und, damit er wenigstens zu etwas nützlich sei, gleich ein dringliches Paket mitnehmen. Das war am Montag gewesen. Der Zufall wollte, dass er am Tag darauf seinem Bischof begegnen sollte.

»Noch hier in Wien, Mozart? Noch nicht unterwegs nach Salzburg?«

»Es war kein Platz mehr in der Kutsche frei.«

Das stimmte sogar. Aber für den Fürstbischof war dies das letzte, böse Stichwort. Eine wahre Kaskade an Verwünschungen – »liederlicher Geselle« war noch die sanfteste – ergoss sich jetzt über den bleich dastehenden Musiker, der gerade noch ein »Sind Euer Gnaden nicht zufrieden mit mir?« stammeln konnte und auf des Bischofs gezischtes »Ich will mit einem Buben wie Ihnen nichts mehr zu tun haben« zurückzischte: »Ich mit Ihnen auch nicht!«

Das war fast schlimmer noch als Mozarts Entlassungsgesuch am nächsten Tag, und »da hat mir der Graf, vermutlich auf Weisung seines Herrn, den Fußtritt verpasst«. Cäcilie Weber hob die Rotweinkaraffe und wollte auch Mozart ein Glas einschenken.

Aber der brauchte keine Stärkung. Und seine zornige Empörung war mehr gespielt als ehrlich. Tatsächlich spürte er zu dieser Stunde und eigenem Erstaunen so etwas wie ein heißes – ja, tatsächlich! – Glücksgefühl.

Denn wie kaum je in seinem Leben fühlte er sich leicht und frei, und es war, als hätte ihn dieser Fußtritt, ob nun wirklich erfolgt oder nur in seiner Phantasie, mit einem Schlag von allen Salzburger Ängsten erlöst.

Der entsetzt aufstöhnende Vater erfuhr: »Jetzt fängt mein Glück an.« Und Mozart lief in die wie von Musik durchzogene Wiener Sommerhelle hinein, in diese »Klavierstadt«, wie er selber Wien nun nannte, gab Unterricht, hatte Konzerte, verdiente gutes Geld.

Ungeniert schlurfte er im Morgenrock durch die Weber'schen Stuben, schlief, solange er wollte, aß, wenn er mochte, und kein Fürst, kein Vater diktierte ihm länger sein Tagesprogramm. Irgendwann aber – darin war er sicher – würde die feste Anstellung kommen, am besten beim Kaiser.

Die Anstellung kam nicht, wohl aber ein erster großer Auftrag, und Mozart saß einem Herrn in würdigem Schwarz gegenüber, Johann Gottlieb Stephanie, Dramaturg an der Hofoper und engster Berater des Intendanten Graf Rosenberg: »Sie wissen, der Kaiser wünscht ein deutsches Singspiel, und gerade Sie will er als Komponisten ...«

»Gerade mich?«

Stephanie lächelte: »Ihr Streit mit Ihrem einstigen Brotherrn ist Stadtgespräch, und der Kaiser – unter uns, lieber Freund – versteht Ihre Abneigung gegen den hochmütigen Salzburger Herrn nur allzu gut. Außerdem«, setzte er eilig hinzu, als sei er denn doch zu weit gegangen, »ich habe mir erlaubt, mir einmal Ihre Noten zum Singspiel um das schöne Serailmädchen Zaide anzusehen.«

Mozart freute sich, dass jemand diese in Salzburg begonnene, aber nicht vollendete Arbeit kannte.

»Recht hübsch, wenn auch für Wien noch nicht recht aufführbar«, fuhr Stephanie fort, »aber etwas Ähnliches von Ihnen, gleichfalls im muselmanischen Milieu, wie es gerade allgemein beliebt ist ...«

Mit diesen Worten schob er Mozart ein Buch hin. »Belmont und Konstanze oder die Verführung aus dem Serail« stand auf dem grauen Pappeinband: »Dies Buch hier, von einem gewissen Herrn Christoph Friedrich Bretzner aus Leipzig, will mir nicht übel scheinen.«

Es war ein »Türkenstück«, wie sie damals Mode geworden waren, als erst die Wiener nach abgeschlagener Belagerung für das Volk der Osmanen eine seltsame Vorliebe entwickelt hatten. Mozart blätterte darin. Wirklich nicht schlecht, die Geschichte vom edlen Spanier Belmont, der aus dem Serail eines ebenso edlen Bassa seine Verlobte befreien wollte – wie hieß das Mädel doch gleich?

Konstanze! Tatsächlich. Wie die drittälteste Tochter seiner Wirtsfrau. Das schien mehr als nur Zufall zu sein.

Schon lange war Mozart das Mädchen nicht mehr gleichgültig, und Konstanze, nun neunzehn, zeigte ihm überdeutlich, wie sehr sie ihn mochte. Das tat schon mal seinem noch von Aloysia her wunden Herzen wohl. Und ganz hübsch war sie auch, mit festen Schenkeln, runden Brüsten, prallem Po. Lauter Köstlichkeiten, die er ausgiebig hatte betrachten dürfen, als sie einmal in rosiger Nacktheit am Waschzuber gestanden hatte und seine Gegenwart gar nicht zu bemerken schien.

Noch in der Erinnerung daran spürte er es in der Hose eng und heiß werden und schrieb rasch an seinen Noten weiter. Die Arbeit am »Türkenstück« drängte.

Zugleich aber, von ihm zunächst noch unbemerkt, obwohl er der eigentliche Held war, lief ein ganz anderes Stück ab, und dessen Hauptakteure hießen Cäcilie Weber sowie Mozart-Vater Leopold.

Die Weber hatte längst entschieden: Der Mozart wird mein Schwiegersohn. Vater Leopold entschied: Das nun wird sein Wolfgangerl ganz sicher nicht. Schon erging Weisung an den Sohn, das Haus der Weber zu verlassen, und noch einmal gehorchte Mozart, aber bereits mit der erschrockenen Feststellung, man könne zuweilen den eigenen Vater fast so grimmig hassen wie den Fürstbischof. Tröstend strich ihm Konstanze über die Wange.

Es war wohl so, dass sich zwei Kinder gefunden hatten, die beieinander Zuflucht suchten vor der bösen Welt der Erwachsenen, und der Tag kam, da Konstanze den Vertrag entdeckte, den zu unterzeichnen die Mutter Mozart gezwungen hatte. Er versprach, die Tochter zu heiraten oder ihr auf Lebenszeit eine stattliche Apanage zu zahlen.

Da kugelte denn Konstanze die blanken Augen, eilte hinüber zu Mozart, zerriss vor seinen Augen den Wisch mit einer Dramatik, die drüben auf der Hoftheaterbühne ihrer Schwester alle Ehre gemacht hätte, und schwor feierlich, sie glaube auch so an die Treue des Geliebten.

Das sollte die beiden fester aneinander binden als jeder Vertrag, und der Vater drüben in Salzburg begann allmählich zu begreifen, dass nach der ersten Schlacht um den Sohn nun auch die zweite, die um sein Herz, verloren war.

Der Juli 1782 kam und am 16., nach allen branchenüblichen Kabalen und Verzögerungen, die Uraufführung der »Entführung aus dem Serail«, wie das Werk nun hieß, im voll besetzten Burgtheater mit dem Kaiser in der ersten Reihe.

Joseph II. wirkte nervös, gereizt, denn auch diesmal erging es ihm wie mit vielen anderen seiner Reformen: Ihre Folgen sahen denn doch ein wenig anders aus als erwartet, und dieses Werk hier war ihm entschieden zu lang und ungewöhnlich.

Aber es war nun mal das von ihm verlangte deutsche Singspiel, er musste es dulden, musste ausharren, obgleich der kaiserliche Musikgeschmack mehr in die vertraute italienische Richtung ging und sein erklärter Liebling der Gluck-Schüler Antonio Salieri war. Der saß nur wenige Reihen weiter und verfolgte mit seinem immer gleichen Lächeln das Bühnengeschehen.

Die Aufführung war ein Erfolg, ein sehr großstädtischer, bei dem gleichermaßen geklatscht wie gezischt wurde, und etwas Besseres konnte einem neuen Werk kaum passieren. Denn nun wollte jeder dieses umstrittene Stück sehen.

»Wohl noch ein Dutzend Mal wollen sie es spielen, wenigstens, und andere Theater sind auch schon neugierig geworden«, rief Mozart im jubelnden Triumph, »das bringt Ehre, das bringt Geld. Allein hier in Wien«, er fing zu rechnen an, »wohl um die vierhundert Gulden.« Letzteres hatte die andächtig lauschende Konstanze recht gut verstanden und strahlte den Bräutigam selig an.

Mozart zog sie an sich: »Ich schreibe noch heute dem Papa. Wenn er schon nicht zur Aufführung kommen konnte oder wollte, so soll er uns wenigstens den Segen zur Heirat geben. Die Partitur zur ›Entführung‹ lege ich gleich bei.«

»Und wenn er uns den Segen nicht gibt?«

»Dann heiraten wir trotzdem.«

»Ach, Wolfgangerl . . .«

Er rückte ein wenig von ihr ab und sah sie streng, fast traurig an: »Niemals Wolfgangerl, hörst du? Wolfgang, Wolf, Wolferl, all das. Aber nicht mehr Wolfgangerl.« Und mit einem kleinen, bangen Seufzer: »Das ist vorbei. Für immer.«

Wolfgang Amadeus Mozart im Alter von sechs Jahren, das Galakleid war ein Geschenk von Kaiserin Maria Theresia. Gemälde von 1763, P. A. Lorenzoni zugeschrieben. (Mozarteum Salzburg)

Die Schwester Mozarts, Maria Anna, genannt Nannerl. Auch ihr Kleid war ein Geschenk von Kaiserin Maria Theresia. Gemälde von 1763, P. A. Lorenzoni zugeschrieben. (Mozarteum Salzburg)

Der Vater, Leopold Mozart (1719–1787). Ölgemälde um 1765. (Mozarteum Salzburg)

Die Mutter, Anna Maria Walburga Pertl (1720–1778). Gemälde um 1775, P. A. Lorenzoni zugeschrieben. (Mozarteum Salzburg)

Mozarts Vorstellung bei Kaiserin Maria Theresia, 1770. Gemälde von Erzherzogin Marie Christine. (akg, Berlin)

Leopold, Nannerl und Wolfgang Mozart. Stich von Jean-Baptiste Delafosse. (Musée Condé Chantilly)

Mozart mit 14 Jahren in Verona. Ölgemälde von 1770. (Mozarteum Salzburg)

Mozart als Ritter vom Goldenen Sporn. Gemälde von 1777. (Civico Museo Bibliografico Musicale Bologna)

Familie Mozart 1780/1781. Gemälde von Johann Nepomuk della Croce. (Mozarteum Salzburg)

Das »Bäsle«, Maria Anna Thekla Mozart. Zeichnung um 1777.

Aloysia Weber.
Anonymes Gemälde. (Privatbesitz; Foto J. Steimmig)

Konstanze Mozart, geborene Weber.
Miniatur o. J.

Mozart 1782/1783.
Gemälde seines
Schwagers Joseph Lange.
(Mozarteum Salzburg)

Mozarts Söhne, Carl Thomas und
Franz Xaver. Gemälde von Hans Hansen,
um 1798. (Mozarteum Salzburg)

Johann Christian Bach. Ölgemälde von Thomas Gainsborough, 1776. (Civico Museo Bibliografico Musicale Bologna)

Fürsterzbischof Graf Colloredo, Gemälde von Johann Michael Greiter. (Museum Carolino Augusteum Salzburg)

Kaiser Joseph II., Pastellzeichnung von J. E. Liotard, 1762. (Fürst Karl Johann Schwarzenberg)

Joseph Haydn.
Nach einem Stich von
Johann E. Mansfeld.

Ankündigung der Uraufführung von ›Die Entführung aus dem Serail‹, 16. Juli 1782.

Neues Singspiel.

Die Kaiserl. Königl. National - Hof - Schauspieler
werden heute Dienstag den 16 Julo 1782 aufführen:
(Zum erstenmal)
Die Entführung aus dem Serail.
Ein Singspiel in drey Aufzügen,
nach Bretznern frey bearbeitet und für das k. k. Nationalhoftheater eingerichtet.

In Musik gesetzt vom Herrn Kapellmeister Mozart

Die Bücher sind beym Logenmeister für 17. kr. zu haben.

Der Anfang ist um halb 7 Uhr.

Lorenzo da Ponte.
Stich von Michele Pekenino,
nach einem Gemälde von
Nathaniel Rogers.

Szenenbild aus ›Die Hochzeit des Figaro‹. (Herzog August Bibliothek, Wolfenbüttel)

Ludwig van Beethoven.
Silhouette von J. von Neesen, 1786.

Emanuel Schikaneder.
Stich von Philipp Richter.

Antonio Salieri. Stich von Johann Neidl nach Steinhauser von Trauberg. (Gesellschaft der Musikfreunde Wien)

Papageno. Kostümentwurf von Heinrich Stürmer für die Berliner Aufführung der »Zauberflöte« 1816. Aquarellierter Stich von C. F. Thiele. (Theatermuseum München)

Das »Zauberflötenhäuschen«. (Mozarteum Salzburg)

Ende Juni 1791

Schon dreimal hat es an die Tür zum Gartenpavillon geklopft, bevor Mozart den Kopf von den Noten hebt und zum Fenster sieht. Ein Gesicht dahinter, flinker, dunkler Blick, kleines, freches Lachen um die Mundwinkel. Mozart springt auf.

»Da Ponte!«

Lorenzo Da Ponte tritt ein, sieht sich um: »Hier also verbergen Sie sich und schaffen Ihr jüngstes Meisterwerk. Eine Zauberoper, erzählt man sich?«

Die Ironie ist nicht zu überhören.

Mozart will darauf nicht eingehen: »Ein Märchen, ja. Mit einem recht hübschen Büchl. So eines wie von Ihnen, Da Ponte«, er verneigt sich leicht in Richtung des unverhofften Besuchs, »ist es natürlich nicht.«

Wohl acht Jahre ist es her, dass sich die beiden zum ersten Mal getroffen hatten, im Salon des Baron Wetzlar, meint sich Mozart zu erinnern, und zunächst, auch das weiß er noch, war ihm der andere herzlich zuwider gewesen. Schon weil er Schützling des gehassten, beneideten Salieri war.

Aber es waren zugleich Zeiten gewesen, in denen Mozart verzweifelt nach einem Opernstoff gesucht hatte, mit dem sich der Erfolg der »Entführung« hätte fortsetzen lassen.

An die hundert Bücher hatte er geprüft, zweimal Anläufe zu neuen Werken genommen. Doch war »L'Oca del Cairo« ebenso Fragment geblieben wie später »Lo sposo deluso«.

Schon war er so gut wie entschlossen, sich Carlo Goldonis »Diener zweier Herren« vorzunehmen, als er Da Ponte gegenübergestanden und ihm – fast zur eigenen Überraschung – vorgeschlagen hatte, möglicherweise aus dem im Jahr zuvor in Paris herausgekommenen Erfolgsstück des Franzosen Pierre de Beaumarchais, »Die Hochzeit des Figaro oder Der tolle Tag«, ein Opernbuch zu machen.

Das geschah. Ein weiteres folgte, das zum »Don Giovanni«, und noch eines, »Cosi fan tutte«. Und jetzt sitzt Da Ponte da und blättert mit laschem Interesse im Buch zur »Zauberflöte«: »Nein, lieber Freund, so was wie das hier könnte ich wohl wirklich nicht schreiben. Eine Geschichte voller Zauberer und Geister und Gespenster...«

»In der ganzen Oper kommt kein Gespenst...«, will Mozart einwenden.

Aber Da Ponte hat schon weitergeblättert. Sein Lächeln wirkt jetzt mehr melancholisch als frech: »Wissen Sie noch, wie stolz wir waren, dass bei uns keine Götter und Heroen auf der Bühne stehen, sondern ein brünstiger Graf, sein eifersüchtiger Kammerdiener, Menschen wie Sie und ich? Nun aber wimmelt es auch bei Ihnen von Priestern und Feen und Geharnischten und...«

Er hält inne, sieht etwas näher hin, liest laut, mit übertrieben pathetischer Betonung: »Er ist Prinz. Noch mehr – er ist Mensch.«

»Und? Was gefällt Ihnen daran nicht?« Mozart ist über die merkliche Geringschätzung leicht verärgert.

»Gar nichts. Es ist sehr nett«, Da Ponte hat das Buch schon wieder zugeklappt, »aber warum ich überhaupt gekommen bin: Ich muss von Ihnen Abschied nehmen.«

»Abschied? Sie verlassen Wien? Warum?«

Da Ponte hebt die Schultern: »Die kaiserlichen Herrschaften, erst der Leopold und nun auch sein Sohn Franz, sind nicht gar zu gut auf mich zu sprechen, das wissen Sie doch. Oder hat Sie der Klatsch noch nicht erreicht, dass ich als Abbé etwas mit einer verheirateten Frau habe?«

Mozart weiß das – wie das gesamte übrige Wien – nur allzu gut.

»Süße Adriana«, seufzt Da Ponte, »ihre Triller im Bett sind entschieden reizvoller als die auf der Bühne. Aber unsere hohen Herrschaften haben was dagegen. Die sind nicht wie unser alter zweiter Joseph.«

Er unterbricht sich, lacht: »Erinnern Sie sich, wie ich Ihnen prophezeite, als Sie mal wieder fürchterlich über ihn schimpften, wir würden uns nach Joseph II. noch mal zurücksehnen?« Dann wieder ernst: »Die neuen Herren, die haben grundsätzlich was gegen Oper, das werden Sie noch merken, Mozart. Den Rosenberg haben sie schon entlassen, die nicht nur mir teure Primadonna auch, und ich selbst, nun ja, wäre wohl so oder so an der Reihe gewesen ...«

Er lacht auf: »Salieri hat es wieder einmal schlau gemacht. Der hat von sich aus als Operndirektor gekündigt und gleichzeitig dafür gesorgt, dass einer seiner treusten Schüler seine Stelle einnimmt. ›Ich bin kein Direktor. Ich mache welche‹, hat er gestern erst zu mir gesagt ...«

Mozarts Gesicht hat sich verfinstert. Da Ponte hebt wie beschwichtigend die Hand: »Ich weiß, dass Sie den Antonio nicht leiden können, warum nur? Glauben Sie mir, Sie haben keinen größeren Bewunderer als ihn ...«

»So schlecht bin ich nun wieder nicht«, schnaubt Mozart. Da Ponte schmunzelt, fährt fort: »Ich also bin nicht nur entlassen. Ich darf gleich ganz aus dem Land verschwinden, mit etwas Reisegeld, das mir gnädigerweise zugebilligt wird. Es dürfte wohl bis London reichen.«

»Nach London wollen Sie?«

»Eine interessante Stadt. Groß und laut und vermutlich sehr hässlich. Sie kennen doch London. Oder?«

Er hat gesehen, wie Mozarts Augen weit und träumerisch geworden sind, und setzt mit nahezu lockendem Unterton fort: »Wir beide dort, der Dichter und der Komponist – wir würden den Engländern Opern vorgeigen, dass die Themse über die Ufer tritt. Nun, Mozart? Wollen Sie nicht mit?«

»Unmöglich.«

»Warum? Was hält Sie in Wien?«

»Viel. Ich habe Familie, Sie nicht«, seufzt Mozart, »und ich bin zu alt für so was.«

»Sieben Jahre jünger als ich, mein Lieber!«, lacht Da Ponte, »und entschieden zu jung, um hier in diesem Wien zu vertrocknen, wo jeder dem anderen über die Schulter schielt und sich alle gegenseitig in den Essnapf spucken. London dagegen ...«

Seine Stimme nimmt jetzt einen schwärmerischen Ton an: »Eine Stadt, wo jeder sein kann, was er will – sogar Jude ...«

Mozart sieht ihn überrascht an, so bitter hat das plötzlich geklungen. Natürlich weiß er, dass Da Ponte Jude und in einem norditalienischen Getto aufgewachsen ist, aber längst getauft und sogar zum Priester geweiht. Und nie, wirklich nie, nicht in ihrer Verbindung und auch nicht für ihn selbst, schien für Da Ponte sein Judentum irgendwie ein Problem zu sein.

Warum also jetzt?

Da Ponte scheint die unausgesprochene Frage zu erraten: »Ich weiß, im Augenblick haben uns alle ziemlich lieb. Der nette Herr in Deutschland – wie heißt er doch gleich? Lessing, glaube ich – hat ja auch sein hübsches Stück vom weisen Nathan geschrieben, das meine einstigen Glaubensgenossen wie sonst nur die Thora verehren. Aber irgendwann – verlassen Sie sich darauf, lieber Mozart – sind wir wieder die Sündenböcke für alles andere, vergiften Brunnen, schlachten Kinder, saufen Christenblut ...«

»Da Ponte!«

»Abwarten, Holdester! Sündenböcke werden immer gebraucht, und wir Juden, ob getauft oder ungetauft, eignen uns besonders gut dafür. Nein, da gehe ich lieber gleich nach London, wo sich so viele Völker mischen, dass unsereins nicht auffällt. Oder besser noch nach Amerika ...«

Er steht auf: »Wissen Sie, was in der dortigen Verfassung steht, wörtlich? Jeder Mensch, wirklich jeder, Sie, ich, alle, haben den gesetzlichen Anspruch, glücklich zu sein. Glück, jawohl, als oberstes Gebot!«

»Und was ist das? Glück?« Mozarts Stimme ist sehr leise geworden.

Für lange Augenblicke ist es im Raum sehr still. Drüben vom Theater her hört man Lärm und Geschrei, dort wird wohl gerade mit üblicher Turbulenz eine Probe abgehalten. Die beiden Männer hier sehen sich nur schweigend an.

Endlich wendet sich Da Ponte zur Tür: »Vielleicht, Verehrtester«, er versucht ein Lachen, das ihm aber nicht gelingt, »vielleicht das Glück, mit einem Mozart Opern schaffen zu dürfen. Es war eine gute Zeit mit Ihnen. Überlegen Sie sich das mit London noch mal!« Und noch, schon halb in der Tür: »Schade, dass Sie keine Frau sind ...«

Mozart blickt leicht irritiert, aber der andere hat schon rasch hinzugefügt: »Nicht, dass ich Appetit auf Ihre hübschen Arschbacken hätte, nein. Aber mit einem Gott wie Ihnen Kinder haben! Es müssten wenigstens Halbgötter werden.« Schon ist er durch die Tür entschwunden.

Mozart wendet sich wieder seiner Arbeit zu. Da Pontes merkliche Verachtung seiner »Zauberflöte« kränkt ihn mehr, als er sich eingestehen will, zumal er selber sehr genau weiß, dass Schikaneders über zahllose Platitüden dahinholpernde Dichtung weiß Gott kein Meisterwerk wie die Bücher zum »Figaro« oder »Giovanni« ist.

Aber die Überarbeitung, die ihm in der vorangegangenen Woche der dichtende Theaterdirektor – oder ist es am Ende doch das Werk dieses Dichterlings Gieseke? – hatte schicken lassen, will ihm alles in allem recht gelungen scheinen.

Es bleibt der Bruch zur Mitte hin, wenn Prinz Tamino zum Palast des Zauberers stürmt und ihn der Sprecher der dortigen Priestergemeinschaft mit der Frage aufhält, ob denn Sarastro wirklich so böse sei, wie bis dahin die Königin der Nacht – und nur sie! – behauptet hat. Über diese dramaturgische Stolperstufe würde er eben die schönsten, ergreifendsten Klänge des ganzen Werks legen.

Aber alles andere ...

Schikaneder scheint noch einmal kräftig im »Sethos«-Roman des Abbé Jean Terrasson gelesen zu haben. Mozart erkennt etliche Passagen fast wörtlich wieder. Aber der Kunstgriff, am Ende Sarastro nicht untergehen zu lassen, sondern ihn gleichsam zum Primus dieser priesterlichen Bruderschaft zu erheben, ja, zu dem, der am Ende Tamino nebst dessen Braut nach bestandener Feuer- und Wasserprobe Zutritt zum Kreis der Eingeweihten gewährt, wirkt überzeugend. Und dass diese Priester so was wie Freimaurer sein konnten, gibt allem einen kräftigen Schuss Zeitbezogenheit, der die wirklichkeitsferne Märchenhaftigkeit des Übrigen frisch und spannend macht.

Mozart sieht die Priester aufmarschieren, hört ihren Chor: »O Isis und Osiris ...«

Das Gesicht des Vaters steht ihm plötzlich vor Augen. Nicht die düster verzogene Miene bei den ersten Begegnungen nach der Hochzeit mit Konstanze. Das andere sieht er jetzt wieder vor sich, heiterer, gelöster, versöhnt. Das war bei ihrer letzten Begegnung damals im Wiener Frühling von 1785, bevor zwei Jahre später Leopold Mozart starb.

Damals bei seinem Besuch in Wien hatte sich der Vater mit allem Unvermeidlichen wohl endlich abgefunden, ohne die verbissene Feindseligkeit gegenüber Sohn und Schwiegertochter wie in den Jahren zuvor.

Er schien das großstädtische Treiben zu genießen, sich an den Enkeln zu freuen, und Mozart meinte kaum seinen Ohren zu trauen, als endlich der Vater den Wunsch geäußert hatte, der gleichen Freimaurerloge beizutreten wie der Sohn, obwohl er noch in Salzburg dieser zu Jahrhundertbeginn von England her hinübergewehten ethischen Erneuerungsbewegung zwar wohlwollend, aber insgesamt mehr skeptisch gegenübergestanden hatte.

Der Vater ein Freimaurer wie er selbst! Beide nun Logenbrüder und sich einig im Freimaurerglauben, dass nur in der Rückbesinnung auf die mittelalterlichen Ideale der Dombauhütten das Abendland seine moralische Wiedergeburt erleben würde. Beim Abschied hatten sie sich so innig umarmt wie lange nicht. Es war das letzte Mal, dass Mozart den Vater gesehen hatte.

Jetzt, sechs Jahre später, blättert er im »Zauberflöte«-Buch, steckt an der gleichen Stelle: »Er ist Prinz. Noch mehr – er ist Mensch.«

Mozart lehnt sich zurück und schließt die Augen.

Ein Mensch mehr als ein Prinz. Mozart muss lachen. Das schmeckt nach Revolution. Jawohl, das klingt wenigstens so kühn, als ob einer sagen würde, ein Graf sei auch nicht mehr als jeder andere brave Mann und hätte zunächst mal keine größere Mühe gehabt, als sich mit einem Titel vor dem Namen gebären zu lassen. Heißt es nicht so oder ähnlich im Beaumarchais'schen Stück um »Figaros Hochzeit«?

Mozart schlägt am Klavier ein Motiv an. Nichts aus der »Zauberflöte«. Etwas aus dem »Figaro«. »Will der Herr Graf den Tanz mit mir wagen ...« Das ist seine Lieblingsstelle. Sie summt er, sooft ihm ein adliger Hohlkopf in die Quere kommt. Immer muss er dabei an den Grafen Arco denken.

Auch der hat keine größere Mühe gehabt, als sich als Graf Arco gebären zu lassen. Mozart kichert und spielt das »Figaro«-Motiv gleich noch einmal.

Ein Jammer immer noch, findet er, dass damals im Jahr 1786, als er und Da Ponte »Figaros Hochzeit« schufen, dieser Satz vom Geborenwerden nur bei Beaumarchais und nicht auch in ihrem eigenen Werk vorkommen durfte.

Niemand hat mich lieb

»Adel, Reichtum, hoher Rang, Würden machen ihre Besitzer verdammt stolz. Was haben sie denn dafür getan? Sie haben sich die Mühe gemacht, auf die Welt zu kommen, weiter nichts!«

Recht genau waren das die Worte, an die sich sieben Jahre später Mozart erinnerte, und ein erstes Mal waren sie am 27. April 1784 auf den Brettern der Pariser Comedie française gefallen. Jubelnde Zustimmung, wahre Beifallsstürme waren gefolgt, und lauter Herrschaften von Adel und Reichtum waren es gewesen, die der rabiaten Kriegserklärung an ihren Stand so rückhaltlos zugeklatscht hatten. Eine Klasse bejubelte ihren eigenen Untergang.

»Le mariage de figaro ou la folle journée«, Komödie von Pierre Augustin Caron, dem nach seinem erheirateten Landgut »de Beaumarchais« genannten Erfinder, Uhrmacher und Dichter, war der größte Theatererfolg im 18. Jahrhundert, und sein Autor zog beglückt mit vierzigtausend Goldlivres Tantieme davon.

Der Erfolg ging um die Welt, und später sollte es Leute geben, Kaiser Napoleon war einer von ihnen, die den Beginn der Großen Revolution nicht erst auf die Erstürmung der Bastille am 14. Juli 1789, sondern schon fünf Jahre früher auf den Uraufführungstag von »Figaros Hochzeit« datierten. Bei den Mozarts in Wien hatte sich jedoch Besuch eingestellt.

Ein guter Bekannter aus Salzburger Tagen saß dem Musiker gegenüber und blickte so dramatisch, als müsse er einen ganzen Theatersaal bis hinauf zum höchsten Rang erschüttern. »Und ich hatte gemeint, alle Türen im Burgtheater würden nur so auffliegen, wenn ich ihnen das hier bringe«, seufzte mit umflorter Stimme Emanuel Schikaneder und schwenkte ein Manuskript wie eine Schlachtenfahne.

Seit einigen Monaten war er nun schon Direktor am Kärntnertortheater, der zweiten Bühne der Hauptstadt. Aber sein Ehrgeiz zielte aufs erste Haus, das Hoftheater, auch »Burgtheater« genannt. Vergeblich: »Zu frech und aufsässig sei das, obwohl ich doch schon die ärgsten Stellen, sagen wir, erträglich gemacht habe«, stöhnte er jetzt, »aber nein, unser Kaiser will seinen königlichen Schwager drüben in Frankreich nicht brüskieren.« Der nämlich, anders als seine Frau Marie-Antoinette, konnte dieses Stück nicht leiden.

Mozart hatte zum Buch gegriffen, darin geblättert, gelesen, plötzlich laut aufgelacht: »Das bin ja ich!«

»Wer?«

»Dieser Bursche hier, der Figaro. Wie der sich nichts gefallen lässt, seinem Grafen Paroli bietet, auf Teufel komm raus!« Noch immer brannte in seiner Phantasie Graf Arcos Fußtritt auf seinem Gesäß.

Das Gespräch war bald vergessen. Beide hatten andere Sorgen. Dem Schikaneder lief die Frau davon. Mozart wiederum musste sehen, wie er mit der eigenen Frau zurechtkam.

Am 4. August 1782 waren er und Konstanze vor den Altar im Stephansdom getreten, ohne Erlaubnis des grollend ferngebliebenen Vaters, und es war dennoch ein schönes Fest geworden. Das Mahl danach hatte die Baronin Waldstätten ausgerichtet, eine Frau von schlechtem Ruf und großem Herzen, und gleich nach dem Dessert – Mozart schmeckte noch dem köstlichen Aroma frischer Limonen auf Halbgefrorenem hinterher – hatte sie den Bräutigam beiseite genommen.

»Sie können alle Welt mit Ihrer Musik verzaubern, das weiß ich. Aber haben Sie auch das Zeug, die Kleine dort, Ihre Frau, glücklich zu machen?«

Mozart wurde rot und blickte wie ertappt auf seinen Hosenbund. Die Baronin lachte.

»Dort ganz sicher. Ich meine mehr das andere, das tiefere Glück, die Geborgenheit, nach der sich jede Frau sehnt.« Sie seufzte: »Sie sind ein Genie, mein Lieber. Aber Genies sind nicht immer das, was eine Frau am meisten braucht.« Sie warf ihm noch einen misstrauischen Blick zu: »Das mit Ihren Schülerinnen, was man sich so erzählt – das ist ja wohl hoffentlich vorbei. Oder?«

Mozart wurde gleich noch einmal rot. Er ahnte, worauf die Baronin anspielte. Auf seinen leichtfertigen Ausspruch, der bald schon ganz Wien durchlief, er könne nur eine unterrichten, in die er verliebt sei. Manche, wie die unselige Josepha Auernhammer, von großem Talent, aber auch großer Hässlichkeit, hatte das nur allzu wörtlich nehmen wollen.

Mozart hatte den flotten Spruch ebenso wenig ernst gemeint wie seine gelegentliche Prahlerei, er hätte schon mit wenigstens zweihundert Frauenzimmern seinen »Spaß« gehabt, und vom drallen Bettvergnügen mit dem Bäsle abgesehen war er trotz seiner schon sechsundzwanzig Jahre bei Frauen herzlich unerfahren.

Zwar pochte und spannte es in seinem Unterleib gewaltig, sobald er runde Brüste, ranke Schenkel sah. Aber gleich auch stand ihm dann das zerstörte Gesicht seines von einer Geschlechtskrankheit befallenen Freundes, des böhmischen Komponisten Josef Mysliveček, vor Augen.

Den hatte er vor seinem Start nach Paris in einem Münchner Hospital besucht, und Mysliveček war nicht mehr der »divino Boemo« seiner Glanzzeit, sondern nur noch das Körperwrack gewesen, das ihn aus einer wahren Teufelsfratze mit abgeschnittener Nase angestarrt hatte. Noch in der Erinnerung daran meinte Mozart alle Höllentöpfe brodeln zu hören, während der Vater nur geseufzt hatte: »Ja, mein Sohn, das ist denn wohl aller Laster Vergeltung!«

Jetzt aber war er verheiratet und dieser Ängste fürs erste ledig. Denn was er jetzt mit seiner Frau trieb, bald jede Nacht und öfter auch am Tag, war kein Laster, sondern wonnig genossene eheliche Pflicht, zumal daran das »Stanzerl«, wie er Konstanze nannte, ebenso viel Gefallen fand wie er selbst.

»Gut nur, dass sie keine Primadonna ist wie die andere«, dachte er zuweilen, wenn er sich wieder einmal von ihrem weichen Leib rollte oder sie, auch dagegen hatte Stanzerl nichts, kräftig von hinten genommen hatte, »die würde nach jedem bisschen Leidenschaft minutenlang Applaus verlangen.« Neben ihm räkelte sich Konstanze wohlig.

Sie wurde bald schwanger. Am 17. Juni 1783 kam ihr erstes Kind zur Welt, ein Junge, Raimund Leopold, dick und lieb, und jubelnd schrieb der junge Vater an den eigenen Papa: »Du bist jetzt Großvater!«

Großvater Leopold reagierte kaum. Hatte zwar – was blieb ihm übrig? – nachträglich dem Bund mit der feindselig betrachteten Weber'schen seinen Segen gegeben, verharrte aber weiterhin in verbitterter Ablehnung. Es wurde höchste Zeit für die Antrittsvisite in Salzburg.

Der Wagen rumpelte der Heimat entgegen. Mozart starrte ins Salzburger Land hinaus. Wie würde er empfangen werden? Von Häschern, die ihn in die modrig stinkenden Kasematten der Salzburger Festung verschleppen würden? Schließlich war sein Abschied nie bestätigt worden. Offiziell stand er immer noch im bischöflichen Dienst und hätte als Deserteur verhaftet werden können.

Doch zeigte sich die Heimat dem Rückkehrer gegenüber herzlich gleichgültig.

Mozart durchwanderte in diesen Tagen die Salzburger Straßen wie ein Fremder und konnte sich kaum mehr vorstellen, hier aufgewachsen zu sein. Vertrauter wurde es nur daheim, wo sich der Vater halbwegs gnädig gab und Schwester Nannerl so aufgedreht vergnügt, als seien beider Kindertage zurückgekehrt. Diese Maske aufgesetzter Fröhlichkeit fiel aber rasch, als sich die Geschwister zum traulichen Gespräch zusammengesetzt hatten.

Nannerl sah plötzlich sehr schmal und alt aus, der Bruder entdeckte zwei scharfe Falten die Nasenflügel hinunter bis in die wie schmerzlich verzogenen Mundwinkel und wollte in einem Anflug spontaner Zärtlichkeit darüber hinwischen. Aber Nannerl wich vor seiner Hand zurück.

»Weißt du eigentlich, was du uns angetan hast, Wolfgang?« Kein »Wolfgangerl« mehr, sondern streng »Wolfgang«. »Nicht nur dem Vater. Auch mir.«

»Dir? Was denn?«

Nannerl lehnte sich zurück, kreuzte die Arme. Ihre Stimme wurde laut und scharf: »Tag um Tag darf ich seinen Kummer um dich erleben, ihn unentwegt nur von dir reden hören. Fast ist es, als lebte er gar nicht, wenn du nicht wenigstens in seinen Worten bei ihm sein kannst. Ich aber? Was mache ich hier?«

Sie brach ab, schien zu grübeln. »Ich versorge das Haus, gebe Klavierunterricht. Und ich leiste ihm Gesellschaft, immerzu. Aber er sieht mich gar nicht. Ich scheine für ihn kaum da zu sein, es sei denn, er sucht seine Pantoffeln.«

Sie brach ab. Beide schauten eine Weile schweigend vor sich hin. Draußen rumpelte ein Karren über den Hannibalplatz, und Gassenjungen schienen johlend einen Buckligen zu necken: »Buckelmann! Buckelmann!«

»Auch ich bin ein solcher Buckelmann«, musste Mozart denken. Wohl sein Leben lang würde er die Schuld an Vater und Schwester mit sich herumschleppen müssen. »Du solltest weggehen, endlich heiraten«, meinte er schließlich, und seine Stimme klang rostig.

»Wer will mich denn noch, eine alte Frau über dreißig?«

»Warum hast du nicht diesen ... diesen ...«

»Den Franz? Den Yppold? Den Pagenerzieher am bischöflichen Hof?«

»War der nicht ein ganz hübscher Bursche und sehr verliebt in dich auch?«

Wieder nur ein Schulterzucken: »Der Papa war dagegen!«

Der Papa! Immer der Papa! Mozart fühlte plötzlich Zorn. Hatte der Alte nur Kinder gezeugt, um sie zu einem Teil seiner selbst zu machen, unlöslich wie Arm und Bein? Nun gut, dann würde man zur Amputation schreiten müssen: »Ich hatte dir geschrieben: Zieh mit ihm zu uns nach Wien!«

»Und der Vater wäre allein zurückgeblieben in diesem Riesenhaus, nur mit seinem Gram um dich als einzigem Gefährten? Nein, Wolfgangerl«, nun wieder die vertraute Anrede, »ich bin nicht wie du. Leider.« Und sehr leise: »Ich bin nur eine Frau.«

Draußen klappte eine Tür. Sie hörten Konstanzes helle Stimme

»Wolferl!« rufen. Nannerl verzog das Gesicht: »So nennt sie dich? Nicht ›Wolfgangerl‹?« Sie stand auf: »Na ja, den gibt es wohl schon lange nicht mehr.«

Sie stand jetzt am Fenster, sah auf den Platz hinaus, auf den der allzu vertraute Schnürlregen niederging: »Ich werde wohl wirklich heiraten. Einen guten Mann. Etwas alt, 47, schon zweimal Witwer, hat fünf Kinder. Er braucht eine Frau.«

Der Bruder versuchte das spielerisch helle, neckende Bubenlachen ihrer Kinderjahre: »Dann werde ich dir wohl noch sagen müssen, wie der Adam seiner Eva den Kain und den Abel machte.«

»Das, liebes Wolfgangerl, weiß ich schon selbst.« Und er ertappte sich bei dem Gedanken, ob sie sich denn je mit ihrem Yppold so munter im Bett getummelt hatte wie er mit Bäsle und Stanzerl. Aber auch das, sicher, hätte der Vater wohl verhindert.

»Wer ist es denn?«

»Johann Baptist von Berchtold zu Sonnenburg.« Sie ließ den schwierigen Namen kunstvoll ausschwingen. »Oberster am Pflegegericht zu St. Gilgen, Mutters Geburtsort. Ich werde nicht zu weit vom Vater sein. Und außerdem«, nun kam Stolz auf, »bin ich dann von Adel. Ohne goldenen Sporn vom Papst.« Mozart grinste zum kleinen Seitenhieb. Das war schon eher seine Schwester.

Beim Abschied hatte sie ihm ein paar Notenblätter in die Hand gedrückt: »Sieh dir das mal an, ob dir das gefällt!«

»Du komponierst, Nannerl?«

»Darf ich nicht?«

In Wien fing wieder der Alltag an, von der Trauer um den gleich wieder gestorbenen Sohn durchzogen, und Mozart hatte am kleinen Kindergrab gestanden, sich die Tränen fortgewischt: »Liebes dickes Buberl! Wenigstens wirst du mir keinen Kummer machen wie ich meinem Vater!«

Wenn er in dieser Zeit an Salzburg dachte, sah er die ganze Welt dort wie in einen dicken grauen Nebel eingepackt, aus dem ihn kalt und böse die Augen des Vaters anstarrten, und wie in Kindertagen hätte er ihn gern gefragt: »Hast du mich auch lieb?« Der Vater blieb stumm. Und Mozart stellte die Frage anderen, wieder und wieder.

Mancher antwortete mit Ja.

Der Musikerkollege Joseph Haydn zum Beispiel, noch im Dienst des Fürsten Esterházy, um einiges älter als Mozart, der ihn schwungvoll zum »Papa« ernannte. Dem »richtigen« Papa sagte aber bei dessen letztem Besuch in Wien der schon berühmte Haydn: »Es dürfte keinen größeren Komponisten geben als Ihren Sohn!«, und der Sohn war für die Herzlichkeit der Worte fast noch dankbarer als für das fachliche Kompliment. Hier also hatte ihn wirklich einer lieb!

Und nicht nur Haydn. Selbst der noch viel berühmtere Christoph Willibald Gluck, mit seinen siebzig Jahren ein Denkmal unerschütterlichen Weltruhms, bat den jungen Kollegen nach einer auf seinen Wunsch hin angesetzten »Entführung« zum Essen und hatte ihm freundlich zugetrunken: »Ich sehe, junger Freund, Sie haben wie wenige meine Forderung nach Opern ohne Pomp und Schnörkel begriffen, als Einziger vielleicht …«

»Ich? Nur ich? Nicht der Herr Salieri?«

Sehr boshaft kam das, und die neben ihm sitzende Konstanze trat ihm unter dem Tisch heftig auf den Fuß. Auch Mozart selbst hätte sich auf die Zunge beißen mögen. Aber wieder einmal hatte ihn die Eifersucht auf diesen berühmteren Rivalen überrannt, der dazu noch, jeder wusste es, Glucks erklärter Protegé und Liebling war.

Was habe ich nur gegen Salieri?, fragte sich Mozart manchmal selbst. Der Italiener war höflich, bescheiden, immer freundlich und hatte sehr gute Manieren. Für Mozarts »Entführung« hatte der meist in zurückhaltendes Schwarz gekleidete Mann aus dem mailändischen Legnano nur gute Worte gefunden.

»Ganz entzückend«, hatte er gesagt, »nur schade, unendlich schade, dass man dieses Meisterwerk jetzt nur im Kärntnertortheater hören kann, wo es doch einzig ans Burgtheater gehört. Aber deutsche Singspiele«, Salieri verdrehte den Blick wie klagend nach oben, »das war wieder so eine der Reformideen unseres Kaisers, die nicht recht taugen wollte. Das möchten die Leute nicht hören, wenn es nicht gerade vom Herrn Mozart stammt.«

Salieri hatte leider Recht. Die Vorstellung von einer deutschen Oper in Abgrenzung zur italienischen war kräftig fehlgeschlagen. Selbst die »Entführung« als einzig wirklich gelungenes Werk dieser Art wurde auf die Zweitbühne am Kärntnertor verbannt.

»Wir bekommen die italienische Oper wieder, der Kaiser hat sie uns versprochen«, Salieris Triumph war nicht zu überhören, »ich stelle bereits das Ensemble zusammen, erste Kräfte, ganz ausgezeichnete Leute. Wie steht es, Herr Mozart?« Er sah ihm voll und fordernd ins Gesicht: »Wollen nicht auch Sie sich wieder einmal an einer italienischen Oper versuchen?«

Solchen überrumpelnden Umarmungen stand Mozart stets sehr hilflos gegenüber. Alles Misstrauen schwand dann, nichts als heiße Sympathie für den anderen durchschoss ihn, schon war er bereit, in ihm den besten Freund zu sehen.

Aber gleich auch hörte er die innere Stimme, die mal wieder die Stimme seines Vaters war: »Trau niemals einem Welschen!« Denn Leopold Mozart hasste alle Welschen fast mehr noch, als er sie bewunderte, und brav wie stets hatte der Sohn diesen Hass übernommen, dachte auch jetzt: »Was will der von dir? Am Ende dich spüren lassen, dass du italienische Opern nicht schreiben kannst?«

Der Vorschlag reizte ihn aber gewaltig.

Dies war dann die Stimmung, in der er bei einer Abendgesellschaft des Barons Raimund von Wetzlar, dem Paten seines Sohnes und Vermieter seiner Wohnung, einem pfiffig dreinblickenden, mit auffallender Eleganz gekleideten Mann begegnete, der ihm mit »Herr Lorenzo Da Ponte, unser Dichter aus Venedig« vorgestellt wurde.

Der hatte gerade dem Gastgeber von dem Opernbuch für das nächste Werk des Herrn Salieri erzählt, und Mozart rief so laut, dass sich ihm die beiden Herren fast erschrocken zuwandten: »Warum für den Salieri? Warum nicht für mich?«

Da Ponte hatte gelächelt: »Hätten Sie denn ein Thema für mich?«

»Den ›Figaro‹!«

Mozart wusste später selber nicht, warum ihm das so plötzlich über die Lippen geschossen war, und schickte wie zur Entschuldigung sein schrilles Lachen hinterher: »Ich weiß recht wohl, die Geschichte ist nicht gerade unseres Kaisers Liebling. Deshalb wird das wohl kaum möglich sein.«

»Abwarten, lieber Freund!« Da Ponte blieb ganz ernst, »lassen Sie mich erst mal mein Buch für Herrn Salieri fertig schreiben! Danach mache ich mich an die Arbeit. Und Sie können getrost schon mit dem Komponieren beginnen.«

»Und wenn es der Kaiser partout nicht wünscht«, lachte Wetzlar, der sehr stolz darauf war, dass ein Werk von Mozart und Da Ponte gleichsam in seinem Haus gezeugt worden war, »dann werde ich dafür sorgen, dass man es in Paris und London spielt. Wozu habe ich all meine Verbindungen?«

»Ja, mein Freund«, Da Ponte fasste den Baron vertraulich am Unterarm, »in solchen Fällen ist es eben doch nicht übel, unsereins zu sein.« Der Baron war, wie er selbst, getaufter Jude.

Lorenzo Da Ponte, der eigentlich Emmanuele Conegliano hieß und mit vierzehn wie seine ganze Familie getauft worden war, weil der verwitwete Vater in zweiter Ehe eine Christin heiraten wollte, mochte eine in vielem schillernde Gestalt sein. Aber er war kein Prahlhans. Und wenn er sich etwas erst in den Kopf gesetzt hatte wie jetzt den »Figaro«, wusste er das mit List, Verstand und jenem Charme durchzusetzen, dem sich selbst Kaiser Joseph nicht entziehen konnte.

Bald schon sah man die Herren durch die kaiserlichen Gärten spazieren. Da Ponte charmierte, brillierte, gab alle nur möglichen amüsanten Erinnerungen an Venedig und seinen guten Freund dort, den Frauenbeglücker Casanova, oder auch an die eigene Flucht aus der Lagunenstadt nach einigen allzu frechen Sonetten zum besten, und die Majestät, sonst eher verbissen, hörte man seit langem wieder herzlich lachen. Ganz nebenbei brachte Da Ponte die Rede auf den »Figaro«.

»Muss es denn gerade dieses Stück sein? Mein Schwager Louis in Versailles meint, dort würde alles verspottet, was uns an unserer

Welt heilig sei, und bevor man es aufführe, könne man gleich die Bastille stürmen lassen.«

»Die Komödie, ja. Aber doch nicht die Oper!« Kaum einer konnte, wenn nötig, so unschuldig dreinblicken wie Da Ponte, »Musik hat ihre eigene Sprache, macht schön, was in Worten hässlich klingt. Im übrigen«, seine Stimme wurde zum vertraulichen Flüstern, »ist mein Buch doch etwas sehr anderes als das Werk des Herrn de Beaumarchais. Ein Preislied auf die eheliche Treue, jawohl! Nicht einmal Ihre gestrenge Frau Mutter, die hochselige Kaiserin, hätte daran etwas auszusetzen, im Gegenteil, sie würde die Aufführung nahezu verlangen!«

Joseph war ähnlich stark von seiner Mutter geprägt wie Mozart von seinem Vater und spürte beim letzten Argument seinen Widerstand schwinden. »Aber muss es denn der Mozart sein?«, warf er gerade noch ein, »warum nicht Maestro Salieri?«

»Der Salieri, ach …«, winkte Da Ponte ab. Gerade war beider Oper »Reich für einen Tag« kräftig durchgefallen, und jeder gab daran dem anderen die Schuld.

»Hören Sie sich einfach etwas aus dem Werk an! Der Mozart ist schon an der Arbeit. Der ›Figaro‹ – das ist einfach sein Stoff, glauben Sie mir …«

Der Kaiser glaubte. Ließ sich von Mozart einiges vorspielen. Und danach stand der Aufführung von »Le nozze di Figaro« am Burgtheater kaum noch etwas im Wege. Allenfalls das erwachte Misstrauen der italienischen Musiker am Hof.

Salieri hielt sich zurück. Die anderen aber tuschelten umso heftiger: Da brach einer in ihr Revier ein! Ein Wilderer! Den würde man schleunigst verscheuchen müssen. Und noch während der Probenarbeit im Frühjahr 1786 stellte sich Da Ponte beim Komponisten ein.

»Sie haben doch diesen Bauerntanz im dritten Bild, ganz göttlich, Lieber, in seiner rhythmischen Steigerung. Man sieht die Burschen förmlich mit erregtem Schwanz …«

»Weiter bitte, Da Ponte!«

»Weiter? Nichts weiter. Es wird diesen Tanz nicht geben. Nicht mit Ihrer Musik. Gerade noch die Beine dürfen die Tänzer heben, aber ohne jeden Ton aus dem Orchester.«

»Warum?«

»Weil irgendein Landsmann von mir herausgefunden hat, dass ein Gesetz Ballett auf kaiserlicher Bühne verbietet. Das haben jetzt unsere Freunde hervorgekramt und mir triumphierend unter die Nase gehalten.«

»Dann ziehe ich sofort mein Werk zurück!« Hochrot vor Zorn war Mozart aufgesprungen. Da Ponte schien das Ganze mehr von der heiteren Seite zu nehmen.

»Den Teufel werden Sie tun! Proben Sie nur in aller Ruhe weiter! Den Rest überlassen Sie mir!«

Wieder sah man Kaiser und Dichter im Park promenieren. Kein Wort vom verbotenen Ballett! Dafür schwärmte Da Ponte in immer höheren Tönen von Mozarts wahrlich himmlischer Musik, bis selbst der Kaiser neugierig wurde und mehr von diesen gepriesenen Noten (»Wahrscheinlich wieder viel zu viele!«) hören wollte. »Kommen Sie in die Probe, Majestät! Sie werden staunen!«

Majestät staunte wirklich.

Denn die Stelle kam, da eigentlich der Bauerntanz an der Reihe war, man aber lediglich in völliger Lautlosigkeit ein paar Burschen und Mädchen vor sich hin hüpfen sah. Das dumpfe Stampfen ihrer Füße auf den hölzernen Bühnenbrettern war das einzige Geräusch im Saal.

Stirnrunzelnd wandte sich der Kaiser um, wo Abbate Casti saß, seit dem Streit mit Da Ponte Salieris bevorzugter Textdichter: »Was soll denn das?« Casti geriet ins Stottern: »Ich weiß auch nicht. Man sollte vielleicht den Dichter fragen.«

Der Dichter stand bereit. Reichte dem Kaiser nur stumm die Partitur. Der musterte die Noten zum Bauerntanz, summte einige Takte: »Das ist ja entzückend!« Und, mit ärgerlichem Blick auf Casti, der nahezu im Parkett zu versinken drohte und die Hände gar nicht heftig genug reiben konnte: »Warum soll man das nicht hören?«

»Weil Ballett auf Ihrer Bühne verboten ist, Majestät. Das ist Gesetz.«

»Das war ein Gesetz. Ein ziemlich dummes sogar. Der Tanz bleibt selbstverständlich.«

»Selbstverständlich, Majestät!«

Die Premiere fand am 1. Mai 1786 statt und war kein Sensationserfolg, auch kein Skandal. Aber die Wiener liebten auf Anhieb viele Melodien. Sie liebten vor allem die Sänger und Sängerinnen, insbesondere die wunderbare Nancy Storace als Zofe Susanne, und bald darauf konnte Da Ponte dem Komponisten lachend berichten: »Gerade hat unser Kaiser in seiner Güte die ewigen Da Capi nach jeder Arie verboten. Mit Rücksicht aufs Sängervolk. Das soll nicht unentwegt das Gleiche singen müssen.«

Er stand auf und legte sich gut gelaunt den Mantel um: »Sind Sie heute Abend bei der Premiere dabei, Mozart? Unser spanischer Freund Vicente Martín führt sein Operettchen ›Cosa rara‹ vor. Kein Vergleich mit unserem ›Figaro‹, aber vielleicht ganz amüsant.«

Abends saßen die Herren im Theater. »Cosa rara«, nett, gefällig, plätscherte an ihnen vorbei. Und dann begannen sich plötzlich die vier Hauptgestalten, ganz in Rot und Schwarz, ein zauberhafter Anblick, im Kreise zu drehen.

»Was soll denn das?« flüsterte Mozart.

»Ein Ballett«, flüsterte Da Ponte zurück, »das darf jetzt wieder sein. Der ›Figaro‹, Sie sehen es, hat eben doch Revolution gemacht.«

Oben auf der Bühne hatte die Musik eingesetzt. Ein Walzer. Schwungvoll, fröhlich, mitreißend. Er fuhr in Arme und Beine, Herz und Bauch. Schon schwang der ganze Saal im seligen Rhythmus mit, Mozart wie alle anderen. Und die Musik ging hinaus in die Stadt, jeder drängte zur Kasse, um das Wunderstück »Cosa rara« zu sehen, das noch in dieser Spielzeit auf wenigstens hundert übervolle Vorstellungen kam, eine Traumzahl und so schnell noch nie erreicht.

»Figaros Hochzeit« wurde jedoch nach der neunten Vorstellung abgesetzt.

»Daran sind nur die Welschen schuld.« Das stand für Mozart fest. »Und ich habe einige für meine Freunde gehalten, den Salieri vor allem, immer freundlich, immer hilfsbereit. Aber so sind die eben. Tückisch durch und durch.«

Bedrückt saß Mozart seiner Konstanze gegenüber, die gerade den anderthalb Jahre zuvor geborenen zweiten Sohn Carl Thomas auf den Knien wiegte: »Der Salieri mag mich nicht. Ich hätte es wissen können. Alle mögen mich nicht.«

»Wolferl ...«

»Nein, Stanzerl. Niemand hat mich lieb. Nur du.« Womit er sich dem Kind zuneigte: »Und das Buberl vielleicht auch.«

Mitte Juli 1791

Auch an diesem Abend lärmen und saufen die Komödianten um Schikaneder am großen Tisch im Gartenpavillon, und wieder sitzt Mozart abseits am Klavier. Aber diesmal scheint ihn der Trubel nicht zu inspirieren.

Reglos hockt er da, die Arme ausgestreckt, die Hände auf dem Instrument gefaltet, als wolle er beten. Tatsächlich fühlt er nichts als Leere.

Seine »Zauberflöte« ist fast fertig. Zwar bleibt noch viel zu tun, auch die Ouvertüre fehlt noch. Doch der große Bogen ist geschlagen. Mozart empfindet jedoch keine Befriedigung.

Lustlos blättert er im Buch, hält bei der Stelle, da Papageno schwere Prüfungen angedroht werden, bevor er sein ersehntes Weibchen bekommt, und er in den Entsetzensschrei ausbricht: »Ich bleibe ledig!«

Bis dahin hatte bei dieser Passage Mozart ebenso herzlich lachen müssen wie über Monostatos' Aufschrei beim zweiten Erscheinen der Königin: »Wenn mich nicht alles täuscht, ist das die Königin der Nacht!« Jetzt aber ekeln ihn die Scherzchen fast.

Rasch klappt er das Büchl zu, lehnt sich zurück und verschränkt die Arme hinter dem Kopf. Durchs Fenster strahlt ein fetter gelber Mond und scheint ihn höhnisch anzugrinsen.

Wozu das alles? Was treibt er hier eigentlich? Schikaneders Albernheiten in Noten umsetzen, während die Zeit verrinnt und eigentlich für ganz anderes da sein müsste.

»Nun, Mozart? Kein Spaß an den Noten?«

Schikaneder steht neben ihm und bietet ihm eine frisch geöffnete Weinflasche an. Mozart schiebt seinen Arm wie belästigt beiseite und greift in die Tasten, als suche er dort Halt.

Die Arie der Pamina. »Ganz hübsch, nicht?« Mit der Zeit hat er seine kleine Abneigung gegen die ihn zunächst unsäglich langweilende stille Dulderin überwunden und einige seiner schönsten Farben in ihren Part gemischt. Jetzt geht sein Spiel in hämmernd harte Rhythmen über. Er lächelt dazu und spürt wieder Freude am eigenen Werk: »So werden am Schluss Monostatos und all die anderen Unholde der Königin der Nacht heranmarschieren.«

»Großartig!« Schikaneder hat selbst die Flasche an den Mund gesetzt und nickt jetzt voll eifrigster Zustimmung, während ihm der Wein hinunter aufs weiße Hemd träufelt und dort seine rote Spur zieht: »Das sehe ich schon vor mir, ganz genau. Alle mohrenschwarz, mit rot glühenden Rändern um die Augen, nein, mit grünen ...« Und so, fährt Mozart fort, »triumphieren am Ende Tag und Sonne.«

Er lässt das Instrument aufdröhnen, dass die anderen drüben am Tisch erschrocken zusammenfahren. Dazu singt er lauthals: »Heil sei euch Geweihten! Ihr dranget durch die Nacht ...«

Schikaneder hört zu, stutzt dann.

»Stört dich etwas?« Mozart spielt weiter.

Der andere sieht etwas verlegen drein. Mit kleinem Räuspern: »Gar nichts, nein. Wunderschön ...«

»Aber?«

»Aber ein wenig kommt mir das bekannt vor. Nicht sehr, aber etwas. Aus dem ›Messias‹ vom Händel, du weißt schon, die Hallelujas zum Schluss ...«

Mozart weiß. Schließlich hat er vor zwei Jahren den »Messias« selbst bearbeitet. Jetzt spielt er die Passage noch einmal, nickt mit kleinem Kichern wie ertappt.

Tatsächlich! Ins Klangbild der »Zauberflöte« ist denn wohl ein wenig Händel geraten. Er hebt die Achseln: »Vielleicht freut sich unser Meister droben im Himmel, seinen ›Messias‹ zu hören, wenn ihm die Engel aus unserer ›Zauberflöte‹ vorspielen. Und das tun sie, sicher ...«

Schikaneder nickt zerstreut. Er ist mit seinen Gedanken schon woanders: »Mein Lied ist auch schon fertig? Das vom Anfang, wenn ich mit meinen Vogelkäfigen auf die Bühne komme? Du«, er wird eifrig, beugt sich so weit Mozart zu, dass der vor seiner Weinfahne ein wenig zurückweicht, »beim ersten Ton müssen die Leute schon aufhorchen, und die sollten richtig mitsingen können und am Ende nichts als Da capo schreien, immerzu ...«

Mozart kramt in den Noten. Dieses Liedchen hat ihn nur wenige Minuten gekostet. Er reicht Schikaneder das Blatt.

Schikaneder liest, seine Augen weiten sich. Schon fängt er zu trällern, dann richtig zu singen an: »Der Vogelfänger ...« Er wendet sich den anderen zu: »Mal still, Lausebande!« Er singt weiter, voll und laut, und bald fallen die anderen ein, singen mit, der Tenor Benedikt Schak mit seiner hellen Silberstimme voran. Mozart freut sich. Jetzt ist er mit dem eigenen Werk doch nicht völlig unzufrieden.

Der Gesang endet in Jubel und Gelächter. Man trinkt auf den Meister und seinen begnadeten Interpreten.

»Ganz Wien singt das bald, ich wette!« Vor Glück fast keuchend wendet sich Schikaneder wieder Mozart zu: »Einfach genial! Und so simpel. Jedes Kind kann sich das merken.«

»Das hier wohl nicht.«

Mozart hat ihm ein anderes Blatt mit jener Szene gereicht, in der die nunmehr böse Königin der Nacht der Tochter das Messer zum Mord an dem jetzt guten Sarastro in die Hand drückt.

»Das ist ja Wahnsinn!«

»Wahnsinn, ja ...« Mozart schlägt knapp das Motiv der Rache-Arie an.

»Aber wer soll denn so was singen?«

»Jede Sängerin, die diesen Namen verdient.« Mozart hatte, als er das schrieb, an Aloysia gedacht. Diese Arie mit ihrem halsbrecherischen dreigestrichenen f wäre eine späte, aber perfekte Rache. Denn er wusste nur zu genau, dass der Kehlkopf der in die Jahre gekommenen Primadonna einem solchen Koloraturhagel nicht mehr gewachsen wäre. Bei diesem Gedanken kichert er koboldig in sich hinein.

Schikaneder kann sich noch immer nicht beruhigen: »Aber

diese Koloraturen, die klingen ja wie ... wie ...« Er stockt, wird fast rot.

Zwar ist er kein verschämter Mensch und sein Vokabular wenigstens so deftig wie das von Mozart. Aber jetzt dämpft er mit ängstlichem Blick zu den anderen hinüber seine Stimme zum kaum hörbaren Raunen: »Das ist, als ob du eine zwischen den Schenkeln hast und reitest sie, immer stärker, heftiger, und sie schreit und schreit vor Lust, immer spitzer, immer wilder ...«

Mozart nickt: »Genau so soll es klingen.« In mancher Nacht hatte er sich das vorgestellt, falls je Aloysia unter ihm liegen und er mit aller Kraft und allem Hass in sie eindringen würde: »Wie ein Weib in voller Lust ...«

»Aber die Frau hasst doch. Die liebt nicht.«

»Sie hasst, weil sie liebt. Auch Hass kann Liebe sein.«

Mozart überraschen seine Worte selbst. Hat auch er je in einem geliebt und gehasst? Sein Gedächtnis durchläuft in diesem Augenblick alle Register.

Also Stanzerl, den Sohn, auch die Schwester liebt er ohne Abstrich, auch wenn er aufs Nannerl gelegentlich einen kleinen brüderlichen Zorn hat. Der Hass auf Aloysia ist eine Sache der Vergangenheit. Und der Vater? Noch immer scheut Mozart vor dem Gedanken an irgendwelchen Hass auf den Toten zurück.

Colloredo, der Fürstbischof?

Mozart lacht auf. Nein, das ist purer Hass ohne irgendeinen Funken Liebe dabei. Und manche Kollegen, der alte Gluck, der verstorbene Hofkomponist Bonno, der nicht ihn zum Nachfolger bestimmt hatte, sondern ...

Antonio Salieri!

Denkt er an dessen glattes Gesicht mit dem tiefschwarzen Blick, gesteht er sich widerwillig ein, dass er diesen Mann mit seinen vollendeten Manieren und der zuweilen unverhofft aufleuchtenden Herzlichkeit eigentlich sehr gern hat.

Nein, er liebt ihn nicht. Aber er könnte ihn mögen und würde ihn nicht so ungern zum Freund haben, würde er ihn nicht zugleich, nun ja, recht kräftig hassen.

Warum nur?

»Bist halt a bisserl neidisch, Wolfgang.« Das ist Papa Haydn, der Einzige, zu dem er manchmal von solchen Dingen gesprochen hat. Aber dazu schüttelt er den Kopf. Warum sollte er auf Salieri neidisch sein?

Salieri ist erfolgreicher als er, schön, seine Opern werden eifrig gespielt, und nie hat er im Vorfeld solche Schwierigkeiten wie Mozart gehabt, im Gegenteil. Wo Salieri auftritt, scheint alles in Ehrfurcht auseinander zu weichen.

Aber nur einmal, als es in den frühen 80ern um die Wahl eines Klavierlehrers für eine Prinzessin ging und der prominentere Salieri vorgezogen wurde, waren sie wirklich Rivalen gewesen, und Salieri hatte sich auch noch mit einem höflich gelächelten »Diesmal ich, lieber Mozart, das nächste Mal Sie« gleichsam entschuldigt.

Nein, Mozart hat keinen Grund zum Hass. Und hasst ihn dennoch. Hätte ihn in böser Stunde mitsamt der ganzen Welschenclique glatt vergiften können.

Er steht auf: »Genug. Ich muss nach Hause!«

Schikaneder betrachtet ihn erstaunt: »In dieser herrlichen Nacht bei solch prächtigem Vollmond? Komm mit! Wir wollen alle noch ein wenig durch die Tavernen ziehen.«

Mozart gähnt leicht: »Ich nicht. Ich will heim.«

»Aber dein Stanzerl ist doch noch in Baden.«

Mozart nickt: »Übermorgen kommt sie zurück. Bald ist es so weit, in ein paar Wochen.« Sein Blick wird weich und zärtlich: »Einen kugelrunden Bauch hat sie schon, und das schönste Kind der Welt wird daraus hervorspringen, wieder ein Sohn, ich bin ganz sicher und Stanzerl auch.«

»Wisst ihr schon, wie er heißen soll?«

Mozart zögert. Erinnert sich an des Vaters gekränkte Miene, weil sie den ersten Sohn nur im zweiten Namen nach ihm und im ersten nach ihrem Freund Raimund von Wetzlar genannt hatten. »Lass den Jungen erst mal da sein«, sagt er rasch, um lachend hinzuzusetzen: »Und den Franz Süßmayr mit den Notenkopien auch, damit ich endlich mit der Orchestrierung fortfahren kann.«

»Der Süßmayr war wohl die ganze Zeit in Baden?«

»Ja. Musste meine Noten abschreiben. Und aufs Stanzerl mit dem Jungen aufpassen, das auch.«

»Er ist dir wohl eine gute Hilfe?«

Mozart seufzt. Das Wort fällt ihm nicht leicht: »Ich muss schon sagen: Er ist mir unentbehrlich.«

»Dem Stanzerl auch?«

Schikaneder hat den Giftpfeil vielleicht gezielt, vielleicht nur so abgeschossen. Er trifft jedenfalls. Mozart fährt hoch: »Süßmayr ist mir treu ergeben, er ...«

»Das war mir der Johann Friedel auch. Wie ein Hündchen mit immer treuem Blick.« Da Schikaneder nun einmal diese Taktlosigkeit entfahren ist, bleibt er dabei und erinnert sich schmerzlich an jene Zeit, da ihm seine Eleonora mit diesem rotznäsigen Bengel durchgebrannt war.

Böse lacht er in sich hinein: »Ich tue alles, wenn ich nur nah bei dir sein kann, Meister, schien dieser Blick zu sagen. War er dann ja auch. Ganz nah auf meinem Platz im Bett von meiner Frau. Und da beide nicht etwas rücken wollten, musste ich mir eben meinen Platz bei den anderen Mädels meiner Truppe suchen.«

Schikaneders Seitensprünge schon vor der Affäre seiner Frau mit Friedel waren so häufig, dass die anderen sie zu zählen längst aufgegeben haben, und möglichst jung, auch das kein Geheimnis, müssen seine willigen Bettgespielinnen sein. Jetzt schlägt er Mozart auf die Schulter: »Verzeihen wir den Frauen ihre Untreue, solange sie uns nicht zur Treue zwingen. Die ist bei weitem ungemütlicher ...«

Mozart scheint nicht zu hören, starrt wieder zum Mond hin, der für Augenblicke hinter einer schwarzen Wolkenbank verschwindet.

»Eifersucht. Das grünäugige Ungeheuer«, flüstert er. Schikaneder wird eifrig: »Der Jago. Eine meiner besten Rollen. Weißt du noch? Wie der dumme Mohr am Boden lag und ich mich quer über die Bühne an ihn heranschob, glatt und schlank wie eine Schlange.« Betrübt sieht er auf seinen pompösen Bauch: »Heute geht das wohl nicht mehr. Aber umso besser werde ich als Papageno sein.« Er trällert das Motiv, bricht gleich wieder ab: »Du kommst wirklich nicht mit uns? Das kann eine lange durstige Nacht werden.«

Mozart lacht: »Ich weiß. Und deshalb müsst ihr ohne mich bummeln gehen. Ich muss morgen frisch sein, erwarte wichtigen Besuch, einen Theaterdirektor aus Prag.«

»Prag? Haben die dort ein Theater?« Für Schikaneder wie für jeden Bühnenmenschen zählt immer nur ein einziges Theater, das eigene.

»Ein sehr gutes sogar, das Nationaltheater«. Mozart ärgert Schikaneders Überheblichkeit. »Die haben dort den ›Figaro‹ gespielt und meinen ›Don Giovanni‹ uraufgeführt, und die ›Così‹ war auch bei denen im Spielplan, alles mit riesigem Erfolg.«

»Soll mir recht sein, solange sie mir nur nicht meine ›Zauberflöte‹ wegschnappen. Den Papageno darf nur ich singen. Ich allein. Schon dieses Lied . . .«

Noch draußen vor dem Pavillon hört ihn Mozart trällern: »Der Vogelfänger bin ich ja, stets lustig, heisa hoppsasa . . .« Er greift die Melodie auf, pfeift sie vor sich hin, als er nun selber aufbricht. Der Gedanke an Prag stimmt ihn vergnügt. Er verfällt wie gewöhnlich in seinen hüpfenden, schlenkernden Gang.

Prag!

Wie glücklich war er von dort nach der »Figaro«-Aufführung nach Wien zurückgekehrt, mit einem fetten Auftrag in der Tasche, dem »Don Giovanni«. Daheim hatte er sich gleich an die Arbeit gemacht, und es war eine gute Zeit gewesen, dieses Jahr 1787, trotz seines Vaters Tod.

War das nicht auch das Jahr, in dem sich bei ihm der seltsame Bursche aus dem Nest am Rhein, diesem Städtchen Bonn, eingestellt hatte? Ein merkwürdiger Geselle, der dort sein Schüler werden wollte, klein, dick, struppig, mit tiefbrauner Haut fast wie ein Mohr.

Mozart sieht zum Mond hoch und meint einen Augenblick lang in das breite, brummig verkniffene Gesicht jenes jungen Mannes von damals zu schauen.

Wie hatte der nur geheißen? Irgendwie holländisch, mit einem »von« oder »van« vor dem Namen, und er hatte das betont, als bilde er sich viel darauf ein.

Beethoven. Richtig. Von oder van.

Don Giovanni sind Sie, Mozart!

In dieser Julinacht 1791 war Mozart auch noch eingefallen, dass er den Jungen damals vor vier Jahren eigentlich nicht gemocht hatte, wie er dort im Türrahmen gestanden und den massigen Oberkörper zu einer ruckartigen Verbeugung hatte zusammenknicken lassen.

Etwas Rebellisches, trotzig Überhebliches war von ihm ausgegangen. Das hatte Mozart spontan gestört. Aber gewohnt, die eigene sehr beträchtliche Überheblichkeit hinter lächelnder Liebenswürdigkeit zu verbergen, sah er dem anderen freundlich entgegen, wie der mit einem kaum hörbar genuschelten »Ludwig van Beethoven« näher getreten war.

Zutiefst war Mozart dieser mögliche neue Schüler mehr lästig als willkommen gewesen.

Er unterrichtete generell nicht gern. Er tat es, weil er das Geld brauchte, und er knöpfte den Schülern nicht eben wenig ab, sechs Dukaten für zwölf Lektionen. Aber er nahm das Geld mehr wie die Bringschuld für unangemessen geopferte Zeit, und sein Wahlspruch blieb: »Hat einer kein Genie, wird er es von mir nicht lernen. Hat er es, braucht er mich nicht dazu!«

Im übrigen hielt er es mit dem Erziehungsprinzip des alten Bach, spielte lieber selber vor, als umständlich zu erklären, verliebte sich aber oft, anders als Bach, so sehr in sein eigenes Spiel, dass manche teuer bezahlte Lektion verstrich, ohne dass der Schüler auch nur einen einzigen eigenen Tastenschlag getan hatte. Das belastete Mozarts Gewissen nicht im geringsten. »So haben sie eben ein schönes Mozart-Konzert gehört!«, meinte er nur lachend.

Jetzt also, im April 1787, mit einem Empfehlungsschreiben seines Kölner Kurfürsten ausgestattet, stand dieser Ludwig van Beethoven vor ihm, sechzehn Jahre alt.

»Sie stammen aus dem Süden, mein Freund?«, fragte Mozart und musterte neugierig sein dunkel getöntes Gesicht.

»Nein. Vom Rhein. Aus Bonn.« Hastig war sich der junge Mann mit der Hand über die Wange gestrichen, als wolle er sich säubern. Dabei war er rot geworden und stammelte verlegen: »Das ist nur meine Haut. Zu Hause nennen mich alle den Spanier.«

»Spanier, ach ja ...«, nickte Mozart zerstreut. Seine Gedanken schweiften gleich wieder zu seinem jüngsten Werk ab. Auch das, wie schon »Figaros Hochzeit«, spielte in Spanien.

»Und Sie sind Musiker?«

»In der kurfürstlichen Hofkapelle. Der Kurfürst selber hat mich an Sie verwiesen.« Er streckte Mozart das Empfehlungsschreiben hin, das der nur flüchtig überflog. »Er schätzt und bewundert Sie über die Maßen.«

Mozart knüllte das Papier achtlos zusammen und warf es in eine Ecke: »Dann hätte er mich ja auch in seinen Dienst nehmen können.« Die Bewerbung als Hofkapellmeister im Kurfürstentum Köln gehörte zu den vielen Enttäuschungen bei Mozarts Versuchen, in einer festen Anstellung unterzukommen.

Die Augen des Jungen blickten nun nicht mehr finster-verlegen, sondern waren tellergroß geworden: »Sie streben eine feste Anstellung an?«

»Natürlich. Was sonst?« Mozart überlegte ernsthaft, ob sich dieser Provinzschnösel über ihn lustig mache.

Dessen Ton nahm aber plötzlich einen nahezu schwärmerischen Klang an: »Einfach frei sein, wie Sie ... jawohl, das muss ... das muss Glück sein, das, ja, das höchste des Künstlers irgendwie ...« Und rascher, abgehackt: »Nur niederschreiben, einfach niederschreiben, was einem die Seele füllt, an ... an ... an Angst, Hoffnung, an ... an ... an Sehnsucht ... an ...«

Die Worte überschlugen sich nun: »In Noten setzen, was das Herz jauchzen oder weinen macht, ohne Weisung irgendwelcher Fürstlichkeiten, so wie ... wie ... wie Sie ...«

Der junge Mann hatte den Kopf mit den struppig durcheinander gezwirbelten Locken zurückgeworfen und schien geradezu fiebernd aus weit aufgerissenen Augen in neblige Fernen zu schauen, bevor er wie erschrocken mitten im Satz abbrach.

Mozart starrte ihn an, hätte fast gelacht, unterdrückte es aber. Zu wuchtig, zu entschieden hatte geklungen, was dieses halbe Kind als höchstes Künstlerglück bezeichnete.

Glaubte der, was er sagte? Hielt er wirklich Mozarts freischwebende Existenz für ideal? Nachgerade wurde ihm dieser Junge unheimlich, wie der Bote einer Zukunft, an der er selbst schon keinen Anteil mehr haben würde. Oder mehr, als er zur Zeit noch selber ahnte.

Abrupt stand er auf: »Genug geredet, lieber Herr von ... von ...«

»Van Beethoven!«

»Was, Herr van Beethoven, spielen Sie denn am liebsten?«

Wieder wurden Beethovens Augen groß und träumerisch: »Bach, Herr Mozart!«

»Meinen Freund Johann Christian? Sehr gut.«

»Nein. Johann Sebastian Bach.« Der junge Mann stieß ein kleines heiseres Lachen hervor: »Er ist kein Bach. Er ist ein Meer.«

Auch diese Bewunderung erstaunte Mozart. Denn gerade junge Musiker, wenn sie denn Bach überhaupt kannten, konnten um diese Zeit nur wenig mit dem Thomas-Kantor und seiner Musik anfangen. Aber er nickte zum Klavier hin: »Spielen Sie mir etwas vor! Vom Herrn Bach, von wem immer!«

Beethoven spielte. Mozart aber, wenn er ehrlich war, hoffte nahezu, er möge schlecht sein, um ihn als großsprecherischen Scharlatan abtun zu können. Und zunächst schien sein Spiel das zu bestätigen. Brav, hölzern, einstudiert. »Alles nur Dressur«, dachte Mozart.

»Jetzt freie Variationen bitte!«

Beethoven räusperte sich kurz. Und dann war es, als bräche ein Tier aus seinem zu engen Käfig hervor. Ein wildes, bockiges Temperament schien sich aufzubäumen und gegen alle Mauern des Üblichen anzurennen. Das war nicht brillant und gefällig. Das war kühn und neu. Ein Stück Revolution. Keine Musik vom alten Bach mehr, barock und streng. Ganz und gar Musik von Beethoven.

»Genug. Ich danke Ihnen, Herr Beethoven!«

»Van Beethoven, Herr Mozart!«

Beide hatten sich erhoben. Mozart verneigte sich leicht: »Ich werde Ihnen gern Unterricht geben, auch wenn ich Ihnen nicht viel werde beibringen können. Es gibt nur wenige so gute Lehrer, wie ich ihn einst in meinem Vater hatte. Ihr Herr Vater unterrichtete Sie auch?«

»Nur darin, wie man ihn betrunken aus der nächsten Kneipe schleppt.« Beethoven hatte so wild und böse aufgelacht, dass Mozart erschrocken zusammenfuhr. Dann verabschiedete er den Jungen rasch.

In den nächsten Tagen sollte sich Beethoven zu einigen Lektionen einstellen, blieb dann aber plötzlich fort, und Mozart erfuhr, dass er zu seiner schwer erkrankten Mutter nach Bonn hatte zurückkehren müssen. Er zuckte dazu mit den Achseln und entschied, die ganze Begegnung möglichst rasch wieder zu vergessen.

Doch ging das nicht so schnell. Immer wieder dachte er an die Worte des Jungen vom freien Künstlertum und den in der Musik sich frei ausströmenden ureigenen Gefühlen zurück. Er schüttelte den Kopf.

Hatte er das denn je getan? Hatte es irgendeinen je interessiert, ob er gerade fröhlich oder traurig war? Was scherte die große Welt, was in einem kleinen Künstler vor sich ging? Er hatte Handwerk abzuliefern und nicht der Menschheit mitzuteilen, ob sein Leben gerade himmlisch oder ein Jammertal war.

Und doch ...

In den Worten des Jungen hatte etwas angeklungen, das ihn im Innersten berührte. Vermutlich, dachte er, war dieser erbarmenswerte Spross eines mutmaßlichen Trinkers in der Tiefe seines Daseins sehr einsam. Wie, nun ja – nur ungern gestand er sich das ein, sah sich lieber als lebensverliebten Freund von jedermann –, er selber auch.

Seufzend wandte er sich dem Auftrag zu, den er wenige Wochen zuvor von seiner Reise nach Prag mitgebracht hatte.

In den ersten Januartagen 1787 war er mit Konstanze aufgebrochen, und trotz schneidender Kälte war es die schönste Reise seines Lebens geworden, ein großer Trost nach der enttäuschend raschen Absetzung seines »Figaro«. Der war in Prag mit solchem Erfolg gespielt worden, dass es Mozart auch ohne die Einladung durch böhmische Freunde an die Stätte des Triumphs gezogen hätte.

Auf der Moldau trieben Eisschollen, und der Himmel über dem Hradschin schien wie in spiegelnd blauer Kälte erstarrt. Aber das alles sah Mozart kaum. Er genoss in diesen Tagen das Dasein wie einen einzigen Rausch, voll kindlichem Staunen und nie versiegender Neugier.

Denn Prag war anders als alle anderen großen Städte, die er kannte. Nicht lachend bunt wie Wien, kein dumpf brodelndes Ungeheuer wie London, kein Sumpf unter schillernder Oberfläche wie Paris. Es wirkte dunkler, wie noch aus einer anderen Zeit.

Zwar hatte das Barock über alles hier eine dicke weiße Puderschicht gestreut. Aber darunter schien es geheimnisvoll von vergangenen Jahrhunderten und ihren Rätseln zu rascheln und zu raunen. Diese Welt hier, dieses Prag – und das war das Schönste daran – schien aber zugleich wie von Mozart-Musik durchzogen.

In allen Gassen pfiff und trällerte es. Auf allen Bällen – die Mozarts ließen keinen aus – wurde zu »Figaro«-Melodien getanzt. Und endlich sah er im Nationaltheater das eigene Werk, vom Hausregisseur Domenico Guardasoni sauber und witzig in Szene gesetzt, nicht schlechter als in Wien und musikalisch – Mozart war zur Großmut entschlossen – ganz ordentlich.

In diesen Januartagen war Mozart so glücklich wie lange nicht mehr. Die Zeit seiner kurzen italienischen Operntriumphe schien zurückgekehrt, mehr noch: Er schien jetzt endlich zu erhalten, was ihm seit Wunderkind-Tagen gleichsam zugestanden, ihm aber bisher ein rätselhaft undankbares Geschick vorenthalten hatte.

Er war nun der Größte, Bewundertste von allen, ein Prinz von

Geblüt, der hier sein angestammtes Reich durchschritt und voll kühler Güte zur ehrfürchtig staunenden Menge hin nickte. In dieser Haltung, ganz großer Herr, saß er denn auch im Nationaltheater zwei Männern gegenüber, Italiener beide, böse Welsche also.

Aber auch das gehörte zu Mozart: dass er, war nur einer freundlich zu ihm, Ressentiments blitzschnell vergessen konnte. Und diese hier, der Intendant Pasquale Bondini und sein Mitdirektor Guardasoni, waren äußerst freundlich.

Sorgsam hatte Bondini ein Bein übers andere geschlagen, leicht in seine Schokoladentasse gepustet, daran genippt und sich beim Herrn Mozart besorgt erkundigt, ob denn nicht der Trank ein wenig zu heiß sei.

Sodann plauderte er noch kurz von seiner Gattin Caterina, die im ›Figaro‹ eine ganz wundervolle Susanne gewesen sei, eine fast bessere noch als in Wien die inzwischen nach England abgereiste Nancy Storace, zumal Engländerinnen sowieso nicht singen könnten (»Ach, Sie ist gar keine Engländerin? Tochter eines Italieners?«), und irgendwann kam er zur Sache: »Wir wünschen uns ein neues Werk von Ihnen, Herr Mozart. Wir denken es als Festgabe, wenn unserer verstorbenen Frau Kaiserin jüngste Tochter Maria Theresia mit ihrem jungen Gemahl – ein Sachse, glaube ich – die Stadt beehrt. Hundert Dukaten können wir Ihnen bieten.«

Die Summe beeindruckte Mozart entschieden mehr als der Anlass. »Und mit welchem Sujet?«, fragte er zurück.

Bondini hob nur die Schultern, nachdem er erneut an der Schokolade genippt und mit einem Kopfnicken bestätigt hatte, sie sei nur gerade heiß genug: »Nicht gar zu frivol, mehr festlich-feierlich, ein Hochzeitscarmen. Schrieb der Signore Shakespeare nicht etwas in dieser Richtung, wie hieß das noch, teuerster Guardasoni?«

»›Ein Sommernachtstraum‹. Das wäre in der Tat ein geeigneter Stoff.«

Mozart blickte etwas hilflos drein. Er meinte das Stück einmal bei Schikaneders Truppe gesehen zu haben, konnte sich aber nur blass daran erinnern, und schon gar nicht fiel ihm dazu irgendwelche Musik ein.

Guardasoni bemerkte die Verlegenheit des Musikers: »Zu früh, sich darüber schon den Kopf zu zerbrechen! Sie haben doch in Wien Ihren wunderbaren ›Figaro‹-Dichter Da Ponte. Ihm wird schon etwas einfallen.«

Da Ponte fiel zunächst gar nichts ein.

»Wie? Ich soll wieder eine Oper für Sie schreiben? Für ein Opernhaus irgendwo im Osten?«

»Das Prager Nationaltheater ist ...«

»... sicher ein sehr ehrbares Institut, lieber Mozart. Aber ich bin nun mal Hofdichter hier in Wien. Hier und nicht in Prag sind meine Pflichten.«

Für Augenblicke hatte Da Ponte sein gewohnt verschmitztes Gassenbubenlächeln vergessen. Und er schüttelte den Kopf: »Wie denken Sie sich das nur? Zwei andere Werke habe ich bereits in Auftrag. Für Vicente Martín soll ich einen ›Baum der Diana‹ schreiben und für Salieri ...«

Er unterbrach sich und lachte: »Nun speien Sie kein Gift, Teuerster! Ich weiß auch so, was Sie von ihm halten. Aber er ist nun mal der Lieblingskomponist unseres Kaisers, und wenn er winkt, muss ich als Hofdichter folgen. Sagen Sie selbst, wie sollte ich da Zeit und Kraft für ein weiteres Werk haben, selbst wenn es von Ihnen ist, Teuerster?«

Das schien sein letztes Wort zu sein. Seltsamerweise stellte sich Da Ponte aber nur wenige Tage später erneut bei Mozart ein.

»Sie müssen der Teufel sein, Mozart. Kaum lockt die Zusammenarbeit mit Ihnen, kommt einem der Vicente Martín albern vor und Salieri langweilig ...«

»Das sind die beiden ja auch.«

Da Ponte ignorierte die Bosheit: »Ihr Wunsch hat sich jedenfalls in mein Herz gebrannt, und ich glaube, ich habe schon eine Idee.«

Da Ponte machte eine Pause und genoss den gespannten Blick des anderen. Dann fuhr er fort: »Ich nehme an, Sie haben schon von Don Juan gehört, diesem spanischen Edelmann, den es wirklich gegeben haben soll. Er hat wohl den Ehrgeiz gehabt, alle Frauen der Welt zu verführen, und ist auf recht seltsame Art gestorben, mitten in der Liebe, sagen die einen, mitten beim Essen, meinen andere. Er muss in allem maßlos gewesen sein.«

Da Ponte nahm einen langen Schluck Limonade und notierte mit einiger Befriedigung, dass Mozart aufmerksam zuzuhören schien.

»Irgendein dichtender Mönch aus dem letzten Jahrhundert, Tirso de Molina oder so ...« Er warf dem anderen einen fragenden Blick zu, doch Mozart hob nur die Schultern. »Der also hat ein Stück daraus gemacht, der große Molière hat es bearbeitet, und dort erscheint dem sündigen Don Juan bei der abendlichen Tafel der Geist des von ihm im Duell getöteten Vaters einer seiner Geliebten und holt ihn in die Hölle, eine ganz unglaubliche Szene ...« Da Ponte schien schon Mozarts Musik zu hören.

»Trägt dieser Geist nicht die Züge des Grabdenkmals von dem Alten?«, fragte jetzt Mozart.

»Sehr richtig. Don Juan hatte ihn zuvor in maßloser Blasphemie auf dem Friedhof zu sich ins Haus geladen, und er kommt gleichsam als Steinerner Gast. Sie kennen also doch die Geschichte?«

»Es gibt ein Ballett von Gluck darüber. Ich habe ein Motiv daraus für den ›Figaro‹ verwendet.«

»Und sieben Opern gibt es auch schon, der Stoff ist größte Mode. Selbst der klägliche Giuseppe Gazzaniga hat sich daran versucht, und das Stück ist in Venedig sogar ein beträchtlicher Erfolg geworden, nach einem Buch von Giuseppe Bertati, das gar nicht übel ist. Wir können es ganz gut gebrauchen.« In dieser Hinsicht kannte Da Ponte ebenso wenig Skrupel wie Mozart.

Den quälte eher der Gedanke, ob sich gerade diese Geschichte um das Ende eines Wüstlings für ein frisch vermähltes Fürstenpaar eigne, und die Zweifel waren nicht verflogen, als ihm Da Ponte bald schon – »Ich habe jede Nacht wenigstens eine Flasche Tokajer dazu gebraucht und zur Einstimmung hundert Seiten Dante gelesen« – das fertige Buch vorlegte, auf Italienisch, so dass nun aus dem Spanier Don Juan ein italienischer »Don Giovanni« geworden war.

Prompt stieß Mozart auf die Stelle, wo der Diener Leporello alle Liebschaften seines Herrn aufrechnet, und fing selbst zu rechnen an: »Der kommt ja auf über zweitausend.«

»Mehr als Sie und ich zusammen«, lachte Da Ponte nicht ohne Neid.

»Aber ist so einer der richtige Held für eine Oper, ich meine, ist das jemand, mit dem man lachen und weinen, sich mit ihm freuen und traurig sein kann? Einer, dessen einzige Leidenschaft zu sein scheint, seinen Schwanz in jede Kuh zu stecken ...«

Nahezu angewidert ließ Mozart das Buch sinken. Da Ponte war ganz ernst geblieben: »Ist das wirklich seine einzige Leidenschaft?«

»Was sonst?«

Da Pontes Stimme klang gedämpft: »Vielleicht sucht nicht nur sein Schwanz Opfer. Vielleicht auch seine Seele.«

»Hat er denn eine?«, lachte Mozart auf.

»Gewiss. Sonst könnte sie kaum der Teufel holen.« Da Ponte blieb weiterhin ganz ernst. »Was Don Giovanni sucht, unentwegt, aber nie findet ...«

»Was denn?«

»Den anderen. Nicht nur den Körper, sondern den ganzen Menschen, mit dem man nicht ganz so einsam ist in Gottes wüster Schöpfung. Suchen Sie nicht auch danach, Mozart? Auf Ihre Weise?«

Mozart sagte nichts.

»Natürlich tun Sie das«, fuhr Da Ponte fort, »Sie und wir anderen alle auch, jeder auf seine Art! Jawohl, auch und gerade Sie, Mozart!«

»Ich?«

»Natürlich Sie. Was wäre Ihre Musik anderes als die immer neue Bitte um Liebe, Verständnis, Zweisamkeit? Ist nicht jede Note von Ihnen ein Liebeswerben? Und was tun Sie damit anderes, als Ihre Zuhörer zu verführen – zu sich selbst? Nichts anderes sucht unser Freund bei den Frauen. Und findet es doch nie. Wie wir alle. Auch uns erwartet am Ende nur ein Steinerner Gast.«

Da Ponte sah, wie tief seine Worte Mozart bewegten, und seine

Stimme wurde noch leiser: »Don Giovanni sind Sie, Mozart! Vergessen Sie das nicht, wenn Sie ihn zu Noten machen!«

Er verabschiedete sich mit einem Lachen, als geniere er sich plötzlich seines Ernstes, und meinte, als er schon halb aus der Tür war: »Vielleicht lädt deshalb Don Giovanni den Steinernen Gast ein. Nicht aus Gotteslästerung, sondern weil er endlich nicht mehr einsam sein will. Der Wunsch erfüllt sich. Im Tod. Dort findet er, was er bei Frauen vergeblich gesucht hat.«

Nie zuvor hatten Mozart und Da Ponte so ernst miteinander gesprochen, und Da Pontes Gedanken begleiteten den Komponisten die gesamte Arbeit am »Don Giovanni« hindurch, der ein »dramma giocosa« werden sollte, ein aller Düsternis und dem grausamen Ende zum Trotz »ergötzliches« Stück. Und ganz anders als die beiden vorangegangenen Mozart-Opern sollte dieses Werk sein, nicht orientalisch bunt und quirlig wie die »Entführung«, nicht im hellen Licht aufgeklärter Bürgerlichkeit wie »Figaros Hochzeit«, nein, dunkel, voller Rätsel wie die Altstadt von Prag.

Mitten in der Arbeit erreichte Mozart ein Brief der Schwester. Dem Vater in Salzburg gehe es sehr schlecht. Ob er denn nicht kommen, ihn noch einmal sehen wolle?

Jetzt? Wie sich das die Nannerl nur wieder dachte! Typisch seine Schwester. Mozart wandte sich seinen Noten zu. Aber das Bild des möglicherweise sterbenden Vaters, den er zuletzt bei seinem Besuch in Wien gesehen hatte, ließ ihn nicht los.

Diese Begegnung vor zwei Jahren hatte eine gewisse Harmonisierung, aber keinen wirklichen Frieden gebracht. Die Beziehung blieb gestört, zerstört. Und wenn der Sohn dem Vater schrieb – er tat es häufig –, klang es, als würde kein Sohn zum Vater, eher ein Kollege zum Kollegen sprechen.

Der Vater revanchierte sich mit schier endlosen Berichten vom Enkel Leopold, den ihm das brave Nannerl geschenkt habe. Was das für ein herziger Bub sei, wie prachtvoll der furzte, kackte, sein Bäuerchen machte, und »seine blauen Augen sind schöner noch als deine, Wolfgang«. Der war nach solchen Briefen oft noch Tage schlecht gelaunt.

»Was hast du, Wolferl?«

»Nichts, Stanzerl.«

Aber sein Blick blieb böse, und zum »Don Giovanni« fielen ihm nur finster grollende Klänge ein.

Welch eisige Abfuhr hatte ihm der Vater erteilt, als noch vor der Prager Reise ein England-Gastspiel geplant war und er ihn gebeten hatte, solange die beiden Kinder, Carl Thomas und den eben geborenen, später gleich wieder am »Stickfrais« verstorbenen Johann Thomas, in Pflege zu nehmen! Nun also spielte er sich und anderen den Muster-Großvater vor.

Da packte den Sohn regelrecht Eifersucht auf den Neffen, wenn er an die eigene frühe Kindheit zurückdachte. Wann, bitte, war denn damals Vater Leopold mit ihm so lustig durchs Haus getollt, hatte Späße mit ihm getrieben, statt immerzu mit ihm nur zu üben und noch mal zu üben?

Jetzt also, na und?, ging es Leopold Mozart schlecht.

Nicht das erste Mal. Nannerl wie er kannten die hypochondrischen Neigungen des alten Herrn und hatten sich darüber schon als Kinder lustig gemacht. Aber der ungewohnt trocken-lakonische Ton, indem diesmal der Vater von seinen Leiden gesprochen hatte, hatte die Tochter aufmerken lassen, und auch den Bruder beschäftigte erstmals ernsthaft der Gedanke an einen Tod des Vaters.

Das Sterben war ihm kein ungewohnter Nachbar, er selbst hatte einige Male schon dicht davor gestanden, und Bilder vom Tod drängten sich heran, die Gehenkten damals an den Galgen von Lyon und Mailand, die tote Mutter in Paris, die kleinen Kindergräber in Wien.

Er setzte sich in dieser Nacht hin, schrieb nicht weiter am »Don Giovanni«, sondern einen Brief an den Vater, sehr lang, sehr ernst.

Mozart schrieb alles, was er vom Tod zu wissen meinte. Dass der kein Ende sei, nur Übergang, ein Freund und eigentlicher Sinn des Lebens, das Sterben keine Qual, nur ein sanftes Einschlafen, so wie er jeden Abend keinen Schlaf ohne die Überlegung fände, ob er denn wohl am nächsten Morgen wieder erwachen würde. Noch nie hatte er einem anderen diese Gedanken anvertraut.

Der Brief blieb ohne Antwort. Leopold Mozart starb am 28. Mai 1787, 68 Jahre alt.

Sein Sohn fuhr nicht zum Begräbnis. Er blieb auch der Testamentseröffnung fern. »Sie haben einen seltsamen Bruder, meine liebe Frau«, meinte in St. Gilgen Schwager Berchtold von Sonnenburg zur Gattin Nannerl, die beim »Sie« der Anrede immer wieder einen frommen Schauder fühlte. So sprachen nur ganz feine Eheleute miteinander. Und sie sah zum Fenster hinaus.

Dies alles hier, der Mann, dessen fünf Kinder, zu denen noch drei eigene kommen sollten, der große Hausstand mit allem Personal und repräsentativen Pflichten, war nun ihre Welt und von der des Bruders um Ewigkeiten entfernt. Wenn sie aber an die einstigen Konzertreisen dachte, schienen die in einer anderen Zeit stattgefunden zu haben.

Ihr Mann legte den Schrieb beiseite, in dem der Schwager lakonisch meinte, das Erbe des Vaters sei wohl zu gering, sich deshalb eigens nach Salzburg zu bemühen, schüttelte den Kopf und zündete sich eine Pfeife an: »Wir werden ihm tausend Gulden Abfindung bieten. Damit wird der Herr Musikus wohl zufrieden sein.«

Mozart war es. Ihn beschäftigten ganz andere Dinge.

Am 1. Oktober 1787 brach er neuerlich nach Prag auf, wieder mit Konstanze und der fast fertigen »Don Giovanni«-Partitur im Gepäck. Da Ponte wartete noch die Premiere des »Baums der Diana« von Vicente Martín ab, dann folgte er einige Tage später.

»Die Proben sind eine einzige Katastrophe!«, rief ihm Mozart zu. Er hockte im Fenster seines Zimmers im Gasthof »Zu den drei Löwen«. Da Ponte wohnte ihm genau gegenüber, im Hinterhaus der Herberge »Zum Platteis«. Sie konnten sich bequem per Zuruf von Fenster zu Fenster verständigen.

»Ist die Ouvertüre schon fertig?«

»Die kommt bei mir immer am Schluss. Das wissen Sie doch! Und bis zur Uraufführung haben wir Unmengen Zeit!«

So viel Zeit nun wieder nicht, selbst für einen Mozart. Die eigentlich auf den 14. Oktober festgesetzte Premiere musste auf den

29. verschoben werden, zutiefst zu Mozarts Erleichterung, so empört er tat.

Doch wollte ihm »Il dissiluto punito ossia il Don Giovanni«, diese »Bestrafung eines Wüstlings«, wie nun die Oper hieß, immer weniger als ideale Hochzeitsgabe erscheinen. Stattdessen dirigierte er in einer Festaufführung den »Figaro«, und dann – das Fürstenpaar war längst weitergezogen – mochte getrost der 29. Oktober kommen.

Mozart hockte wieder im Fensterrahmen und schaute zum goldblauen Herbsthimmel hinauf. Zugvögel flogen in strenger Formation über Prag hin dem Süden zu, und Mozart hob die Hand, als wolle er ihnen winken.

»Sie glauben nicht, wie ich mich auf unseren ›Don Giovanni‹ freue!«, rief er zu Da Ponte hinüber. Der hielt gerade ein Blatt Papier in der Hand: »Sie werden einen großen Erfolg haben, Mozart. Ich bin sicher.«

»Ich? Wir beide!«

»Leider werde ich ihn nicht miterleben können.«

»Wieso denn nicht?«

Da Ponte wedelte mit dem Papier: »Herr Salieri schreibt mir gerade, meine Anwesenheit sei ganz unentbehrlich. Sein ›Tarare‹ nach dem Buch von Beaumarchais ist in Paris ein solcher Erfolg geworden, dass ihn unser verehrter Kaiser unbedingt bald in Wien sehen will, in italienischer Fassung allerdings, und für die bin jetzt ich gut genug ...«

Mozart hörte gar nicht hin. Wut kochte in ihm hoch. Salieri mal wieder! Immer Salieri! Der Wichtige. Der Mächtige. Brauchte nur zu winken, und alles folgte ihm, selbst sein Dichter Da Ponte. Und Beaumarchais würde sicher so rasch nicht für ihn, den »Figaro«-Komponisten, schreiben, wohl aber für einen Salieri. Noch hier auf Prag, wo Mozart endlich einmal glücklich war, fiel dessen Schatten.

Fast hätte ihm das die ganze Vorfreude verdorben. Die bitteren Gedanken schwanden erst ein wenig, als er hinaus zum Dirigieren trat und ihn ein Beifallssturm empfing wie sonst nur am Ende einer Vorstellung.

Doch die fing jetzt erst an, und mochte sich anfangs noch das Publikum unter der drohenden Düsternis der Ouvertüre wie erschrocken wegducken, so fing sich doch die Stimmung bald, der Beifall wurde immer lauter und länger, erste Da-capo!-Rufe waren zu hören, und bei Don Giovannis »Reich mir die Hand, mein Leben« summte bereits der ganze Saal mit: Was für ein melodisches Wunderwerk hatte mal wieder Hexenmeister Mozart gezaubert!

Der Meister hatte mit kleinen Scherzen nicht gespart, die allerdings nur Eingeweihte ganz verstanden, wenn etwa im Schlussbild Musik ertönte, die verdächtig nach Vicente Martíns »Figaro«-Konkurrenz »Cosa rara« klang, und Leporello rasch um etwas anderes bat, das wiederum stark an den »Figaro« erinnerte.

Mozart kicherte in sich hinein. Und am Ende stellten sich zwei Polizisten auf der Bühne ein, die im Auftrag von Don Giovannis Gegenspieler Don Ottavio akkurat das Loch vermaßen, durch das der Wüstling zur Hölle gefahren war. Hartnäckiger als Teufelswerk und Unterwelt bleibt eben doch die Bürokratie, damals wie zu allen Zeiten.

Mit diesem Kunstgriff hatte Da Ponte das massive Pathos von Giovannis Untergang etwas auffangen wollen. Doch ging die Ironie im allgemeinen Beifallsgetobe unter, und der ganze Saal schien ein einziger »Bravo, Mozart!«-Schrei zu sein, mit einigen »Bravo, Da Ponte!«-Rufen dazwischen. Mozart oben auf der Bühne machte eine entschuldigende Geste. Dann ging er in die Kulisse zurück.

Aus dem Halbdunkel sah ihm ein Gesicht entgegen. Spitz, fein, nicht mehr jung. »Bravo, Mozart!«, flüsterte eine Stimme. Dezent schlug der Fremde einige Male in die zarten Hände.

»Ein wahres Meisterwerk ist Ihnen beiden gelungen. Richten Sie das meinem Freund Da Ponte aus, sobald Sie ihn in Wien sehen! Allerdings . . .«

Er zögerte, als wolle er den anderen nicht durch irgendeinen Einwand verletzen. Mozart, den Beifall noch im Ohr, nickte ihm ermunternd zu. In diesem Augenblick hätte ihn die gröbste Beleidigung nicht ernstlich kränken können.

»So sehr, nun ja«, hüstelte der kleine Herr, »mag ich diesen Burschen nicht und gönne ihm die Höllenfahrt. Nicht weil er so viele Damen verführte, das sei jedem Mann erlaubt, und es lässt sich nur verführen, wer sich verführen lassen will. Das weiß ich«, er lachte ein wenig, »aus eigener Erfahrung gut genug. Aber ...«

Wieder zögerte er. Mozart war allmählich neugierig geworden, was ihm denn wohl der Mann zu sagen hätte.

»Ein wirklich guter Liebhaber«, setzte der endlich fort, »macht nicht unglücklich. Nicht vorher, nicht später. Er zerstört die Frau nicht, ganz im Gegenteil, er schafft sie mit seiner Liebe gleichsam neu. Glücklich, jawohl, muss sie sein, wenn er zu ihr kommt, noch immer glücklich, wenn er sie verlässt, und kein Steinerner Gast würde ihn holen. Nein«, er lachte wieder, »das würden allein schon die Damen gar nicht gestatten.«

Es hatte wie eine kleine Predigt in Lebenskunst geklungen. Danach wandte sich der Besucher mit einer leichten Verbeugung ab, und allein diese Bewegung ließ ahnen, welch unerhörten Charme dieser Mann verbreiten konnte.

»Wer sind Sie, mein Herr?«, rief ihm Mozart hinterher.

Der schmale Mann wandte sich noch einmal um: »Sie kennen mich nicht, Herr Mozart? Pardon, ich hatte mich Ihnen nicht vorgestellt.«

Wieder eine leichte Verneigung: »Mein Name ist Giacomo Casanova.«

Ende Juli 1791

Mitte Juli 1791 hat Mozart Konstanze aus Baden zurück in die Rauhensteingasse gebracht, Süßmayr ist brav hinterhergetrottet. Am 26. Juli wird das sechste Kind der Mozarts geboren, eines der beiden, die ihre frühe Zeit überleben werden. Mozart steht am Bett der Wöchnerin, hält ihr die Hand, küsst ihr das schweißüberströmte Gesicht. Die Hebamme reicht ihm das Neugeborene.

»Ein Junge, Herr Mozart!«

Tiefe Zärtlichkeit durchströmt ihn, als er den kleinen Kerl in seinen Armen hält. Seine Lippen fahren sanft über das seidig beflaumte Köpfchen.

»Wie soll er heißen?«, flüstert Konstanze vom Bett her.

Mozart blickt etwas ratlos drein. Zu tief war er in den letzten Wochen in seine »Zauberflöte« verstrickt gewesen, als dass er sich darüber Gedanken gemacht hätte.

»Wieder Leopold?«

Nein, diesmal nicht. Auch nicht als Zweitname. Damit soll Schluss sein. »Ich denke darüber nach, Stanzerl. Jetzt ruh dich erst mal aus!«

Vor der Tür stößt er zu seiner Überraschung auf Süßmayr. Der trippelt von einem Fuß auf den anderen.

»Was ist es, Meister? Ein Junge? Ein Mädchen?«

»Ein Junge!«

»Ein Junge!« Süßmayr jauchzt es fast. »Darf ich den Buben sehen?« Er scheint es kaum erwarten zu können.

»Nicht jetzt, Süßmayr. Noch nicht.« Er will den jungen Mann sachte beiseite schieben, aber Süßmayr bleibt erstaunlich hartnäckig. »Nur einen Moment, Meister. Nur einen kurzen Blick darauf«, fleht er, »das Kind eines Mozart ...«

In Mozart, er weiß selbst nicht wieso, fängt in diesem Augenblick eine kleine Glocke schrill zu läuten an, während er Süßmayr den Weg freigibt und durch den Türspalt noch sieht, wie der sich in verzückter Freude über den Säugling beugt, als sei er der eigentliche Vater.

Ist er es am Ende?

Schikaneders Worte fallen ihm ein, auch die Blicke, die Gesten kleiner Vertraulichkeit damals in Baden – und seine Konstanze mag Männer, nicht nur ihn, das weiß er. Sie liebt das Tändeln und Flirten und Locken. Er hat sie deshalb, obgleich selbst solchen Dingen weiß Gott nicht abgeneigt, einige Male ermahnen müssen.

Aber das war noch zu ihrer Brautzeit gewesen. Jetzt sind sie bald zehn Jahre verheiratet. Und gerade ein Süßmayr hätte ihr gefährlich werden können, dieser Wicht in seiner kriecherisch scheuen Ergebenheit?

Plötzlich sieht er den anderen vor sich, wie der sich ans Stanzerl heranmacht, unermüdlich vom Ruhm des Meisters plappernd, wie genial der sei, wie einzig, wie sehr sein vergöttertes Vorbild, und dabei schiebt sich die Hand ins Mieder, die andere gleitet über die Schulter zur rosigen Brust hinunter, Konstanze quietscht ein bisschen, sagt vielleicht noch: »Lassen Sie das, Süßmayr!« Aber sie mag es denn doch nicht so ungern. Und der Gatte ist fern.

Er selbst – Mozart ist ehrlich – hätte solche Gelegenheit nicht ungenützt gelassen.

Er stolpert die Stiege hinunter, tritt auf die Straße hinaus, und der Gedanke, Süßmayr könnte der wahre Vater des Säuglings dort oben sein, fährt ihm in die Beine, bringt ihn ins Schwitzen, Rennen, Laufen. Menschen sehen ihm nach, schütteln den Kopf.

Warum es der Herr Mozart nur so eilig hat? Der scheint fast auf der Flucht zu sein.

Er ist es. Vor seinen Gedanken und Phantasien. Vor der Vorstellung, in dieser Welt immerfort betrogen zu werden. Um den ganz großen Ruhm, das große Geld, den großen Posten an irgendeinem Hof, wo statt seiner die Salieris aller Art hocken. Und nun wohl auch noch um die Treue seiner Frau, die Freude am Kind.

An diesem Tag kehrt er nicht in die Rauhensteingasse zurück. Er strebt zum Gartenpavillon im Theaterhof. Aber keine weitere Note zur »Zauberflöte« entsteht in dieser Nacht, und auf ihn wartet auch nicht Schikaneders fröhliche Komödiantenschar, nur Barbara, die Frau des Bassisten Franz Xaver Gerl. Der hat an diesem Abend Vorstellung. Wenigstens bei dessen Frau will sich Mozart mal um nichts betrogen fühlen, sondern die volle Freude haben, mit dem gierigen Gefühl dabei, sich einmal bei einem anderen das zu holen, was sonst ihm von anderen genommen wird.

Barbara hat nichts dagegen.

Er nimmt sie so stürmisch wie nie, erst auf dem Tisch und gleich noch einmal auf dem Boden, sie kann nur japsen: »So schnell ist ja nicht einmal der Herr Schikaneder!« Mozart steht auf und zieht die Hosen hoch. Vom Theater her hören sie Herrn Gerls prächtig volltönenden Bass.

In den Morgenstunden kehrt Mozart in die Rauhensteingasse zurück und hört schon auf der Straße das Kind schreien, das nicht sein Sohn ist. Vielleicht.

»Doch«, entscheidet Mozart in diesem Augenblick, »du bist mein Sohn, wer immer dein Vater sein könnte.« Und er nimmt der Magd das Tablett mit dem Frühstück für Konstanze ab, tritt in die Schlafstube, lächelt sie an. »Ich habe den Namen für unseren Sohn. Wir wollen ihn Franz Xaver nennen.«

»Nicht nach dir? Nicht Wolfgang?«

»Nein. Franz Xaver. Wie unser treuer Freund. Er hat seine kleine Ehrung verdient. Wo er auf dich in den langen Wochen von Baden so sorglich Acht gegeben hat.« Kräftiger, denkt er zugleich, wird man manchem künftigen Verdacht nicht begegnen können.

Nahezu gewaltsam drängt Mozart in den nächsten Tagen alle Gedanken an Süßmayr zurück, zwingt sich zum einzigen Gedanken an Prag. Sein Prag! Allein die Vorstellung, bald wieder dort zu sein wie einst in den Tagen des »Don Giovanni«, lässt sein Herz höher schlagen.

Es war Domenico Guardasoni gewesen, der sich – unterwegs nach Italien, wo er einige prominente Sänger anwerben wollte –

zwei Wochen zuvor in der Rauhensteingasse eingestellt hatte, der Inszenator vom Prager »Figaro« und »Don Giovanni«, der nach kleiner Theater-Odyssee über Warschau an die Moldau zurückgekehrt war und nun Mozart lachend an die gemeinsamen Proben zum »Don Giovanni« erinnerte: »Wissen Sie noch, wie Sie der Caterina Bondini als Zerlina einen ganz bestimmten Schrei entlocken wollten und sie schrie nicht so, wie Sie es hören mochten?«

»Ich bin von hinten an sie herangeschlichen, habe plötzlich zugepackt, und sie schrie endlich, wie ich wollte.« Auch Mozart hatte gelacht, während Guardasoni fast melancholisch drein sah: »Ja, so einen Erfolg wie damals mit dem ›Giovanni‹ werden wir so rasch nicht wieder haben.«

Mozart nickte und sprach lieber nicht vom »Giovanni«-Erfolg ein halbes Jahr später in Wien. Denn der war mehr als flau gewesen. Kein »Bravo Mozart! Bravo Da Ponte!« diesmal.

»Wir brauchen Sie von neuem, lieber Mozart«, hatte Guardasoni jetzt den Komponisten angelächelt und ihm ein Buch hingestreckt, »die böhmischen Stände wollen unseren neuen Kaiser Leopold II. anlässlich seiner Krönung zum böhmischen König mit einem Werk besonderer Art erfreuen, und wer könnte so etwas schaffen, wenn nicht Sie?«

Mozart hatte im Buch geblättert und war schon beim Titel »La Clemenza di Tito« leicht erschauert. Zwar stammte es vom großen alten Pietro Metastasio, dem berühmtesten aller Operndichter. Aber bis dahin hatte sich wenigstens ein Dutzend Komponisten an dieser Geschichte um den altrömischen Kaiser Flavius Vespasian versucht: »Muss das wirklich noch einmal sein?«

Guardasoni lächelte verbindlich. Er wisse wohl, natürlich, dass der Text einige Patina angesetzt hätte, und ein Jammer sei es, dass für die fällige Bearbeitung kein Da Ponte mehr zur Verfügung stünde. Aber der hätte ihm noch vor seiner Abreise nach England einen guten Tipp gegeben und ihm seinen Freund Caterino Mazzolà empfohlen, Hofdichter zu Dresden, zur Zeit gerade in Wien.

»Die Zauberflöte« vergessen. Fürs erste jedenfalls. Das hier geht vor. Und einem kaiserlichen Ohr zu schmeicheln, ist am Ende einem Mozart gemäßer, als das Volk in der Vorstadt zum Jauchzen zu bringen.

Vielleicht, überlegt er manchmal, während er sich über den »Titus« beugt, vielleicht hat er nach dem »Idomeneo« den falschen Weg gewählt. Bei ihm stehen Menschen auf der Bühne, wie sie jeder kennt, das Paar Belmonte und Konstanze, ein Figaro, der eigentlich nichts als seine Ruhe will, seinen Posten, eine gute Ehe, also ein Bürger wie die meisten, und so übergroß dämonisch sich auch im »Don Giovanni« der Titelheld reckt, so sind doch die eigentlichen Helden die »kleinen Leute«, das Bauernpärchen Maseto und Zerlina.

Aber vielleicht, denkt Mozart jetzt, gehören solche Menschen gar nicht auf die Opernbühne, sondern wie früher Götter, Helden – oder eben ein Kaiser wie der Titus, »die Liebe und das Ergötzen des Menschengeschlechts«, wie ihm schon im Beinamen die Umwelt schmeichelte.

Er sei mehr? Er sei ein Mensch?

Recht nett, was da Schikaneder mit freimaurerischem Idealismus gedichtet hat. Aber ein Prinz wie Mozart sollte nur für Prinzen komponieren. Für die Menschen, die Papagenos aller Art sind die Papagenos da, von denen es in der Musikszene reichlich gibt.

»Wird's denn schön, Wolferl?« Konstanze sitzt aufrecht in ihren Kissen und presst den Säugling an die Brust.

»Sehr schön. Noch viel schöner als beim Gluck und beim Hasse.« Auch diese beiden Großwesire des Musiktheaters hatten sich schon an Metastasios »Titus« versucht.

Hasse, dessen Titus-Oper Mozart schon bei seiner ersten Italienreise in Cremona gehört hatte, ist um diese Zeit bereits acht Jahre tot, und Gluck hatten sie im »Don Giovanni«-Jahr 1787 in Wien zu Grabe getragen, so prunkvoll, als würde ein Fürst zur letzten Ruhe gebettet. Mozart sucht aber der Gedanke heim, mit welchem Gepränge sie wohl einmal ihn selbst in die Grube senken werden und ob auch dann ganz Wien, wie beim Gluck, Trauer tragen wird.

Oder haben sie ihn, dem das Burgtheater versperrt und gerade noch ein Vorstadttheater auf der Wieden bleibt, längst schon heimlich beerdigt? Ist es ein schon Toter, der jetzt diesen »Titus« schafft, für eine Aufführung fernab irgendwo in Prag?

Es klopft.

Die Magd tritt ein. Ein Herr wünsche den Herrn Mozart zu sprechen. Was für ein Herr? »Ein besonderer Herr irgendwie, gnädiger Herr Mozart!«

Mozart sieht hoch. Das Mädchen wirkt verwirrt, fast ängstlich. »Fürchtest du etwas, Kind?«

»Nein. Gewiss nicht«, stottert die Kleine. Nur etwas unheimlich sei der Besucher, ganz lang und hager und sehr blass und ganz in Grau, »selbst der Hut, die Schuhe, gnädiger Herr!«

»Bitte diesen grauen Herrn herein!«

Abends sitzt Mozart an Konstanzes Bett. Sie hat sich trotz heftigster Klagen über ihr unsägliches Leid bestens erholt und spricht nun dem Nachtmahl kräftig zu. Erst nach einer Weile fällt ihr auf, wie schweigsam ihr Mann ist. Der sitzt nur da, schält mechanisch einen Apfel und schiebt ihr von Zeit zu Zeit ein Scheibchen zwischen die Lippen.

»Iss doch selber etwas, Wolferl!«

Er schüttelt nur den Kopf, schält weiter, reicht ihr das nächste Scheibchen.

»Was ist denn nur? Worüber sinnst du die ganze Zeit?«

Er hält im Schälen inne, sieht vor sich hin. Plötzlich bricht es aus ihm heraus: »Heute war ein Mann bei mir, hat bei mir ein Requiem bestellt, für eine ganz junge Verstorbene, will mir sehr viel Geld zahlen ...«

»Das ist ja wunderbar! Dann kann ich recht bald wieder nach Baden zur Kur!« Konstanze schmiegt sich in ihre Kissen und zieht die Decke bis zum Kinn hoch.

Mozart nickt. »Wunderbar, vielleicht. Das Merkwürdige ist nur ...«

Er steht auf, geht zum Fenster, sieht zur Gasse hinunter und glaubt, dort im Abenddämmer den grauen Herrn zu erkennen, wie er dasteht und immerzu zum Fenster hochstarrt.

»Merkwürdig ist«, sagt Mozart so leise, dass ihn Konstanze kaum versteht, »dass nicht ich das Werk mit meinem Namen zeichnen soll, sondern es aussehen muss, als sei es von einem anderen komponiert.«

»Von diesem Herrn?« Konstanze langt nach dem letzten Apfelstückchen.

»Wohl eher von seinem Auftraggeber.«

»Wer ist das?« Konstanze findet die Geschichte recht spannend.

»Den hat er nicht nennen wollen.«

Noch immer sieht Mozart zur Gasse hinunter. Die ist leer. Aber er meint, den Fremden im Abendschatten verschwinden und ihn noch einmal mit grau behandschuhter Hand winken zu sehen.

Mozart reißt sich los und wendet sich wieder Konstanze zu: »Ich hätte das Ganze abgelehnt, wäre nicht das viele Geld gewesen. Außerdem hatte er eine Empfehlung vom Logenbruder Puchberg dabei, der uns oft genug geholfen hat. Schon deshalb wollte ich das Ansinnen nicht abschlagen. Obwohl ...«

Er zögert, flüstert endlich: »Der Herr da, der war so was wie mein Steinerner Gast. Ich glaube, es ist mein eigenes Requiem, das ich für ihn schreiben soll!«

»Wolferl!«

Konstanzes Schrei kommt so schrill, dass Mozart rasch abwinkt, als verscheuche er ein Gespenst, und er versucht sogar ein Lachen: »Das eigene Requiem zu schreiben, ist nicht das Schlechteste. Dann weiß man wenigstens, dass man zu guter Musik in den Himmel steigt. Und außerdem, sollte ich nun sterben«, noch ein kurzes Zögern, dann hastig, »dann würde mein letztes Werk eine Krönungsoper, nicht irgendeine Zauberposse sein.«

Sein Lächeln wird schief, und er denkt an alles, was man um diese Zeit aus Frankreich hört, von der Entmachtung des dortigen Bourbonenherrschers, vom revolutionären Geschrei, das ganz Europa durchhallt, er sagt mit einem Achselzucken: »Wie lange es wohl noch Könige gibt, zu deren Krönung Opern geschrieben werden?«

Nein, Sire, das ist eine Revolution

Der dicke Mann verstand die Welt nicht mehr. Sein blassblau hervorquellender Blick wanderte von einem zum anderen: »Was haben die Leute gemacht? Unsere Bastille gestürmt? Aber wozu denn? Die sollte doch sowieso abgerissen werden!«

Die Bastille, steinerner Ausdruck absolutistischer Willkür so wie das Schloss von Versailles Ausdruck absolutistischer Pracht, diente schon lange nicht mehr als Gefängnis und Zuchtstätte unbotmäßiger Adliger.

Einer der Herren vor dem Schreibtisch ihres Königs Ludwig XVI. räusperte sich ein wenig: »Es ging dem Pöbel wohl mehr ums Symbol, Sire!«

»Symbol wofür?«

Die Herren sahen nun allesamt sehr angestrengt auf ihre Fußspitzen: »Für, nun ja, gewisse Auswüchse königlicher Macht!« Das also, aha, wird hier infrage gestellt. Die königliche Macht.

Der Blick Ludwigs XVI. wanderte zu dem Gemälde über seinem Schreibtisch, das er dort gleich zu seinem Regierungsbeginn hatte aufhängen lassen. Englands unhappy king, der hingerichtete Karl I., vom Meister Anton van Dyck gemalt. Was hatte der Stuart nur falsch gemacht, dass er solch ein Ende nahm? Was müsste er selbst als König anders machen? Darüber hatte er in manchen langen Stunden nachgegrübelt.

Jetzt schüttelte er langsam den breiten Schädel: »Aber das ist ja eine Revolte!«

»Nein, Sire«, wurde nun einer in der Runde sehr kühl und genau, »das ist eine Revolution.«

Das war im Sommer 1789 gewesen, und tatsächlich war es damals eine Revolution, die an diesem 14. Juli in Frankreich begonnen hatte. Das sollten jedoch die Menschen nur sehr allmählich begreifen, so auch Mozart in Wien.

Auch ihn hatten die Nachrichten aus Paris erreicht, und sogleich hatte er ans London von 1765 zurückgedacht, während seines ersten England-Besuchs. Damals sprach die Stadt nicht nur von seinen Sensationserfolgen als Wunderkind, sondern erbebte zugleich unter dem Aufruhr britischer Seidenspinner, die in wütender Erbitterung gegen billige französische Importe protestiert hatten.

Garde hatte ausrücken müssen, die Demonstranten mit ihren wehend schwarzen Fahnentüchern auseinander zu treiben. Aber noch lange hallte London vom Geschrei der Rebellen wider, und der Junge hatte den Vater gefragt: »Dürfen die das denn?«

»Nein, Wolfgangerl. Das dürfen die nicht.«

Aber sie hatten in Paris auch nicht die Bastille stürmen dürfen und taten es dennoch.

Mozart beschäftigten in diesem Jahr 1789 ganz andere Sorgen. Die triumphale Uraufführung seines »Don Giovanni« im frühem Herbst 1787 und die folgenden glücklichen Tage von Prag waren nur allzu rasch vorübergeflogen. Hier in Wien, wohin er im November zurückgekehrt war, war er wieder nichts als der kleine Musikus ohne hohes Amt und feste Pfründe.

Es hatte allerdings bei seiner Rückkehr aus Prag ein ermutigendes Zeichen gegeben.

Noch auf der Heimfahrt hatten Konstanze und er vom Tod des großen Gluck am 15. November erfahren, und danach war es längere Zeit in der Kutsche still gewesen. Endlich hatte Konstanze mit kleinem verlegenen Zögern gefragt:

»Der Herr Gluck, der war doch der Hofkomponist. Nicht, Wolferl?«

Mozart nickte mit leicht neidischem Lachen: »Zweitausend Gulden im Jahr hat er bekommen und dafür kaum einen Finger krumm machen müssen.«

»Zweitausend Gulden!« Konstanze musste die Summe erst mal fassen. »Und wer wird nun sein Nachfolger?«

Mozart wich ihrem Blick aus: »Der Salieri vielleicht.«

Es wurde aber nicht Salieri, sondern am 7. Dezember des Jahres Mozart selbst, der sich jedoch mit achthundert Gulden zufrieden geben musste. »Immer noch viel Geld«, beschied ihn auf sein leises Murren hin der Intendant Graf Rosenberg, »und im übrigen hoffe ich, dass Sie sich der Ehre bewusst sind, dem größten aller Musiker im Amt zu folgen.«

Mozart sagte nichts. Der größte aller Musiker war einzig er selbst. Aber diese Erkenntnis schien das gräfliche Fassungsvermögen zu überfordern.

»Es hätte natürlich«, fuhr der Graf fort, »eigentlich nur einer werden dürfen.«

Mozart sah fragend hoch.

»Unser Herr Salieri. Aber der tritt bald schon als Hofkapellmeister die Nachfolge unseres kranken Maestro Bonno an, und wir wollen ihn nicht überfordern. Ein Genie will gepflegt, nicht ausgebeutet sein.« Auch auf Giuseppe Bonnos Nachfolge hatte Mozart ein Auge geworfen, aber nur zu genau gewusst, dass er keine Chance hatte.

»Außerdem«, gluckste der Graf, so absurd erschien ihm diese Vorstellung, »ist es denn einem Salieri zuzumuten, einzig Tanzmusik für unsere Maskenbälle zu komponieren, wo er wahrhaft anderes zu tun hat? Nein, Mozart, das können Sie ebenso gut.«

Mozart schluckte. Schrieb die verlangte Tanzmusik. Und harrte der Aufführung seines »Don Giovanni«, von der er sich in Wien einen ähnlichen Triumph erhoffte wie in Prag.

»Wann wird das sein, Wolferl?«

»Bald, Stanzerl.«

»Hoffentlich. Wir brauchen das Geld.«

Die Mozarts brauchten es wirklich. Die achthundert Gulden festes Jahresgehalt langten hinten und vorn nicht, die gewaltigen Löcher im Mozart'schen Haushalt zu stopfen. Mozart verstand das selber nicht. So schlecht verdiente er doch gar nicht, alles in allem fast viertausend Gulden im Jahr, ein ganz stattlicher Betrag, und weit größere Familien als die seine mussten mit viel weniger auskommen.

Aber am Ende des Jahres war es immer das gleiche. Keine Rücklagen, nur neue Schulden. Und schon konnten die Mozarts manche Miete nicht zahlen, die Zeit der ständigen Umzüge begann, von einem billigeren Quartier ins nächste, noch billigere. Auch sah man zuweilen den Herrn Mozart verschämt im Pfandhaus verschwinden, die eine und andere entbehrliche Preziose zu versetzen. Aber noch immer reichte das Geld nicht.

»Wir werden uns was leihen müssen.«

»Im Pfandhaus? Aber was sollen wir denn noch versetzen?«

»Nicht im Pfandhaus. Von Freunden.«

Mozarts runde Stirn legte sich in Falten.

Nein, er dachte nicht über das nächste Werk nach. Er überlegte angestrengt, wer denn aus der Schar seiner Bewunderer am ehesten angepumpt werden könne.

»Der Puchberg vielleicht. Michael Puchberg.«

»Warum denn gerade der? Du hast doch so viel reichere, vornehmere Freunde.«

Die hatte Mozart. Solche von klingendem Adel, die ihn zu den Konzerten in ihre Villen und Paläste baten, und er bot ihnen das Bild, das sie von ihm haben wollten, den immer wohlgelaunten Musenjüngling im goldgestickten Samtrock mit makellos silberweiß gepuderter Perücke, unter dessen begnadeten Fingern sich jede irdische Schwerkraft aufzuheben schien.

Wie denen nun beibringen, dass es gar nicht so gut um ihn stand? Sollte er diesen Herrschaften sagen, wie es wirklich hinter der schimmernden Fassade aussah? Undenkbar. Sie hätten es gar nicht verstanden. In ihren Kreisen sprach man nicht von Geld. Man hatte es.

Puchberg hatte Geld, und er sprach davon. Ein Kaufmann, der in ein gut gehendes Textilunternehmen eingeheiratet hatte, Logenbruder dazu. Bruder Mozart brauchte Geld? Puchberg nickte. Er sollte es bekommen. Auch wenn Puchberg von Mozarts Musik nicht gar so viel verstand.

Die Zeit der Bettelbriefe, wenigstens zwanzig in vier Jahren, fing an.

Bis dahin hatte Mozart selbst oft Bittschreiben bekommen, zumeist von mittellosen Musikern, die um ein Darlehen flehten, nicht selten und seltsamerweise in der exakten Höhe eines Honorars, das Mozart gerade erhalten hatte. Darüber dachte er nicht lange nach und gewährte die Bitte, ohne vom geborgten Geld je einen Heller wiederzusehen.

Auch Bettler zogen vom Haus Mozart stets reich beschenkt davon, der Gulden saß ihm nur allzu locker, und drängten sich bei seinen Konzerten an der Kasse Leute, die wohl hinein, aber nicht zahlen wollten, rief er den Wächtern an der Tür lachend zu: »Lasst die Leutchen nur herein! Umsonst! Aufs Geld kommt's doch nicht an!«

Es kam aber sehr wohl darauf an, und Mozart stand manche Nacht an seinem Schreibpult. Er schrieb nicht Noten, sondern immer neue Bittgesuche an den geduldigen Puchberg, versetzt mit eifrigsten Freundschaftsbekundungen und lebhaften Beteuerungen, das erbetene Geld – mal hundert, mal fünfhundert Gulden – bei der nächsten Gelegenheit, jawohl, gleich nach dem nächsten Konzert zurückzuerstatten.

Aber die Konzerte des Herrn Mozart wurden immer seltener, zwar angekündigt, aber meistens wieder abgesagt, weil sich zu wenige Besucher fanden und selbst unter Kennern die Meinung umging: »Ganz göttlich, was wieder sein Genie ersonnen hat, doch leider: Wir verstehen es nicht.« So schließlich auch am 7. Mai 1788 nach der Wiener Uraufführung des »Don Giovanni«, bei der Graf Ludwig Zinsendorf, einer der großen Tagebuchschreiber dieser Zeit, den meisten aus der Seele gesprochen haben dürfte, als er lakonisch notierte: »Mich beim Giovanni gelangweilt.«

Das war die Ansicht vieler. Und Freund Haydn meinte, als er Mozart mit einem väterlichen Lächeln die Hand auf die Schulter legte: »Sie sind und bleiben für mich der größte aller Opernschreiber. Aber ich fürchte, Sie haben ein Werk für sich und mich und Leute wie unsereins geschaffen. Nicht fürs Volk!«

Dieses Volk brachte aber das Geld in die Kasse, und beim »Giovanni« waren es nach gerade fünfzehn Vorstellungen vor halb leerem Haus 252 Gulden für den Komponisten.

So was wie Trost kam ausgerechnet von Salieri.

Der war wirklich Hofkapellmeister geworden, damit fast uneingeschränkter Herr in seinem Reich, und sein »Tarare« in der Da-Ponte-Fassung unter dem neuen Titel »Axur, König von Ormus« ein noch größerer Erfolg als in Paris. Er stand nun im Zenit seines Weltruhms, blickte aber eher verdrossen, als ihm einmal Mozart begegnete.

»Keine gute Zeit für uns Musiker, mein Freund«, seufzte er und sah aus seinen dunklen Augen noch melancholischer drein als sonst.

»Weil sie jetzt das Nationaltheater endgültig geschlossen haben? Das dürfte Sie doch kaum bedrücken«, entgegnete Mozart spitz.

Der Kaiser hatte sich zu dieser Schließung durchgerungen, als der Schuldenberg am Kärntnertor achtzigtausend Gulden überstiegen hatte, und mit einer allerletzten Vorstellung der »Entführung« war es aus mit diesem Experiment einer deutschsprachigen Singspielbühne, für die einmal auch Salieri ein Werk geschrieben hatte, allerdings mit der Erkenntnis, dass ein deutsches Singspiel so ganz nicht seine Sache sei.

Wozu also jetzt dieses geheuchelte Bedauern? Mozart war wie immer bei Salieri auf der Hut.

Aber der schien den Giftpfeil nicht gespürt zu haben: »Heute ist es das Nationaltheater, morgen wird es die Hofoper sein. Seitdem sich unser Kaiser entschlossen hat, mit den Türken Krieg zu führen, ist er noch sparsamer geworden, und wo wird wie immer zuerst gespart? Bei der Kunst.«

Er legte Mozart vertraulich beide Hände auf die Schultern: »Lassen Sie uns dennoch weitermachen, Mozart! Männer wie wir wissen, dass es noch anderes gibt als Geld!«

Dazu konnte Mozart nur nicken.

Es gab sehr wohl anderes. Es gab die Musik. Und wenn er sie auf keiner Bühne spielen durfte, sie niemand im Konzertsaal hören wollte, so konnte sie immer noch in seinem Kopf und Herzen stattfinden.

So saß er denn oft nächtelang am Klavier, und die Worte dieses Jungen namens Beethoven gingen ihm immer wieder durch den

Sinn. Dass der Künstler in seiner Kunst seine innigsten Gefühle verströmen könne.

Wenn es danach ginge – Mozart lachte kurz und bitter auf –, hätte er wohl zu dieser Zeit nur Trauerkantaten und Jammerarien verfassen dürfen. Aber ihm gelangen gerade jetzt die Goldklänge einer Jupitersymphonie und zuvor schon das Silbergespinst seiner ganz »unnächtlich« hellen Kleinen Nachtmusik.

Heiteres also. Lebenslust. Festliche Fröhlichkeit. Wie heiter Mozart selber war, ging keinen etwas an.

Das Jahr 1788 war vorübergezogen, das neue Jahr hatte wieder einmal einen Umzug gebracht, an den Judenplatz in der Innenstadt. Dort saß ihm ein vertrauter Bekannter gegenüber, so alt wie er und doch sein Schüler, Fürst Karl Lichnowsky in strammer Preußenuniform. »Gut sehen Sie aus!«, nickte ihm Mozart ein klein wenig ironisch zu. Lichnowsky, Künstler in seinem ganzen Wesen, hatte wenig Soldatisches und schon gar nichts Preußisches an sich.

»Sie meinen das bunte Tuch?«, lächelte Lichnowsky zurück, »zu dem berechtigen mich meine schlesischen Güter, nachdem unser verehrter verstorbener Fridericus Schlesien unserer hochseligen Maria Theresia abgeknöpft hat. Leider hat das auch seinen Nachteil.«

Er sah zum Fenster hinaus, als wolle er vom bunten Treiben auf den Wiener Straßen Abschied nehmen: »Als preußischer Offizier darf ich nicht immer hier in Wien bleiben, sondern muss mich von Zeit zu Zeit in Berlin blicken lassen, wie jetzt wieder. Im April geht die Reise los. Und darum, lieber Mozart«, er lehnte sich zurück und stützte die Fingerspitzen gegeneinander, »darum bin ich heute hier.«

Mozart verstand nicht. Was hatte er mit Lichnowskys Reise nach Berlin zu tun?

»In meinem Wagen wäre noch ein Platz frei. Wollen Sie mich nicht begleiten?«

»Was um Himmels willen soll ich in Berlin, bester Lichnowsky?«

Der Fürst hatte nach einer porzellanenen Bonbonniere gelangt und betrachtete ausgiebig die darauf gemalte Miniatur, einen in süßestem Pastell gemalten Engelskopf: »Wir haben jetzt in Berlin einen äußerst musikalischen König, Mozart.«

»Das war der frühere auch. Nur hatten die Musiker nicht viel davon.«

Mozart erinnerte sich, was Johann Christian Bach vom Besuch des Vaters im Schloss von Sanssouci erzählt hatte. Wie Preußens Friedrich zwar den Alten mit allem Glanz empfangen hatte, ganz von Musiker zu Musiker, ihm dann aber eine kaum lösbare Aufgabe gestellt hatte, eine sechsstimmige Fuge nach einem vorgegebenen Thema. Bach hatte sie dennoch gelöst und sein »Musikalisches Opfer« geschaffen, dafür jedoch nie einen Heller Honorar gesehen.

»Vergangenheit«, lachte Lichnowsky, als ihm das Mozart erzählte.

Der alte König sei krankhaft sparsam gewesen. Der neue Herrscher Friedrich Wilhelm II. aber, der vor zwei Jahren seinem endlich unter dem dankbaren Seufzen seiner Untertanen gestorbenen Onkel auf dem Preußenthron gefolgt war, sei eher zu verschwenderisch als zu geizig.

»58 Millionen Taler Staatsschatz hat ihm der große Fritz hinterlassen. Es würde mich nicht wundern, wenn daraus am Ende bei seiner Verschwendung und allen Mätressen 58 Millionen Schulden geworden wären«, meinte Lichnowsky und ahnte nicht, dass er ein prophetisches Wort gesprochen hatte.

Die Künste aber, setzte er im gleichen Atemzug dazu, profitierten von der königlichen Verschwendungssucht bestens. Die tüchtigsten Leute ziehe der Hohenzollernherrscher in die Spree-Metropole, Maler, Architekten, Bildhauer …

»Musiker!«, ergänzte Mozart leise, und Lichnowsky nickte. Er blieb zum Nachtmahl, und bei Tisch erzählte Mozart seiner Frau vom Berliner Reiseplan.

»Das ist ja ganz wunderbar«, jauchzte Konstanze und klatschte kindlich in die Hände, »Berlin muss eine unglaublich aufregende Stadt sein, viel spannender als Wien. Wie schön, das nun selbst zu sehen.«

»Die Einladung, Stanzerl«, murmelte Mozart verlegen, »gilt wohl nur für mich. Und außerdem«, setzte er hastig hinzu, »bist du doch wieder schwanger. Da wäre eine solche Reise für dich viel zu anstrengend. Nicht wahr, Lichnowsky?«

Der Fürst nickte ihm über den Tisch hin Zustimmung zu. Konstanze als Reisebegleitung, das fehlte gerade noch! Wie die meisten Mozart-Schüler konnte er die Frau seines Meisters nicht leiden.

Den Kragen nass geweint von Konstanzes Abschiedstränen, die allerdings weniger dem scheidenden Gatten als dem eigenen Daheimbleiben gegolten hatten, startete Mozart mit Lichnowsky am 8. April 1789 und hatte sein schlechtes Gewissen gegenüber der zurückbleibenden Gemahlin rasch vergessen. Erste große Station sollte Prag sein.

»Den Guardasoni werde ich wiedersehen«, plapperte er in überschäumender Vorfreude, »vielleicht rückt er wieder mit einem Opernauftrag heraus, und die Duscheks müssen Sie kennen lernen, Lichnowsky, ganz reizende Leute mit einem Landhaus vor der Stadt. Dort habe ich letzte Hand an den ›Giovanni‹ gelegt. Die Frau Duschek sollten Sie aber mal auf der Bühne erleben, eine wahre Juno mit gewaltiger Stimme und ebensolchen Brüsten . . .«

»Mozart!«, mahnte sein Mitreisender lachend, aber Mozart war nicht zu bremsen: »Eine großartige Sängerin, eine ganz großartige Frau, auf der Bühne wie im . . .«

Verlegen brach er ab. Lichnowsky trällerte rasch eine kleine vergnügte Melodie.

Guardasoni war dann nur kurz zu sprechen gewesen. Die Sache mit dem festen Opernauftrag hatte er in der Schwebe gehalten und war in Gedanken schon mehr in Warschau, wohin er bald als Opern-Impresario überzusiedeln gedachte. Und auch Frau Duschek wurde nicht angetroffen. Sie gastierte gerade in Dresden.

Also weiter nach Dresden, wo sich sogar der zu Depressionen neigende, allen Fremdlingen und speziell fremden Musikern gegenüber ablehnende Kurfürst herbeiließ, den Komponisten zu einem Konzert in die Gemächer der Kurfürstin zu bitten und ihn anschließend mit einer goldenen Dose voller Dukaten zu belohnen, hundert genau, wie Mozart in der Stille seines Zimmers mit eifriger Gier nachzählte. Sonst war diese Reise kein lukrativer Erfolg geworden.

Aber das ignorierte Mozart in gewohnter Weltvergessenheit. Ihm kam es vor allem darauf an, sich endlich mal wieder als Virtuose von Weltrang gefeiert zu sehen wie einst in Wunderkind-Tagen. Gierig schlürfte er allen Applaus, genoss jede Aufmerksamkeit. Und dann war als Station vor Potsdam und Berlin Leipzig erreicht, die Stadt von Johann Sebastian Bach.

In der Thomas-Kirche trat ihm ein sehr alter Herr entgegen, Johann Friedrich Doles, Komponist, Organist, derzeit Thomas-Kantor. Er hatte noch den alten Bach gekannt, war sein Schüler gewesen, fühlte sich als sein Erbe. Jetzt griff er nach Mozarts Hand und zog ihn zur Orgel-Empore hinauf, über die einmal der Legende nach der alte Bach in einem seiner häufigen Wutanfälle einen unfähigen Schüler hinabgestoßen hatte: »Es schmerzt mich immer, wenn auf dieser Orgel ein anderer spielt als er. Es ist, als bräche ein Fremder in sein Haus ein. Aber Sie, Herr Mozart, dürfen, ja, Sie müssen es tun.«

Mozart spielte. Doles, ein schmaler Schatten unten im Kirchenschiff, saß zusammengesunken in einer Bank, als erdrücke ihn fast die Last erhabener Tradition, und seine sich lautlos bewegenden Lippen schienen jeden einzelnen Ton mitzuformen. Als dann Mozart wieder herunterkam, griff er mit zitternder Hand nach ihm: »Mir war eben während Ihres Spiels, als sei unser Meister Bach wiedererstanden.«

Mozart war die Rührung des Alten – tatsächlich, nun wischte er sich auch noch eine Träne aus dem Augenwinkel – eher peinlich. Er sah sich um. »Hier also«, sagte er mehr, um etwas zu sagen, »hier ruht er irgendwo.«

»Irgendwo, ja«, nickte Doles, »niemand kennt die genaue Stelle. Und wozu auch? Ganz St. Thomas ist sein Grabdenkmal und wird es immer bleiben.«

Mozart sollte noch ein weiteres Mal nach Leipzig kommen und

dann ein Konzert im Gewandhaus geben, dessen Gesellschaft sich zwar der innigsten Beziehungen zum toten Bach rühmte, zu dessen Lebzeiten aber nicht ein einziges Stück von ihm aufgeführt hatte. Mozart fühlte sich dennoch herzlich wohl, zumal beim Konzert seine geschätzte Josepha Duschek mitgewirkt hatte.

Berlin hatte sich rauer, spröder als die Pleiße-Stadt gezeigt, und Majestät hatten auf sich warten lassen. Mozart stampfte ungeduldig auf. Was hatte denn sonst noch dieses Spree-Athen zu bieten, das erst vor kurzem aus provinziellem Halbschlaf aufgeschreckt war, nun laut, großmäulig, frech, fast ein anderes, etwas kleineres Paris?

Die »Entführung«, sieh an! Die wurde im Theater am Gendarmenmarkt gegeben, genau gegenüber Mozarts Quartier. Und die abends in festlicher Robe ins Bühnenhaus drängenden Besucher entdeckten vorn am Orchester einen aufgeregt auf und ab trippelnden kleinen Mann im schäbigen grauen Reiserock.

Auch die Musiker bemerkten ihn, sahen sich verwundert an, grinsten. Die Musik setzte ein. Der kleine Mann wurde immer zappliger. »Nein«, hörte man ihn murmeln, immer wieder, immer lauter: »Nein, nein, nein«, und als dann noch eine Geige ein Dis statt des vorgeschriebenen D zu spielen wagte, stieg ein veritables »Verdammt noch mal!« zum Theaterhimmel auf.

Ein Raunen hatte eingesetzt, erst im Orchester, dann auf der Bühne, schließlich im ganzen Saal: »Mozart ist da! Der Mozart persönlich!« Am Ende zogen ihn aber die Sänger zu sich auf die Bühne hinauf, er musste sich immer wieder verbeugen, und hinter der Bühne umdrängten sie ihn wie eine Schar Gläubige ihren endlich gefundenen Hohen Priester.

Mozart lachte, dankte, war gerührt. Und dann tönte eine silberweiche Stimme: »Und, war ich sehr schlecht, Maestro Mozart?« Henriette Baranius trat vor, die Sängerin des Blondchens, die Mozart schon die ganze Vorstellung über aufgefallen war, wenigstens ebenso ihrer schwingenden Hüften und prallen kleinen Brüste wegen wie ihres entzückend schmiegsamen Soprans.

Galant küsste er ihre Hand und ließ die Lippen länger als nötig auf der kühlen weißen Haut ruhen: »Sie singen ganz herrlich, meine Liebe. Sie müssten allerdings noch einiges lernen.« Henriette schlug die Augen nieder und spielte verschämtes Entzücken: »Von wem, wenn nicht von Ihnen, verehrter Meister?«

Als sie am nächsten Morgen die Sonne weckte, reckte Mozart wohlig die bloßen Arme dem neuen Tag entgegen und rief mit einem gewaltigen Gähnen aus: »Wäre doch nur euer König so rasch zu erobern wie seine Sängerinnen!« Henriette hatte spielerisch die Decke von seinem nackten Leib gezogen und leise gekichert: »Sie haben einen kleinen Wanst, Herr Mozart!«

Verschämt drehte er sich auf den Bauch, und sie tupfte rasch einen kleinen Kuss auf seine Hinterbacke, die linke mit dem Leberfleck. Dann kuschelte sie sich in die Kissen zurück: »Sie wollen vom König empfangen werden? Aber warum sagen Sie das denn nicht gleich?« Mozart hatte nicht wissen können, dass Henriette Baranius eine der vielen Geliebten von Friedrich Wilhelm II. war.

Bei seiner Heimkehr nach Wien im frühen Juni erzählte er Konstanze natürlich nichts von Henriette, umso mehr aber vom endlich erfolgten Besuch beim preußischen König.

»Den dicken Wilhelm nennen ihn die Preußen, weil er ziemlich groß und breit ist, ein richtiger Herkules ...«

»Ein was?«

»Ein Herkules. Ein Held der alten Griechen.«

»Wie kommt denn der nach Berlin?«

Mozart staunte schon lange nicht mehr über die Bildungslücken seiner Frau. Im Hause Weber war nun einmal antike Mythologie kein Lehrfach gewesen.

»Er wirkt nur wie ein Herkules, meine ich. Und er sagt zu allen Leuten ›Sie‹, nicht ›Er‹ wie sonst die Fürsten, und ich wollte ihn auf Französisch ansprechen. Aber er redet nur Deutsch mit diesem merkwürdigen Berliner Akzent. ›Det is jut‹, sagen die Leute dort oder ›Mensch Meechen‹, wenn sie ›mein Mädchen‹ meinen.« Er hatte den fremden Dialekt zu imitieren versucht und brach lachend ab. Konstanze wollte aber ganz anderes wissen.

»Nun erzähl schon! Holt er dich als Hofkapellmeister nach Berlin?«

»Nein. Das nicht.« Sehr zögernd kam das. Denn auch er hatte wenigstens mit einem Angebot aus dieser Richtung gerechnet. »Ich hätte es gar nicht angenommen«, sprudelte er endlich, seine Verlegenheit zu überspielen, »ich tausche doch nicht diesen preußischen Potentaten gegen unseren guten Kaiser Joseph.« Hierüber staunte er selbst am meisten, denn noch nie war ihm dieser Kaiser besonders gut vorgekommen.

»Und wie steht es mit der Oper? Hast du wenigstens für ein neues Werk einen Auftrag?«, bohrte Konstanze weiter.

Nein, keine Oper. Mozart sah vor sich hin. Wie dringlich wünschte er sich ein neues Werk dieser Art, schon um Salieri und alle anderen Konkurrenten auf diesem Gebiet endlich zu übertrumpfen. Aber ein guter Stoff musste her, und mehr noch, wichtiger: ein Auftrag. Ein zweites Mal wollte er nicht, wie beim »Figaro«, gleichsam auf eigene Rechnung ein solches Unternehmen wagen.

»Der König hat mir einen anderen Auftrag gegeben«, sagte er jetzt rasch, »sechs Streichquartette für sich selbst und sechs Klaviersonaten für seine älteste Tochter Friederike.«

»Zahlt er wenigstens dafür?«

»Sogar ganz gut!«

»Dann kann ich ja endlich mal nach Baden zur Kur fahren.« Sie war zwar noch nie in Baden gewesen, aber es erschien ihr wie ein Inbegriff der großen Welt und eine Badekur dort, wie sie nur richtig feine Damen machten, wie ein Gipfel all ihrer Träume vom besseren Leben.

Mozart hatte erstaunt hochgesehen: »Fehlt dir denn etwas, Stanzerl?« Das Kind, dachte er zugleich. Hoffentlich ist nichts mit dem Kind, das Konstanze nun schon im fünften Monat erwartete.

Aber es war nichts mit dem Kind. Dafür langte sie zum Knöchel hinunter, rieb ihn mit einem wie im bittersten Schmerz verzogenen Gesicht: »Mein Fuß, Wolferl. Der schlimme Fuß. Er schmerzt ganz höllisch, die ganze Zeit, da du durch die Städte von Triumph zu Triumph zogst, Feste gefeiert, wohl auch manch hübscher Frau zugeblinzelt hast. Geh, ich kenn dich, Wolferl ...«

Henriette, dachte er. Und nicht nur sie. Da würde er wohl auch seinem Frauchen mal ein Vergnügen gönnen müssen. Sollte sie also nach Baden fahren: »Wenn dein Fuß nur recht bald wieder genesen ist, Stanzerl ...«

Der Fuß genas in einem Tempo, dass man nahezu an ein Wunder glauben mochte. Mozart daheim, mit den Musiken für den Preußenkönig beschäftigt, die ihm nicht recht von der Hand gehen wollten, und im übrigen mit den Gedanken bei einer geplanten »Figaro«-Neueinstudierung am Burgtheater, erreichten recht seltsame Berichte.

Sein Stanzerl, erfuhr er, lasse in Baden kein Tanzvergnügen aus, sei trotz schlimmem Fuß und Schwangerschaft von allen Tänzerinnen die wildeste, säße auch überaus gern im Cafe und lasse sich von galanten Herrn schön tun.

Zur Augustmitte hin ertrug Mozart die immer bunteren Gerüchte nicht länger. Er selbst holte Konstanze aus Baden ab. Sie schmollte: wo doch schon die Schwangerschaft so schwer und lästig sei, und nun missgönne er ihr auch noch die kleinsten, weiß Gott harmlosen Freuden.

Er ging auf alle Gerüchte nicht weiter ein, sondern tätschelte ihr nur die Hand: »Schenk mir ein Töchterchen! Das ist das Wichtigste!« Denn das wünschte er sich über die Maßen, nachdem im letzten Jahr ihre erste Tochter Theresia bald nach der Geburt an »Gedärmfrais« gestorben war.

Der Herbst 1789 kam. In Europa war viel geschehen. Zumal in Frankreich.

Dort war nicht nur die Bastille gestürmt worden. Schon zuvor hatten sich im Ballhaus zu Versailles, wo sonst die Höflinge ihre Federballschläger schwangen, die Vertreter des dritten Standes, die Bürger also, die Figaros der Gesellschaft, zur Nationalversammlung erklärt und schienen bereits Figaros Lied vom Tänzchen mit dem Herrn Grafen kampflustig zu summen.

Ein toller Tag. Doch kam es noch toller.

In der ersten Septemberwoche waren die Weiber aus den Pariser Hallen nach Versailles marschiert. Sie hatten König und Königin mit sich in die Hauptstadt zurückgeschleppt, hinaus aus der Isolierung, in die rund hundert Jahre zuvor der Sonnenkönig die Monarchie mit seinem Rückzug auf Versailles getrieben hatte. Die Königin aber, jene Marie Antoinette, die einst das Kind Mozart hatte heiraten wollen, hatte oben an ihrem Fenster gestanden.

Sie hatte hinunter in den Schlosshof gestarrt, wo im lodernden Fackelschein die abgeschlagenen Köpfe ihrer Gardisten auf Piken herumgeschwenkt worden waren. Und sie, die all die Jahre in Versailles wie einen einzigen schwebenden Traum durchtanzt hatte, mit viel Neckerei und Schäferspiel, war plötzlich wach geworden und hatte geflüstert: »Dies werden wir alle nicht überleben!«

Die Revolte war zur Revolution geworden.

In Wien wurde aber am 16. November am Judenplatz den Mozarts ein Kind geboren. Es war ein Mädchen und sollte Anna Maria heißen, wie Mozarts Mutter. Selig presste der Vater das Bündelchen an seine Brust: »Ich bin der glücklichste aller Menschen.«

Wie benommen vor Freude wankte er hinaus, setzte sich, vergrub das Gesicht in den Händen. Das waren Augenblicke tiefster Erfüllung, wie sie ihm sonst nur die Musik schenkte. Für einen kurzen Moment fühlte er sich eins mit seiner Welt und Gottes ganzer Schöpfung.

»Herr Mozart!«

Die Hebamme stand in der Tür: »Ihr Kind ... ihre Tochter ... die Anna Maria ...« Das Kind war gleich wieder gestorben. Mozart sagte nichts.

Er ging nur ans Klavier, griff in die Tasten, spielte. Hell. Heiter. Mozarts nächste Oper sollte so beginnen.

Mitte September 1791

Das also ist diesmal Prag gewesen! Sehr verschieden von Mozarts Prag-Reisen zuvor!

Kein Casanova im Parkett, kein »Giovanni«-Triumph, und zu den Melodien aus der neuen Mozart-Oper ist nicht wie einst nach dem »Figaro« in den Kneipen und auf den Bällen getanzt worden. Alles war in diesem Herbst 1791 etwas anders als bei den früheren Besuchen an der Moldau.

Der Wagen mit den Mozarts rumpelt durchs Stadttor zur Straße nach Wien hin, und Mozart schießen die Tränen in die Augen, als er an den Abschied von den Duscheks denkt.

Herzlich wie immer haben sie ihn aufgenommen, für ihn wieder das Landhaus geräumt, damit er in Ruhe arbeiten kann, und sich sogar mit Konstanzes geräuschvoller Gegenwart abgefunden.

Jetzt beim Abschied hatten sie so ernste Gesichter gemacht, als würden sie sich am Ende niemals wiedersehen, und Josepha hatte Mozart zärtlich über die Wange gestrichen: »Du siehst blass aus, Lieber, überarbeitet. Pass ein wenig auf dich auf!« Wie eine besorgte Mutter hatte sie zu ihm gesprochen, und Mozart hat eine Grimasse gezogen, die ein jungenhaft vergnügtes Grinsen hatte sein sollen. Aber das war ihm nicht recht gelungen.

Jetzt lehnt er sich aus dem Fenster und sieht noch einmal auf Prags im graugoldenen Dunst verschwimmendes Panorama zurück.

Das ist »seine« Stadt, ja, und das Orchester dort »sein« Orchester, das wie kein anderes um diese Zeit so genau und silberhell den spezifischen Mozart-Klang trifft. Und die Prager sind in ihrer Liebe zu ihm stürmisch wie immer gewesen, mit Jubelrufen und Beifall, wo er sich zeigte, ihr Liebling, der Maestro, »unser Herr Mozart«.

Der eigentliche Anlass der Reise aber, diese Oper »La clemenza di Tito« zur Krönung vom neuen Kaiser Leopold zum König von Böhmen, nun ja ...

Mozart lässt sich in die Polster zurücksinken und betrachtet aus schmalen Augen Süßmayr, wie er ihm gegenüber in vertrauter Ergebenheit neben Konstanze hockt.

Mozart beißt sich auf die Lippen. Die dunkle Ahnung, Süßmayr und nicht er könne Vater des kleinen Franz sein, den sie in Wien bei einer Pflegerin zurückgelassen haben, liegt noch immer wie ein Schatten über ihm. Doch selbst wenn sie sich bestätigt hätte, würde er es sich nicht leisten können, den Burschen zum Teufel zu jagen. Viel zu dringlich braucht er ihn.

Ohne seine Hilfe – höchst widerwillig gesteht er sich das ein – hätte er nie den »Titus« fristgerecht in nur drei Wochen abliefern können, nein, selbst ein Mozart kann so etwas nicht. Die Hinfahrt nach Prag steht ihm jetzt wieder vor Augen, er mit der Partitur auf den Knien, im Reisewagen, abends im Gasthaus.

Fieberhaft war die Feder übers Notenblatt geflogen. Zuweilen hatte er in die Rocktasche gelangt, die Silberbonbonniere mit den kleinen Pillen hervorgezogen, die ihm vor seiner Abreise der Apotheker gemixt hatte, als er unter der anfallenden Arbeitslast schier zusammenzubrechen drohte.

»Nehmen Sie das, Herr Mozart! Dann sind Sie gleich wieder munter!«

Für Stunden war Mozart wirklich munter, fast zu munter gewesen. Dann strömten die Noten nur so aus ihm heraus, er hätte Welten einreißen, neue schaffen mögen. Aber ebenso heftig brach plötzlich wieder eine lähmende Müdigkeit über ihn herein.

Lethargisch starrte er dann vor sich hin, konnte kaum die Feder heben, schob dann nur das Blatt Süßmayr zu, der sich eifrigst daranmachte, unter ständigem »Genial! Einfach genial, Meister!«-Gemurmel die begonnenen Rezitative weiter auszuführen.

Mozart fühlte sich aber von schwärzesten Gedanken heimgesucht, das Rheuma, sein altes Leiden, meldete sich schmerzhaft wieder, und auf den Händen zeichneten sich hektische rote Flecken ab. »Ich bin krank, sterbenskrank«, murmelte er zuweilen, aber niemand achtete darauf.

Weiter war es auf Prag zugegangen.

Auch jetzt bei der Rückreise fühlt Mozart Mattigkeit und Schwindel, die Gelenke schmerzen. Fast automatisch will er wieder nach den Pillen greifen, lässt aber die Hand sinken, sucht sich mit Erinnerungen abzulenken.

Wie oft ist er eigentlich schon in Prag gewesen? Fünf Mal, jawohl, zweimal für längere Zeit, als es um »Figaro« und »Don Giovanni« gegangen war, zweimal nur kurz, bei der Hin- und Rückfahrt nach Berlin.

Diesmal hatte es jedoch der schönste, größte aller Prag-Besuche werden sollen.

So bunt, so hell hatte noch nie die Stadt geleuchtet, als sie dort in den letzten August-Tagen eingefahren waren. Überall Feuerwerk, Zirkuslärm, ein richtiger »Persischer Markt« war aufgebaut worden, mit Hunderten tanzender Kinder und Pferden, die wie Kamele aufgeputzt waren. So sollte an der Moldau der neue König von Böhmen empfangen werden, Kaiser Leopold II. mitsamt Gemahlin Maria Luise, einer Welschen aus Spanien, und der Herr Mozart mit seiner Göttermusik sollte allen Glanz noch steigern.

Festaufführung des »Don Giovanni« zunächst, Mozart selbst im grünen Frack als Dirigent: das war fast eine zweite Premiere gewesen, und das Herrscherpaar nickte gnädig. Aber das war noch nicht der Höhepunkt. Der kam mit dem 6. September und der Uraufführung des neuen Werks »La clemenza di Tito« am Abend nach der Krönung.

Wieder war Mozart selbst der Dirigent, und als mit kleiner Verspätung das frisch gekrönte Herrscherpaar hereingerauscht kam, hatte er sich etwas weniger devot als alle anderen im Saal verneigt: ein König auf seine Art, ein Prinz der Musik, der hoheitsvoll zu den anderen Prinzen dieser Welt hinübergrüßt.

Dann hatte die Oper begonnen, ihre Ouvertüre mit drei feierlich schwingenden Akkorden eingesetzt. Der Vorhang hob sich und gab den Blick auf ein phantasiereich gestaltetes Bühnen-Rom frei. Und bald schon – ein veritables Capitol war zu sehen, hochdekorativ ging es vor aller Augen in Flammen auf – durchzogen laute Ahs und Ohs den übervoll besetzten Saal. Auch die Majestäten schienen angetan.

Guardasino, in Konkurrenz mit zwei weiteren Prager Theatertruppen, hatte wahrlich nicht gespart, nicht bei der Bühne, den üppig leuchtenden Kostümen, nicht beim durch Spitzenkräfte aus Italien ergänzten Ensemble mit der weltweit gerühmten Primadonna Maria Marchetti-Fantozzi als hassender Vitellia an der Spitze.

Auch gegen Caterino Mazzolàs Libretto war wenig einzuwenden. Er hatte die Metastasio-Vorlage gestrafft, auf zwei Akte konzentriert, sie gründlich entstaubt und Gestalten aus Fleisch und Blut geschaffen. Es war nun – Mozart nickte einverstanden – eine »richtige« Oper und nicht, wie noch bei Metastasio, ein szenisch illustriertes Huldigungsgedicht in platter Schwarz- und Weißmanier.

Und doch ...

Noch während Mozart mit aller temperamentvollen Wucht den Dirigierstab geschwungen hatte, spürte er im Saal eine sich leise, aber unaufhaltsam ausbreitende Langeweile, und schlimmer: Er selbst, mochte er gegen sie noch so schwungvoll andirigieren, spürte sie auch.

Das Publikum im Theater auf der Wieden fiel ihm plötzlich ein.

Wie es herzhaft lacht und dann wieder hemmungslos schluchzt und schnieft, wenn oben auf der Bühne Trauriges passiert. Die Zwischenrufe dort, deftig-kräftig, die nicht immer feinen Witze, die, haben sie gezündet, von Reihe zu Reihe weiterfliegen, bis in die höchste Galerie hinauf, wo brüllendes Gelächter anzeigt, dass die Pointe angekommen ist.

Nur einfaches Volk, Pöbel vielleicht, der sich dort auf den harten Bänken einstellt. Aber was sind nun die hier im Prager Nationaltheater in ihren Polstersesseln hingefläzten Herrschaften, was ist diese sorgsam gefilterte Aristokratengesellschaft mit ihren Freibilletts, die eigentlich nur gekommen war, den frischgebackenen Böhmenkönig zu sehen und, wichtiger noch, von ihm gesehen zu werden?

Etwas wirklich Besseres als die schwitzende Menge daheim in Schikaneders Theater?

»Dumme Kuh!«

Konstanzes lebhafte Stimme schreckt ihren Mann aus allen trüben Erinnerungen an den zutiefst faden Premierenabend und allenfalls halben Erfolg seines »Titus« hoch. Verwundert zieht er die Brauen hoch und sieht zu ihr hinüber, wie sie gerade mit Süßmayr in eine wortreiche Plauderei vertieft scheint.

»Diese neue Kaiserin meine ich, diese Spanierin Maria Luise«, Konstanze wendet sich Mozart zu, »die hat doch allen Ernstes deine herrliche Oper eine ›deutsche Schweinerei‹ genannt.«

»Es wird behauptet, dass sie das gesagt hat. Mehr nicht. Außerdem kann die Frau nichts dafür, dass sie sich immerzu nur mit neapolitanischen Schmachtfetzen vollgesogen hat. Wie sollte sie eine Oper vom Mozart verstehen?«

Mozart schließt wieder die Augen und täuscht schläfrigen Gleichmut vor. Dabei hat ihn das kolportierte Wort der Kaiserin tiefer getroffen, als er das anderen gegenüber je eingestanden hätte.

Eine Welsche. Wieder mal. Immer die Welschen. Überall. Wie zuletzt in Berlin dieser Cellist und Musiklehrer des Königs, dieser Monsieur Jean-Pierre Duport, diesmal kein Italiener, sondern ein Franzose. Aber er, der nicht einmal richtig Deutsch kann, einzig er – Mozart ist sich darin sicher – war der Grund gewesen, dass es zu keinem königlichen Opernauftrag gekommen war.

Die Cliquen der Welschen. Sie zischeln und wühlen überall. Selbst hier noch in Prag, wo – nun, wer wohl? – kein anderer als der Herr Salieri aufgetaucht war, die Musik zur Krönung zu dirigieren. Und irgendwie, wird schon so sein, ist Salieri auch am flauen »Titus« schuld.

Mozart stellt sich sein Gesicht vor und bemüht sich redlich um tiefen Hass auf den anderen. Seltsamerweise gelingt ihm das nicht. Statt des widerlich seidigen Lächelns, das Salieri sonst meist zeigt, sieht Mozart immer nur die melancholische Resignation seiner dunklen Augen vor sich, und auf einmal tut ihm Salieri ebenso leid wie er sich selbst.

Soll doch jeder sein, was er ist!, seufzt er tief. Künstler, die tun, was sie tun müssen, jeder nach seiner Weise. Und vielleicht hätte er diesen »Titus« niemals komponieren dürfen, sollte so etwas Männern wie Salieri und all den anderen welschen Meistern des donnernden Opernpathos überlassen. Das ist nun mal ihre Domäne. Sein Reich liegt anderswo. Und er summt drei voll ausschwingende Akkorde.

»Genial«, haucht ihm gegenüber Süßmayr, »einfach genial, dieser Auftakt zu Ihrem ›Titus‹ ...«

»Nicht der ›Titus‹!« Mozart hält die Augen noch immer geschlossen und lächelt ein wenig. »So soll meine ›Zauberflöte‹ beginnen.« Hinter seinen Lidern tanzen deren Gestalten heran, einer vorweg.

Papageno. Dieses Trumm Leben. Prall und bunt.

»Pa – pa! Pa – pa!«, klingt es in Mozart. Zu diesen Tönen, den ersten, die er für das neue Werk gefunden hatte, damals, als Schikaneder zum ersten Mal mit ihm darüber gesprochen hatte, soll der Vogelfänger seine Papagena freien. Zwei junge Menschen, selig vereint, sonst nichts. Danach wird es ernst. Prinz und Prinzessin durchschreiten Wasser- wie Feuerprobe. Zum feierlichen Klang der Zauberflöte ...

Warum eigentlich? Warum in dieser Reihenfolge? Warum müssen die kleinen Leute mit ihren Nöten und Freuden rasch abgefertigt werden, als zählten sie nicht recht, bevor man zu den Problemen der Großen kommt? Er sieht wieder das Volk im Wiedentheater vor sich.

Lauter Papagenos und Papagenas. Wie er selber, wie Konstanze. Nicht Prinz und Prinzessin. Nein, Papageno und Papagena auch sie.

Mozart spinnt den Gedanken weiter. Denkt an das Lustspiel dieses Gotthold Ephraim Lessing, das vor einigen Jahren über viele Bühnen lief. »Minna von Barnhelm« hieß das wohl, ein nobles Fräulein angelt sich einen ebensolchen Offizier, am Schluss bekommen sie sich natürlich.

Aber das allerletzte Bild hatte nicht diesen beiden, sondern der Kammerzofe Franziska und ihrem deftigen Verehrer, dem Wachtmeister Werner, gehört.

Kluger Lessing! Der weiß, was in dieser Welt am Ende wirklich zählt. Nicht die hohen hehren Gefühle. Nein, das ganz Alltägliche. Die kleine Liebe. Das kleine Glück. Allein darauf kommt es an.

Also, entscheidet Mozart hier in der Kutsche von Prag nach Wien, werden erst Tamino und Pamina durch Wasser und Feuer schreiten und vom Jubelchor der übrigen empfangen werden. Dann aber soll reichlich Zeit für das Glück der beiden anderen bleiben. Gleich nach seiner Rückkehr wird er mit Schikaneder darüber sprechen.

All das stimmt ihn so fröhlich, dass der »Titus« samt dem alten Rom irgendwo in mythisch vernebelten Fernen versinkt und er mit einem Händereiben zu den beiden anderen sagt:

»Ich freue mich richtig auf meine ›Zauberflöte‹!«

»Solltest du nicht zunächst mal dieses ›Requiem‹ schreiben, Wolferl?«

Das Requiem. Natürlich. Dieses verdammte Requiem.

In den letzten drei Wochen hat er sich redlich bemüht, jeden Gedanken daran zu verdrängen, und fast ist ihm das gelungen. Umso drohender steht jetzt wieder alles vor ihm, der graue Herr, sein erneuter Besuch, nun mit einem Beutel voller Dukaten in der Hand: »Fünfzig, Herr Mozart! Und noch mal fünfzig, sobald Sie liefern. Aber absolute Diskretion, bitte!« Selbst unmittelbar vor der Abreise – die Mozarts bestiegen gerade den Reisewagen – war er abermals erschienen und hatte sich in die Kutsche gebeugt: »Wir können uns doch auf Sie verlassen? Dass Sie das Requiem liefern?«

Mozart graut davor. Er ächzt auf.

»Was ist denn, Wolferl?«

»Dieses Requiem. Ich werde es nicht mehr schaffen.«

»Aber warum denn? Du schaffst doch alles.«

Alles, ja. Jeden Auftrag. Geld muss ja her. Zweihundert Dukaten für den »Titus«, hundert fürs Requiem, hundert für Schikaneders »Zauberflöte«. Und Komponist Mozart hängt sich das Joch um und zieht los aufs immer neu zu beackernde Feld.

Wieder angelt seine Hand nach einer dieser Zauberpillen. Vielleicht ist es Gift, denkt er. Jawohl, es könnte Gift sein, das mir der

Herr Apotheker gemixt hat, und in der Nacht zuvor war vielleicht in dessen Giftküche ein Herr gekommen, ganz in Grau wie der mit dem »Requiem«: »Sie werden diesen albernen Herrn Mozart unschädlich machen, für immer. Tun Sie dies hier in seine Medizin ...«

Mozart muss lachen, die beiden anderen sehen ihn verwundert an. Er aber gibt sich nicht ohne Genuss dem Gedanken hin, wer ihn vergiften wolle, der Graf Rosenberg oder Salieri oder der Herr Erzbischof Colloredo aus Salzburg, dessen helle scharfe Stimme er plötzlich zu hören meint, ähnlich der des Mannes in Grau: »Für einen Kaiser wagt Er zu arbeiten in seiner hochmütigen Vermessenheit? Schämt Er sich denn nicht, der aus meinen Diensten entwichene Wicht?«

»Zu Hilfe! Zu Hilfe! Sonst bin ich verloren!«

Taminos Schrei, wenn er auf die Bühne stürzt. Ohnmächtig bricht er zusammen, die Schlange züngelt nach ihm. Doch dann die drei Damen, sie retten ihn. Wer rettet Mozart?

»Zu viele Noten, lieber Mozart!«

Wieder eine Stimme. Die des verstorbenen Joseph II. gleich nach der »Entführung aus dem Serail«, und noch immer erzählt man sich, Mozart hätte damals mit einem »Gerade so viele, wie nötig sind, Majestät« geantwortet.

Nein. Hat er nicht. Damals nicht, später nicht, so gern er es wirklich gesagt hätte wie manch andere Frechheit auch, wenn wieder mal die Majestät von altklug besserwisserischer Belehrung nicht lassen konnte.

Und doch – er seufzt auf – hat Da Ponte Recht gehabt mit seinem Wort, es würden Zeiten kommen, da sie sich alle noch nach diesem zweiten Joseph zurücksehnen würden. Er war ein Kaiser. Mehr. Er war ein Mensch.

Doch. Das ist Joseph II. gewesen. Ein Mensch mit allen Schwächen, mancher Tugend. Ein Unglücklicher zugleich, der als einfacher Mann irgendwo ohne Pflichten und Lasten einer Majestät viel glücklicher gewesen wäre – und ohne die Erinnerung an eine überstarke Mutter. Als Krönungsoper hätte aber zu ihm kein fahles musikalisches Gepränge wie das im »Titus« gepasst. Eher schon »Die Zauberflöte«.

Draußen nieselt es. Monoton. Nicht endend. Mozart starrt aus dem Fenster. Die Kutsche schiebt sich einem grauen, traurigen Wien entgegen und einem Winter dort, so nasskalt-scheußlich wie jener andere vor zwei Jahren, als Joseph II. aus einer Welt davongegangen war, die Maria Theresias ältestem Sohn nichts als Enttäuschung beschert hatte.

Wie steht es mit London, Wolfgang?

Als im frühen Winter 1788 Joseph II. vom türkischen Kriegsschauplatz zurückgekehrt war, ahnten schon viele, dass der Kaiser ein todkranker Mann war.

Der Blick glänzte fiebrig, Hustenanfälle schüttelten den schmalen Körper, und nur unter Mühen hatte er sich in die fünfzehnte und letzte Vorstellung von »Don Giovanni« geschleppt. Das Publikum im schwach besetzten Haus empfing ihn eisig.

Der Krieg, vom Verbündeten Russland aufgezwungen, war unpopulär, die anfängliche Begeisterung über die Joseph'schen Reformen längst abgeklungen. Das war kein Herrscher mehr, der sein Volk in eine neue Zeit hätte hinüberreißen können. Stumpf saß er da, ließ die »Giovanni«-Klänge an sich vorüberziehen und verließ die Vorstellung vorzeitig, nicht ohne Mozart wissen zu lassen, die Musik sei »himmlisch«, schöner noch als die zum »Figaro«, nur hätte er damit den Wienern einen zu schweren Bissen zu kauen gegeben.

»Und sagen Sie ihm auch ...« Ein Hustenanfall unterbrach ihn, er presste sein Taschentuch vor den Mund. Als er es sinken ließ, war es rot gesprenkelt. Die Schwindsucht hatte ihn gepackt.

Schlecht stand es um den Kaiser, schlecht um sein Reich. Überall gärte es, und der Türkenkrieg, völlig unsinnig, brachte mit der Erstürmung Belgrads nur matten militärischen Glanz, leerte dafür umso gründlicher die ohnehin schon fast leeren Kassen.

Es musste gespart werden, überall, und an der Hofoper kämpfte Salieri verbissen um den Erhalt seines italienischen Ensembles, senkte die Kosten, holte Werke von früher heraus, darunter Mozarts »Figaro«, der bei der Reprise fast mehr Zuspruch fand als nach der

Uraufführung, schrieb rasch noch selber eines, »La ciffra« nach einem Buch von Da Ponte, eine lockere, erfolgssichere Angelegenheit.

»Sie kämpfen wacker, lieber Salieri«, rühmte ihn einmal während einer Audienz der Kaiser und zeigte dazu sein kleines trauriges Lächeln, »ich wollte, alle meine Generäle hätten so viel Mut, Ausdauer und Phantasie.« Salieri verneigte sich und warf einen stolzen Seitenblick auf den daneben stehenden Da Ponte.

»Mir selber«, fuhr die Majestät fort, »bleibt zu wenig Zeit für die Oper. Ich wollte, ich hätte sie, dürfte mich auf den Schwingen der Kunst hinausheben über alle grause Wirklichkeit. Aber dort halten mich Schauspiele anderer Art in Atem. Schlimme Schauspiele.«

Er hielt inne, sah Schlachtengetümmel vor sich, blutende Leiber, verendende Pferde, roch Pulverdampf, hörte Kanonendonner: »Qualen, Schmerz und Tod. Das ist Krieg. Nichts weiter. Eine gewaltige Überforderung des Menschen. Nicht nur seines Körpers, mehr noch seiner Seele. Wenn man allein an die Sorge der Männer um die Treue der Frauen daheim denkt, an ihre Frage, ob einen die Frau wirklich liebt ...«

Er dachte an seine eigene Frau, an die jung verstorbene Isabella von Parma. Erst nach ihrem Tod hatte er erfahren, dass sie einen anderen geliebt hatte, und wie um die beklemmenden Schatten beiseite zu wischen, zwang er sich zu einem fröhlicheren Ton: »Im übrigen, meine Herren, habe ich von einer amüsanten Geschichte gehört, vielleicht habe ich sie auch irgendwo gelesen. Auf jeden Fall soll sie sich wirklich im letzten Fasching zugetragen haben, als zwei Offiziere wetteten, ob ihnen wohl ihre Bräute treu sind. Und sie hatten sich als fremde Offiziere verkleidet, jeder buhlte dann um die andere ...«

Er unterbrach sich: »Ich weiß nicht mehr, wie die Geschichte ausging. Die Damen blieben wohl standhaft oder nicht, aber wie auch immer: Wäre das nicht ein hübscher Opernstoff für Sie beide?«

Salieri bewahrte sein Dauerlächeln und schlug zugleich wie in tiefer Nachdenklichkeit die Augen nieder. Er fand die Geschichte gar nicht hübsch, eher ziemlich albern. Aber das konnte man seinem Kaiser schlecht sagen.

»Geniale Idee««, flötete er in einem Leidenston, als reiße er sich nur unter Mühen von einer lockenden Versuchung los, »nur fürchte ich: Die Arbeit an meiner ›La ciffra‹, mit der ich Majestät spätestens zum Weihnachtsfest zu erfreuen hoffe, verbietet mir den Gedanken an ein weiteres Werk. Wie steht es mit Ihnen, Da Ponte?«

Der fand des Kaisers Vorschlag schon reizvoller, sah bereits etliche szenische Möglichkeiten vor sich, die Maskerade der Offiziere, den Augenblick, wenn die Masken fallen und ein jeder den anderen betroffen anstarrt, und hob die Schultern: »Man könnte vielleicht Mozart dafür gewinnen.« Er wusste gut genug, wie sehr der Freund nach einem neuen Opernauftrag hungerte.

»Mozart?« Der Kaiser runzelte die Stirn. »Sie wissen, dass ich ihn schätze, wenn auch nicht überschätze wie manch anderer. Aber hat er für eine solche Geschichte die nötige Leichtigkeit?« Er hatte noch die düsteren »Giovanni«-Klänge im Ohr.

Auch Mozart war keineswegs spontan begeistert und horchte erst auf, als ihm Da Ponte das ausgesetzte Honorar nannte. Zweihundert Dukaten. Das Doppelte vom »Don Giovanni«. Nur zögernd wagte er den Einwand: »Sind denn diese Frauen wirklich so dumm, dass sie die eigenen Verlobten nicht erkennen, nur weil die einen falschen Bart und fremde Uniformen tragen?«

»Die Liebe, mein Guter!«

Da Ponte blickte mal wieder mit aller Treuherzigkeit drein: »Kennen wir denn wirklich den, den wir lieben? Kann nicht jeden Augenblick ein Gesicht erscheinen, für das wir die Liebe zu einem anderen vergessen? Das ist nun mal so in dieser Welt, so machen es alle hier.« Womit sie schon mal den Titel gefunden hatten, »Così fan tutte«, »So machen es alle«, und Da Ponte ging ans Werk.

Zum ersten Mal musste er aus eigener Phantasie schöpfen, und das fiel ihm schwerer, als er zunächst gedacht hatte. Er las eifrig im »Decamerone« des Fast-Landsmanns Boccaccio nach, wo sich ähnliche Geschichten fanden, bediente sich beim Personal der schon ein wenig ergrauten Commedia dell'Arte und zog daraus die Figur der schlauen Zofe hervor, die er nicht ohne listigen Hintergedanken »Despina« nannte, die »Herrin«, was so viel wie »Madonna« bedeutete.

Eine Magd als Herrin einer Offiziers- und Aristokratengesellschaft, die eigentliche »Madonna« dieser Welt. Hier wehte ein Hauch von »Figaro«-Geist in den munteren Liebesreigen der Offiziere und ihrer Bräute hinein. Am meisten Spaß machte ihm jedoch die Gestalt des Don Alfonso, des Groß-Intriganten und Drahtziehers im Hintergrund, dem er einige eigene Züge gab.

Mozart fühlte sich wiederum an die lächelnde Weltläufigkeit des Dr. Mesmer erinnert, in dessen Garten einst »Bastien und Bastienne« uraufgeführt worden war. Überhaupt rückte ihm wieder viel von der früheren musikalischen Anmut ins Gedächtnis, in Verbindung mit der melancholischen Frage, wie austauschbar wohl alles in der Liebe sei und ob am Ende nur der willige Leib bleibt, Gesichter aber Masken sind.

Konstanze fiel ihm ein.

Ob für sie wohl ebenso ein anderer an seiner Stelle hätte sein können, der mit ihr kichernd, albernd und lüstern durch die Räume tanzte, um am Ende zielsicher auf dem Bett, einem Diwan oder gleich auf dem Boden zu landen? Und wie stand es um all die anderen Frauen in seinem Leben, um diesen Reigen aus Brüsten, Hüften, willigen Schößen? War er gesichtslos, austauschbar gewesen, von Bäsle-Zeiten an?

Cherubino, dachte er. Der aus dem »Figaro«. Der liebt alle Frauen, möchte jeder zurufen: »Ich hab dich lieb.« Wie Mozart selber auch, eigentlich. Und er las in Da Pontes »Büchl« nach, wie es dort den beiden Damen erging, zwei Frauen, die ihm – ehrlich gestand er es sich ein – wohl beide hätten gefährlich werden können

»Ich mag die Frauen eigentlich gleich gern«, meinte er einmal im Gespräch mit seinem Dichter, der es sich inzwischen hatte einfallen lassen, aus den Mädchen zwei Schwestern zu machen, »die sinnlich dunkle Dorabella ebenso wie die stolze, kühle Fiordiligi, die sich ihre Liebe wie einen Fels wünscht, den kein Fremder je erklimmen darf. Müsste ich zwischen ihnen wählen, wüsste ich wirklich nicht, wer mir lieber wäre.«

Da Pontes Blick wurde listig. Er witterte eine ganz spezielle Möglichkeit. »Wäre es da nicht reizvoll«, meinte er mit sanftem Augenaufschlag, »die Schwestern mit richtigen Schwestern zu besetzen? Die Dorabella muss natürlich unsere wunderbare Louise Villeneuve sein, die Fiordiligi aber«, er tat, als müsse er erst nachdenken, »könnten Sie sich eine idealere vorstellen als Louises Schwester Adriana?«

Das konnte Mozart durchaus. Er hielt nicht allzu viel von dieser Adriana Ferraresi del Bene. Aber er wusste natürlich, dass sie die Geliebte Da Pontes war, und so wie ihm der andere den Gefallen mit dem Opernauftrag getan hatte, revanchierte er sich nun mit dieser Besetzung, schrieb noch mit kleinem spöttischem Trotz ins Buch, die Damen würden aus Ferrara stammen, der tatsächlichen Heimat der beiden Sängerinnen.

Die Handlung selber spielte in Neapel, und prompt kamen ihm süße Erinnerungen an diese glücklichste Etappe seiner ersten großen Italienfahrt, an Sonne, blauen Himmel, blaues Meer. Dort Akazienduft, ein Landhaus, lichte Räume, schwüle Wärme, zwei Frauen, die sich nach den Verlobten sehnen. Oder überhaupt nach einem Mann ...

Mozart räkelte sich ein wenig. Was hätte er in jenen neapolitanischen Tagen für einen sich feucht und willig öffnenden Frauenschoß gegeben, wenn er damals in der mittäglichen Sommerhitze nackt Siesta hielt und das Blut heftig fordernd in sein Glied dringen spürte? Schon klang das erste große Duett der beiden Mädchen in seinem Ohr.

Nur eine Frage blieb: »Wieso knien am Ende eigentlich die Frauen um Entschuldigung bittend vor den Männern? Müssten sich nicht eher die Männer entschuldigen, wegen ihrer unverschämten Wette?« Da Ponte blickte erstaunt: »Sie meinen gar, die Männer müssten vor den Frauen knien?«

Er schüttelte den Kopf, wie im Stück bei einem solchen Gedanken sein Don Alfonso den Kopf geschüttelt hätte, denn in ihrem Weltbild durften sich Frauen keineswegs das Gleiche wie Männer erlauben, einen Treuebruch schon gar nicht: »Sie meinen doch nicht etwa, unsere Oper sollte statt ›Così fan tutte‹ besser ›Così fan tutti‹, ›So machen es alle Männer‹, heißen?«

»Warum nicht?« Mozart blieb hartnäckig.

»Nun gut, wahrscheinlich müssen die Frauen ebenso wie die Männer, müssen wir alle erst lernen, wie man sich verhält, von Mann zu Frau und Frau zu Mann, damit die einen die anderen nicht immerzu verletzen. Eine Schule, jawohl, müsste es dafür geben«, meinte Da Ponte schließlich salomonisch und setzte »Die Schule der Liebenden« in den Untertitel.

Da Ponte war nicht dabei, als Mozart am Sylvesterabend von 1789 auf 1790 einige Freunde zu einer Art Privatprobe in seine Wohnung am Judenplatz gebeten hatte.

Aber sein Dauergläubiger Michael Puchberg war nicht ohne Hintergedanken geladen, auch der große Freund Joseph Haydn, und an ihnen zog nun dieser musikalische Reigen um versuchte Treue und Fast-Untreue vorüber, wieder einmal ein kleines Zauberreich der Töne. Haydn nickte: »Man nennt mich netterweise ein Genie. Aber Sie, mein Guter, sind mir weit überlegen ...«

Auch Puchberg zeigte sich entzückt, erhoffte sich zudem von einem »Così«-Erfolg die Rückzahlung Mozart'scher Schulden: »Aber warum nur verzögert sich die Aufführung am Burgtheater?«

»Salieri!« Mozart spuckte den Namen fast. »Hat Angst, seine mickrige ›La ciffra‹ könne vollends in den Schatten gedrängt werden.«

Die anderen fanden die wenige Tage zuvor uraufgeführte »La ciffra« keineswegs mickrig und hätten Mozarts »Così« einen nur annähernd so großen Erfolg herzlich gewünscht. Aber es war nun mal Mozart nicht auszureden, dass alles, was Salieri schrieb, nur mickrig sein konnte, dafür aber der andere nie um Intrigen gegen ihn verlegen war.

»Dann wird das Honorar wohl noch eine Weile auf sich warten lassen?«, erkundigte sich Puchberg in behutsamer Besorgnis. »Ein wenig«, musste Mozart bestätigen, während er den Freund unauffällig in eine Ecke zog, »in diesem Zusammenhang: wäre es Ihnen wohl möglich, mir mit einem weiteren Darlehen auszuhelfen? Sie wissen, ich zahle es mit dem ›Così‹-Honorar gleich zurück.«

Puchberg nickte, zahlte, setzte aber hinzu: »Sollten Sie sich nicht um einige weitere Einnahmemöglichkeiten kümmern und vielleicht wieder Unterricht geben?«

Das hatte Mozart so gut wie aufgegeben. Aber nun bemühte er sich wieder darum, und einige Schüler, darunter Süßmayr, stellten sich tatsächlich ein.

Aber die Zeiten, da Mozart Mode war und sich alle zu seinen Stunden nur so drängten, vor allem zahlungskräftige Damen von Adel, waren vorbei. Das spürte er schmerzhaft, während die »Cosi«-Premiere allmählich näher rückte und schließlich am 26. Januar 1790 stattfand. »Meine Gabe an mich selbst«, lächelte Mozart am Ende dieses Tages, als die Uhr zwölfmal schlug und damit Mozarts vierunddreißigsten Geburtstag einläutete.

»Così fan tutte« war kein Misserfolg, aber auch kein wirklicher Erfolg. Immerhin hielt sich die Oper auf dem Spielplan. So schien es jedenfalls.

»Schade, dass wir unser Werkchen so bald nicht wiedersehen werden!« Es war Da Ponte, der diese Nachricht brachte, und Mozart fuhr hoch. Salieri! Wahrscheinlich ein weiteres Manöver, die ohnehin schon dürren Besucherzahlen im Burgtheater gänzlich auf seine »La ciffra« zu lenken.

Da Ponte, der Mozarts Gedanken erriet, schüttelte nur den Kopf: »Sie haben es noch nicht gehört? Diese Nacht ist unser Kaiser gestorben. Hoftrauer steht an ...«

Mozarts eigene Trauer um den Entschlafenen hielt sich in Grenzen, auch wenn es ohne Joseph II. keine »Entführung«, sehr wahrscheinlich keinen »Figaro« und, wenigstens in Wien, so rasch keinen »Don Giovanni« gegeben hätte, von der »Così« ganz zu schweigen. Mozart standen aber mehr alle Enttäuschungen vor Augen, die ihm durch diesen Herrscher widerfahren waren, und nun verdarb er ihm auch noch mit seinem Tod den mageren »Così«-Erfolg.

Später verstand Mozart selber nicht so ganz, warum er so große Hoffnung auf Josephs jüngeren Bruder und Nachfolger Leopold II. gesetzt hatte. Aber damals hatte er sich hingesetzt und einen langen Bittbrief verfasst, man möge ihn doch als weiteren Hofkapellmeister, also gleichsam zweiten Mann hinter Salieri einstellen, zumal der – kleiner, giftiger Seitenhieb! – bei aller Tüchtigkeit von Kirchenmusik keine Ahnung habe, während er, Mozart, darin gleichsam von Kindheit an zu Hause sei. Und den Musikunterricht der kaiserlichen Familie könne er auch gleich übernehmen.

Der Brief blieb ohne Antwort.

»Wie es nur der Händel geschafft hat, sich jede, aber wirklich jede Majestät geneigt zu machen!« Wieder mal hatte Mozart Händel'sche Musik bearbeitet, dessen Oratorium »Alexanderfest« und seine »Cäcilienode«. Jetzt fiel ihm ein, was ihm unter heftigem Prusten Johann Christian Bach vom Altmeister erzählt hatte.

Wie dem Berserker aus Sachsen der erste der britischen Herrscher aus dem Haus Hannover keineswegs sehr gewogen gewesen war. Wie dann Händel ein Orchester in ein Themse-Boot verfrachtet hatte, damit der Barke des stockunmusikalischen Königs hinterhergefahren war und ihm mit seiner überlaut dröhnenden Musik die Ohren so volltrompetet hatte, dass der Majestät kaum anderes übrig geblieben war, als aus purer Notwehr den Musiker in Gnaden aufzunehmen.

Mozart lachte schallend.

»Das ist es! So muss man das machen! All diesen gekrönten Schwachköpfen hinterherrennen, bis man sie eingeholt hat und sie einen nicht mehr abschütteln können!« Er überflog die Liste der siebzehn Musiker, die im Oktober 1790 den neuen Kaiser zu seiner Krönung nach Frankfurt begleiten durften.

Salieris Name stand natürlich an vorderer Stelle, auch der von Paul Wranitzky, dessen gerade an Schikaneders Theater zu sensationellem Erfolg gekommener »Oberon« ebenso zu den musikalischen Lustbarkeiten der Krönungswoche gehören sollte wie mal wieder Salieris »Axur«. Mozarts Name fehlte.

Nur ein knappes Kopfschütteln: »Dann fahre ich eben nur so,

auf eigene Rechnung!« Und es sollte keine Bettelfahrt in Aschgrau werden, nein, Mozart wollte selbst wie ein König in die alte Reichsstadt einziehen, mit eigenem Diener in eigener Chaise, wie zu seiner Glanzzeit als Europas gefeiertstes Wunderkind.

Das kostete nur verdammt viel Geld. Und man konnte nach Einbruch der Dämmerung den Herrn Mozart mit seltsam ausgebeultem Mantel durch Wiens herbstliche Gassen huschen, ihn mit scheuem Blick nach allen Seiten im Pfandhaus verschwinden sehen, wo er sein letztes Silberzeug versetzte. So wollte er die Reise finanzieren.

Eigentlich hatte Mozart keine Lust dazu. Der Kopf tat weh, die Zähne schmerzten. Dennoch überfiel ihn beim Aufbruch am 23. September 1790 pure Euphorie: »Wie herrlich, endlich mal wieder aus allem Wiener Mief herauszukommen«, rief er dem neben ihm sitzenden Geiger Franz Hofer zu, Ehemann von Konstanzes älterer Schwester Josepha, der sich bereit gefunden hatte, Schwager Wolfgang nach Frankfurt zu begleiten, »und du wirst sehen: Frankfurt bringt mir Glück. Wenn nicht beim neuen Kaiser, dann bei einem anderen Fürsten. Alle Welt wird dort sein ...«

Tatsächlich wimmelte das Frankfurt dieser Tage von Fremden. Adel mischte sich mit Lumpenpack, Komödiantenvolk mit braven Untertanen, die einmal in ihrem Leben die regierende Majestät wenigstens vom Wegrand her bestaunen wollten. Jeder versprach sich ein Fest und ein Geschäft dazu, so auch Mozart, der weit draußen in Sachsenhausen ein recht klägliches Quartier gefunden hatte.

Erst später bekam er Unterkunft bei einem guten Bekannten aus Salzburger Tagen, dem Theaterdirektor Johann Böhm, Schikaneders Vorgänger am Hannibalplatz und jetzt mit seiner Truppe in Mainz ansässig. Dort hatte Böhm auch Mozart gespielt, fast alles, sogar dessen »Verstellte Einfalt«, und zuletzt als Erster in Deutschland seinen »Don Giovanni« herausgebracht.

Er blickte skeptisch, als er von Mozarts hoch gesteckten Hoffnungen hörte: »Versprechen Sie sich nicht zu viel von Frankfurt, lieber Freund! Allein drei Theatertruppen spielen derzeit in der

Stadt, Konzerte finden überall statt. Der Einzelne geht da rasch unter!«

Das sollte nur allzu sehr zutreffen.

Kaum einer beachtete beim Einzug des neuen Kaisers den kleinen Mann im grauen Rock zwischen all den anderen, die da standen, gafften, staunten, um schließlich in den anbefohlenen Jubel auszubrechen, als endlich die Majestät in goldstrotzender Karosse achtspännig vorüberzog, und mit allen anderen war auch Mozart in eine tiefe Verbeugung versunken, aus der er sich langsam aufrichtete.

Nach dem kaiserlichen Gespann kamen die Kaleschen mit den wichtigsten Gefolgsleuten, und die eine dort, in tiefem Schwarz mit silbernen Beschlägen, war Mozart nur allzu gut bekannt.

Darin lehnte der Herr Hofkapellmeister Salieri in den Kissen, elegant wie immer, die Wange malerisch auf eine Faust gestützt, den Blick in träumerische Fernen gerichtet.

Dann aber war es Mozart, als würde für eine kurze Sekunde dieser Blick verächtlich über ihn hinstreifen, als wolle er sagen: Ich bin hier der König der Musik, nicht du!, und Mozart meinte gar, es blinke ein goldener Kronreif auf Salieris dunklem Haupt.

So zog der andere vorüber, Usurpator auf einem Thron, der einzig einem Mozart gebührt hätte, und der Musiker hätte sich gern nach einem Pflasterstein gebückt, ihn diesem hochgemuten Herrn ins Kreuz zu schmettern.

Aber er schlich nur davon und die weiteren Krönungsfestlichkeiten schienen ihn nicht mehr zu kümmern. Einsam hockte er in seiner Kammer und vertiefte sich in seine Noten, die wie immer sein einziger Schutz waren, sein Reich, seine Zuflucht, eine Bastion gegen die Welt dort draußen mit all ihrer kalten Feindseligkeit.

Wenigstens sollte es noch zu einem Konzert kommen, diesmal ohne jenen jungen Mann im Parkett mit den übergroßen braunen Augen.

Der war inzwischen Minister in Weimar geworden, hatte mit seinem Roman über die Leiden eines gewissen Werther eine ganze Generation zu Tränen gerührt und etliche davon zum Freitod animiert, war gerade aus Venedig zurückgekehrt und schickte sich an, im nächsten Jahr die Leitung des Weimarer Hoftheaters zu übernehmen, wo er zwar auch Mozart, eigene Werke sowie einige des Dichterbruders Schiller spielte, überwiegend aber leichte Kost der Herren Iffland, Kotzebue und Co.

Der Herr von Goethe kannte eben diese Welt und wusste, was sie wirklich wollte. Ein Günstling der Götter. Ein immerzu erfolgreicher Liebling des Geschicks.

Anders als Mozart hier in Frankfurt.

Dessen blaue Augen überflogen die kaum zur Hälfte besetzten Sesselreihen, und keine Fürstlichkeit saß dort. Die meisten waren längst schon abgereist, während die Bürger lieber den gerade stattfindenden Manövern der hessischen Armee zuschauten. Dennoch, das Konzert fand am 15. Oktober statt, drei überlange Stunden, und Mozart spielte ausschließlich eigene Werke, mit einem verbissenen Schwung, als sei dies nun seine ganz persönliche »Krönungsmusik«.

Anfangs faszinierte das noch das Publikum. Aber allmählich setzte ein Murren und Füßescharren ein, vielen war das Programm schlicht zu lang, und sie verließen den Saal, die einen auf Zehenspitzen, die anderen mit lautem Türenknall. Mozart begriff. Er winkte ab. Eine letzte Symphonie wurde gar nicht erst gespielt. Frankfurt war ein kostspieliges Desaster geworden.

Am nächsten Tag traten er und Hofer die Rückreise an.

Sie kamen nach Mannheim, und dort wurde gerade der »Figaro« gegeben. Mozart wollte sich in die Probe schleichen, und einer der Darsteller zerrte ihn am Arm zurück: »He, Bursche, wo will Er denn hin?«

In früheren Zeiten hätte Mozart heftig aufbegehrt. Aber der Frankfurter Misserfolg hatte ihn Demut gelehrt. »Darf denn wohl ein Mozart nicht mal der Probe eines eigenen Werks beiwohnen?«, flüsterte er kaum hörbar, und der andere fuhr erschrocken zurück.

»Herr Mozart! Sie!«

Nach Augsburg war es weitergegangen, und im Haus des Onkels hatte Mozart einer in die Breite geflossenen Madame gegenübergesessen, an der nur die gelegentlich noch fröhlich aufblitzenden Augen das muntere »Bäsle« von einst verrieten. In der Nachbarstube hatte ein Kind gekräht. »Der Vater ist der Herr Domherr«, hatte sie nicht ohne Stolz berichtet, »von Adel ist er auch.«

»Wird er dich heiraten?«

»Geh, Wolfgangerl! Wo denkst du hin?«

München war die nächste Etappe gewesen und das Quartier dort wieder der »Schwarze Adler«, aus dessen Tor ihm diesmal kein Franz Joseph Albert mit tiefer Verbeugung entgegentrat und zehn Dukaten im Monat bei einem Verbleib in München offerierte. Der Alte war nun tot, sein Sohn Karl führte das Gasthaus weiter und ließ sich gern vom großzügigen Angebot des Vaters erzählen. Mozart überließ sich aber bei der Weiterfahrt dem Gedanken, wie wohl sein Leben abgelaufen wäre, hätte er damals zugeschlagen.

Überhaupt: Was hätte anders sein können, wäre er etwa in Mannheim geblieben, als Kapellmeister des Kurfürsten, der ihn nach München mitgenommen hätte? Oder in Augsburg inmitten der Bürger dort, Ehemann des »Bäsle« vielleicht und Vater einer gemeinsamen Kinderschar? Da schauderte ihm doch, und Sehnsucht nach Konstanze, nach Wien packte ihn, allem dortigen Alltagstrott zum Trotz.

Immerhin war es eine Freude, nun öfter Freund Haydn zu sehen, der bis dahin nur im Winter und im Gefolge seines Brotherrn Esterházy nach Wien hatte kommen können.

Jetzt war der alte Fürst tot und dessen Sohn bei weitem nicht so musikbegeistert. Schon hatte er das Orchester des Vaters aufgelöst und den Herrn Kapellmeister Joseph Haydn entlassen, dessen Ruhestand allerdings – dafür hatte noch der alte Esterházy in seinem Testament gesorgt – mit einer erklecklichen Pension ausgepolstert war.

»Sie haben Glück! Beneidenswert!«, konnte Mozart dazu nur seufzen.

Er hatte den Freund zum Essen eingeladen, nicht in die Rauhensteingasse, wohin während seiner Frankfurt-Reise Familie Mozart gezogen war. Denn dazu waren Konstanzes Kochkünste allzu fürchterlich.

Hier aber, in einem der besten Wiener Restaurants, wurde nur vom Feinsten serviert, und wer dort den Herrn Musikus repräsentieren sah, im gestickten Frack aus edelstem Samt im bevorzugten Zinnoberrot, den teuersten Wein sorgsam kostend, bevor er davon ein halbes Dutzend Bouteilles orderte, um endlich zu Wildpastete, gebackenem Kapaun und allerlei erlesenen Näschereien überzugehen, hätte in ihm nie den Mann vermutet, der zugleich verzweifelt überlegte, wovon er die nächste Miete bezahlen sollte.

Selbst Haydn konnte Mozarts desperate Lage nur erahnen, so perfekt wusste der andere seiner Umwelt den vom Glück verwöhnten Erfolgsmenschen vorzuspielen. Auch jetzt schien Mozart bester Laune, als er nach einem langen Schluck Wein ausrief: »Wie schön, teuerster Papa, dass wir uns künftig viel häufiger sehen und wohl auch öfter zusammen werden musizieren können!«

Haydn hatte einen nur kleinen Schluck genommen und setzte das Glas sorgsam ab: »So häufig wohl doch nicht, lieber Freund. Wenigstens fürs erste nicht.«

»Aber wieso denn? Wollen Sie denn nicht in Wien leben?«

»Später. Zunächst geht es nach London.«

»Nach London! In Ihrem ...« Mozart schluckte gerade noch das letzte Wort hinunter, aber Haydn lachte nur: »Sagen Sie getrost: in Ihrem Alter!«

»Und die Sprache«, im üblichen Übereifer suchte Mozart den Fauxpas zu verwischen, »Sie verstehen doch die Sprache gar nicht!«

»Meine Sprache versteht die ganze Welt!« Haydn löste einen Schenkel vom Kapaun, ließ sich dazu lieber hellen Rheinwein als tiefroten Burgunder reichen, schmeckte ihm genießerisch nach und setzte fort: »Ich war selbst erschrocken, als plötzlich dieser Agent aus London vor mir stand, der Herr Johann Peter Salomon, und erklärte, mit mir einen Vertrag abschließen zu wollen, das aber sofort. Doch der Vertrag war so, dass ich kaum hätte widerstehen können, und auch sonst: Ist es nicht besser, die Welt lernt einen zu spät als gar nicht kennen? Und wir die Welt?«

Er nahm sich vom Maronenbrei und seufzte: »Gewiss wäre es

mir lieber, ich wäre nicht schon 58, sondern höchstens so alt wie Sie. Im übrigen ...«

Er hielt inne, sah zu Mozart hinüber: »Er hatte auch an Ihnen einiges Interesse.« Womit er sich ihm zuneigte, fast flüsternd: »Nun? Was ist mit London, wäre das nichts für dich?« In vertrauten Augenblicken ging Haydn wie früher Johann Christian Bach ins »Du« über, ohne dass ihn je Mozart zu duzen gewagt hätte.

Mozart schwieg. Erwähnte nicht den Brief eines anderen Londoner Agenten, den er nach seiner Rückkehr aus Frankfurt vorgefunden hatte. Robert May O'Reilly, Impresario einer italienischen Truppe, hatte ihm angeboten, zwei Opern zu komponieren, heiter oder ernst, egal zu welchem Sujet, Konzerttätigkeit darüber hinaus würde ihm freigestellt bleiben, und dreihundert Pfund sollte es dafür geben.

Dreihundert Pfund Sterling!

Keine Geldsorgen mehr. Ein neuer Anfang. Arbeit für das aufgeschlossenste Opernpublikum der Welt. Ein jüngerer Mozart hätte gejubelt. Doch jetzt packte ihn nur große Müdigkeit. Die Zähne schmerzten wieder, der Kopf tat dröhnend weh. Es war, als sende sein Körper warnende Signale.

Zu oft hatte er an neue Anfänge geglaubt, immer war er enttäuscht worden, beim Aufbruch nach Paris, nach Wien, nun in Frankfurt. Und jetzt also London?

Volle Konzertsäle. Randvolle Opernhäuser. Ein neugieriges Publikum. Die Luft vor Sensationslust vibrierend. »London ist ein Raubtier. Wirf ihm Fraß vor, am besten dich selbst!«, hatte er in sich tief drinnen Johann Christian Bachs Stimme gehört. Nein, er hatte keine Lust mehr, keine Kraft, und der ewigen Enttäuschungen war er gleichfalls müde.

Artig hatte er dem Herrn aus London geantwortet, von seinen Wiener Verpflichtungen gesprochen, um ein halbes Jahr Bedenkzeit gebeten. Und dabei innig gehofft, dieses halbe Jahr möge nie vorübergehen. Jetzt in der Gesellschaft Haydns seufzte er nur: »Ach, Papa ...«

»Nenn mich nicht so, Wolfgang!«, mahnte Haydn sanft, »du hast einen wunderbaren Papa gehabt, und ich habe stets so was wie ein schlechtes Gewissen ihm gegenüber.«

Mozart betrachtete ihn erstaunt, und Haydn lächelte etwas schief: »Nun ja, er hat doch diese bezaubernde Kindersymphonie geschrieben, sein sicher bestes Werk. Aber es ist aller Welt nicht auszureden, dass sie von mir stammt. Trinken wir auf ihn!«

Sie stießen auf Leopold Mozart an, von dem wohl bald schon kaum einer noch wissen würde, dass er nicht nur Mozarts Vater, sondern zugleich ein tüchtiger Komponist, ein guter Musiker und hervorragender Musikpädagoge gewesen war, dessen in Mozarts Geburtsjahr entstandene »Violinschule« einmal als Standardwerk gegolten hatte.

Armer Vater, dachte Mozart in diesem Augenblick. Ich bin vielleicht sein Opfer. Aber er ist auch das meine.

Bald darauf brach Haydn nach England auf, und bei aller Trauer über die Trennung von seinen Freunden war ihm zugleich die Vorfreude auf ein neues Leben in so noch nicht gekannter künstlerischer Freiheit anzumerken. Mozart stand am Wagenschlag, stumm, tränenlos.

Erst als der Wagen anruckte, schrie er plötzlich auf: »Wir werden uns nie wiedersehen, Papa Haydn!« Der hörte das wohl gar nicht mehr.

»Das hättest du wirklich nicht sagen müssen, Wolferl!«, tadelte ihn später Konstanze.

»Warum nicht?«

»Der Herr Haydn ist doch noch gar nicht so alt. Warum soll er nicht noch eine Weile leben?«

Mozart sah die Straße hinunter, wo Haydns Wagen längst verschwunden war, und sagte so leise, dass ihn Konstanze kaum verstand: »Ich hatte nicht an ihn gedacht, Stanzerl!«

13. Oktober 1791

Der Wagen rollt durch Wien. Mozart weiß nicht recht, ob er vergnügt oder ängstlich sein soll. »Meine verdammte Großzügigkeit«, denkt er. Deine Eitelkeit, zischt es in ihm.

Doch. Die wohl noch eher hat ihn getrieben, sich gerade diese Gäste einzuladen. Nicht in die Rauhensteingasse, wo mal wieder alles leer und öde ist, nachdem Konstanze gleich wieder nach Baden zur Kur gefahren ist und die beiden Jungen anderswo untergebracht sind, Carl in einem Internat etwas außerhalb der Stadt, der Säugling Franz Xaver, dem sie doch noch rasch einen »Wolfgang« angehängt hatten, bei der Großmutter Cäcilie Weber.

Nein, Mozart bittet ins Theater auf der Wieden, wo fast allabendlich seine »Zauberflöte« aufgeführt wird, und beim Gedanken, nun würden auch diese Gäste sein Werk betrachten, fachkundig und aus kritisch wachen Augen, voll Bereitschaft, allüberall Fehler und Schwächen zu entdecken, um das Ganze am Ende »unmöglich« zu finden, werden seine Hände noch feuchter vor Angst und Lampenfieber als vierzehn Tage zuvor bei der Premiere.

Der 30. September war es gewesen, und was für eine Zeit ging diesem Tag voraus! Noch am 28. September hatte Mozart am Priesterchor gearbeitet und die Ouvertüre fertig geschrieben, am 29. trug er »Die Zauberflöte« in sein Werkverzeichnis ein. Dann mochte sich der Vorhang heben.

Er hob sich. Mozart selbst saß dirigierend am Cembalo, diese erste und die nächste Vorstellung lang, eine höfliche Dankesgeste gegenüber Schikaneder, auch wenn der es geschafft hatte – auch jetzt noch beißt sich Mozart bei diesem Gedanken verärgert auf die Lippen – , auf den Plakaten seinen eigenen Namen um einiges größer zu setzen als den des Komponisten.

Was zählt das alles in jenem einen, einzigen Augenblick, da auf der Bühne – und nirgends sonst – über Leben und Tod eines neuen Werks entschieden wird?

Zuvor noch war Mozart in die Garderoben geeilt, hatte alle Schauspieler umarmt, besonders herzlich den Sarastro Franz Xaver Gerl, noch herzlicher dessen Frau Barbara, die hier die Papagena sein durfte, am herzlichsten aber die Sängerin der Pamina, die bildhübsche Anna Gottlieb, seine Schülerin und gerade siebzehn Jahre alt.

Er hatte die beiden Ausstatter Joseph Gayl und Andreas Nesselthaler nicht vergessen, nicht Schwägerin Josepha als Königin der Nacht, die er rasch noch wegen ihres in der letzten Probe geschmissenen dreigestrichenen f getröstet hatte, auch nicht Johann Joseph Nouseul als Monostatos. Gleich noch ein anderes Mohrengesicht hatte sich ihm entgegenschoben, Gieseke, schwarz angemalt.

Für ihn war die Rolle des Ersten Sklaven abgefallen, und heiser flüsterte er nun: »Dank Ihnen für Ihre Musik zu meinem Werk«, so leise, dass es der gerade in voller Papageno-Kluft aus seiner Garderobe tretende Schikaneder nicht hören konnte.

»Der Vogelfänger bin ich ja . . .«

Der dirigierende Mozart hatte in die Menge hinter sich gehorcht. Lachte denn keiner, summte niemand mit? Guardasinos letzte Nachricht aus Prag stand ihm vor Augen, der »Titus« sei in allen Aufführungen nach der Premiere vor praktisch leerem Haus gelaufen und hätte ein so riesiges Defizit hinterlassen, dass nicht einmal die Subvention der böhmischen Stände es ausgleichen könne. Sollte dies auch das Schicksal seiner »Zauberflöte« werden?

In seiner Kutsche vierzehn Tage später lächelt Mozart über die Panik, in die er nach dem lau aufgenommenen ersten Teil geraten war. Wie er davongestürzt war und sich am liebsten irgendwo versteckt hätte, hätte ihn nicht Schikaneder bei der Hand genommen und ihn regelrecht auf seinen Dirigiersessel zurückgedrückt. Und noch am Schluss hatte er auf die Bühne geradezu gezerrt werden müssen, wo er sich dann totenbleich zwischen allen anderen verbeugte. Der Beifall war tatsächlich mehr höflich als begeistert gewesen.

Erst die zweite Vorstellung – nicht ohne kleine Nachhilfe Schikaneders – hatte den Erfolg gebracht. Jubel am Ende, Triumph rundum. Inzwischen läuft »Die Zauberflöte« vor nahezu immer ausverkauftem Haus, allein wohl zwanzig Mal in diesem ersten Monat.

Dennoch zuckt Mozarts Magen, wenn er an die heutige Vorstellung denkt, und der nun schon vertraute stechende Kopfschmerz bohrt sich in seine Stirn. Fast hätte er dem Kutscher zugerufen, doch noch umzukehren, irgendwohin in die Nacht hinaus zu fahren.

Aber der Wagen hat schon gehalten. Mozart geht am Lakaien vorbei in das schmalbrüstige Stadtpalais.

»Da sind Sie ja, mein Lieber!« Antonio Salieri steht dort mit begrüßend ausgebreiteten Armen, wie immer in makellosem Schwarz mit blütenweißen Spitzenmanschetten, die Haare ungepudert, und Mozart entdeckt im tiefen Schwarz manche graue Strähne.

Eine Dame steht neben ihm, ins hochgetürmte Haar eine kleine Fregatte geflochten, wie es mit dem Befreiungskrieg der Amerikaner Mode geworden ist, nicht mehr jung, mit üppig quellendem Dekolleté. Mozart küsst ihr Hand und Wange.

Gute alte Catarina Cavalieri, »die geläufige Gurgel«, wie Mozart sie nannte, als er eigens für sie und ihr gewaltiges Koloraturvermögen die Marternarie in seiner »Entführung« schrieb.

Ja, sie war seine erste Konstanze gewesen und die Donna Elvira im Wiener »Don Giovanni« und zuletzt in der »Figaro«-Reprise die Gräfin, nicht so schön wie Aloysia, mit nur einem Auge, was selbst die geschicktesten Schminkmeister, die raffiniertesten Friseure ebenso wenig verdecken können wie der beste Schneider ihre voluminösen Körperformen. Aber an Stimmkraft nimmt es mit der geborenen Wienerin Katharina Kavalier keine andere auf.

Möglich, dass Salieris frühere Schülerin wirklich seine Geliebte ist, wie es allgemein heißt. Diese zwei sind es jedenfalls, denen Mozart an diesem Abend seine »Zauberflöte« vorführen will. Und er hatte noch gehofft, fast gebetet, sie würden höflich dankend ablehnen. Was haben schließlich der Herr Hofkapellmeister und Wiens größte Primadonna, gleichsam das königliche Paar im Musikleben an der Donau, in einem Vorstadttheater wie dem auf der Wieden verloren?

»Man müsste sehen, dass man einmal unseren Kaiser dorthin bekommt«, meint später im Wagen Salieri, als sie dem Theater entgegenfahren, »unser armer Joseph wäre sicher schon dreimal dort gewesen, hätte er von solch einem Erfolg wie dem Ihrer ›Zauberflöte‹ gehört, lieber Mozart. Aber der zweite Leopold ...«

Er sieht aus dem Fenster und spricht so leise, als offenbare er dunkle Geheimnisse: »Heilfroh bin ich, nicht mehr sein Opernkapellmeister zu sein. Wissen Sie, was er gesagt hat?« Er lachte: »Einer wie ich sei zu schade, um allabendlich den Dirigierstab zu schwingen. Ich solle lieber im stillen Kämmerlein unsterbliche Werke schaffen.«

Er sieht wieder aus dem Fenster hinaus, während sich Mozart erneut auf die Lippen beißt. Warum nur hat zu ihm noch nie ein Herrschender so etwas gesagt?

Bei dieser tristen Überlegung hört er nur halb Salieris nächste Worte: »Der Dienst als Hofkapellmeister ist lästig genug. Wie gern wäre ich im letzten Sommer nach Paris gefahren, wohin mich Beaumarchais eingeladen hatte. Der Jahrestag des Bastille-Sturms sollte mit unserem ›Tarare‹ gefeiert werden, das hätte ich gern miterlebt. Aber nein«, er seufzt und verdreht die Augen, »stattdessen musste ich für die Krönung in Frankfurt die Musik schreiben!«

Zorn scheint ihn plötzlich zu packen, eine Seltenheit bei dem immer so beherrschten Mann: »Wie war ich wütend, als ich in seinem Gefolge dahintrottete. Wer bin ich?, dachte ich, dass ich bei diesem Mummenschanz den musikalischen Affen machen muss? Was habe ich, gerade ich im Tross des Hofs zu suchen?«

Sein Blick damals in Frankfurt, denkt Mozart. Vielleicht gar nicht hochmütig, nicht verächtlich. Wahrscheinlich hat ihn damals Salieri in der Menge einfach übersehen, hat ganz anderen, grimmigen Gedanken nachgehangen.

Jetzt hat Salieri sich wieder gefangen, spricht gleichmütig weiter: »Ich wäre damals gern einer wie Sie gewesen. Schenkt sich das Katzbuckeln, bleibt zu Hause, schreibt seine ›Zauberflöte‹.« Sein Lächeln strahlt auf: »Wie ich mich schon auf Ihr Werk freue, Mozart!«

Noch als der Wagen vor dem Theater hält, überlegt Mozart, ob sich nicht doch der andere über ihn lustig machen wolle. Aber beflissen bringt er die beiden in seine eigene Loge, eilt dann fort, Schwager Hofer, die Schwiegermama und Sohn Carl zu holen. Die alte Dame, fett und wie immer leise nach Rotwein duftend, verfrachtet er nebst Schwager in die Nachbarloge, den Sohn zieht er zu sich auf die Knie. Unten hat schon die Ouvertüre eingesetzt.

Die feierlichen Anfangsakkorde. Dann die schnellen Tonfolgen, als würde hier einer alles vorausgegangene Pathos auslachen und zugleich den übrigen zuschmunzeln: »Nehmt die Dinge nicht so ernst, ihr Lieben«, auch nicht die Hilfeschreie, mit denen jetzt Tenor Benedikt Schak als Tamino auf die Bühne stürzt.

Die Schlange, die ihn töten will, schön naturgetreu nachgeformt. Die Damen, die ihn retten, darunter Schaks Frau Elisabeth, auch sie Mozart nicht ganz unvertraut, bei aller herzlichen Freundschaft mit ihrem Mann.

Endlich Schikaneder als Papageno, sein Auftrittslied. Der Saal summt mit. Und Mozart fasst es kaum: Er hört auch Salieris Stimme summen. Der wendet sich ihm zu. Seine Lippen formen ein lautloses ›Entzückend!‹.

Das Stück geht weiter. Am Cembalo sitzt heute der junge Johann Baptist Henneberg, der schon den Großteil der Einstudierung geleitet hat, während Mozart noch an den letzten Noten schrieb. Er macht seine Sache gut. Und Regisseur Schikaneder hat auf der zwölf Meter breiten Bühne nahezu gezaubert.

Eine Herrlichkeit folgt der anderen, zwölf eigens gemalte, gebaute Szenerien insgesamt, und als die drei Knaben einfliegen, nicht im goldenen Ballon, sondern in blumengeschmückter Gondel, wird stürmisch applaudiert. Auch Salieri klatscht mehrfach in die Hände, singt leise: »Sei standhaft…«, nickt zu Mozart hin: »Bravo, Maestro!«

Das von einem Salieri! Und Mozart fragt sich plötzlich, was er eigentlich je gegen diesen Mann gehabt hat. Neidet er ihm wirklich seinen weltweiten Ruhm, den Reichtum, die hohe Position als ungekrönter König der Musik?

Nein, es ist noch etwas anderes.

Es ist wohl dieses Makellose, Unfehlbare, stets Korrekte um Salieri. Der braucht nicht die übereleganten Anzüge mit protziger Goldstickerei, um als Herr respektiert zu werden, muss sich nicht das Haar vom besten Coiffeur der Stadt pudern, das Gesicht mit einer rosig schimmernden Schminkschicht überziehen lassen, um aller Welt das ewige Wunderkind vorzuspielen.

Jegliches Chaos, jede Übertreibung sind ihm fern, auch in seiner Musik.

Ohne Fehler, makellos auch sie. Nie würde ihm ein kunterbunter Wirrwarr unterlaufen sein wie diese »Zauberflöte«. Doch gerade davon scheint er begeistert, und auch die Cavalieri zeigt sich entzückt: »Dass nicht ich Ihre Pamina sein darf!«, flüstert sie, und Mozart macht nicht ganz überzeugend ein bedauerndes Gesicht, während er sich an der Jugend, den zarten Formen und der silberhellen Stimme der Anna Gottlieb erfreut.

Sarastro hält Einzug. Auf goldenem Wagen, Löwen ziehen ihn. Wiederum stürmischer Applaus. Und sein Reich öffnet sich, keine düstere Zauberhöhle wie noch in Schikaneders erster Fassung, sondern licht und hell, ein sonnendurchfluteter Tempel im alten Ägypten.

Mozart späht unauffällig ins Parkett, wo er manchen seiner Freimaurerbrüder entdeckt. Schikaneders Rechnung scheint aufzugehen. Gerade Wiens Freimaurer drängen sich in »Die Zauberflöte«, viele begeistert, einige empört: Nicht eben fein vom Logenbruder Mozart, ihre Rituale zu purem Theatereffekt zu degradieren, so eindrucksvoll – auch der gestrengste Kritiker räumt das ein – sich das macht.

Einsamer Flötenklang. Die Feuer- und Wasserprobe beginnt,

zwei Berge auf der Bühne, der eine feurig umloht, der andere in dunstig blauen Nebel getaucht. Wieder genial vom Regisseur, dem strengen, schlichten Ton alle Üppigkeit voluminösen Zaubertheaters entgegenzusetzen.

Und dann sind Feuer- wie Wasserprobe durchstanden. Tamino und Pamina treten vor. Ein jubelnder Chor, Frauen zwischen den Männern, empfängt sie: »Triumph! Triumph! Du edles Paar...«

Die Cavalieri neigt sich zu Mozart: »Charmant von Ihnen, auch Frauen in den Chor zu lassen!« Salieri scheint das gehört zu haben: »Aber, meine Liebe! Das ist doch wohl die Botschaft dieses Stücks, wenn ich sie richtig verstanden habe. Dass von nun an alle Menschen, gleich ob Mann oder Frau, Zutritt haben zu höchster weiser Seligkeit!« Wieder ein Nicken zu Mozart hin: »Ein großer Traum in musikalischer Vollendung. Bravo, Mozart!«

Mozart macht ein würdiges Gesicht. Gern lässt er als genial rühmen, was pure Notwendigkeit war, weil Schikaneders zu kleiner Männerchor durch ein paar billige Aushilfskräfte, eben Frauen, verstärkt werden musste. Aber das brauchen die beiden anderen nicht zu wissen.

Auf der Bühne tummeln sich Papageno und Papagena, finden sich, trällern ihr »Pa – pa! Pa – pa ...«. Der kleine Junge auf Mozarts Knien wippt im Rhythmus mit, hält sich die Augen zu, als Monostatos' Truppen unheildrohend einmarschieren, mit der Königin der Nacht und ihren Damen an der Spitze: »Nur stille, stille, stille ...« Mozart fährt seinem Sohn beruhigend über den seidigen Schopf.

Gleich wird alle Bösen der Abgrund verschlingen, und Mozart wünscht sich noch etliche dazu, die nicht auf der Bühne sind. Dann ist auch das vorbei.

Licht. Helle. Sarastro legt die Hände von Tamino und Pamina ineinander, führt sie nach vorn, und so stehen sie da, Lichtgestalten, Prinz und Prinzessin, wie nicht ganz von dieser Welt.

Der da, denkt Mozart und sieht auf Salieri, der ist auch solch ein Prinz, abgehoben von der Wirklichkeit, zu der – nun ja, so ist das nun mal! – ein Papageno wie er selbst gehört. Und er empfindet bei diesem Gedanken kein Neidgefühl, nur leises Staunen.

»Kommen Sie noch zu uns zu einem guten Nachtmahl?«, fragt Salieri, als sie wieder vor dem Theater stehen. Laternen leuchten den Weg bis zur Straße hinunter. Diese Illumination, einzig in Wien, ist Schikaneders ganzer Stolz, obgleich sie streng genommen schon sein Vorgänger Johann Friedel eingerichtet hatte.

Mozart, den kleinen Carl an der Hand, hebt bedauernd die Schultern: »Ich bin mit meinem Schwager verabredet. Wir müssen auch noch unsere Schwiegermama und den Jungen nach Hause bringen.« Die alte Dame, stocktaub, hatte vom Werk des Schwiegersohns kaum etwas mitbekommen. Dafür ist sie nun bettschwer und braucht einen letzten langen Schluck.

»Dann begleiten Sie uns wenigstens ein paar Schritte. Ich hätte Ihnen gern noch etwas gesagt.«

Die Cavalieri besteigt die Kutsche. Die Herren gehen nebenher. Salieri sieht zum dunklen Nachthimmel hinauf, von dem wieder ein voller gelber Mond auf Wien niederscheint: »Welch herrliche Herbstnacht!« Mozart wartet auf das, was ihm der andere sagen will.

Dem scheinen die Worte nicht leicht zu fallen. Nach langem Zögern setzt er fast stockend ein: »Ich muss es Ihnen einmal sagen, Mozart. Ich beneide Sie!«

»Sie mich?«

Fast hätte Mozart laut losgelacht. Und überlegt wiederum, ob sich der andere wohl über ihn lustig macht.

Aber Salieri sieht ganz ernst drein: »Sie kennen das Wort, ich glaube, es ist eine chinesische Weisheit: Ein Mann muss einmal in seinem Leben das Schwert geführt, einen Sohn gezeugt, ein Buch geschrieben haben? Die Linie ließe sich fortführen: Ein Mann muss einmal auch zu seiner Welt ›Nein‹ gesagt haben, wie Sie damals zu Ihrem Fürstbischof, zu Ihrem Papa. Ich«, er lacht ein wenig, »ich habe leider niemals ›Nein‹ gesagt. Und ich fürchte, dass die Zeit, anders als zu Ihnen, zu mir bald ›Nein‹ sagen wird.«

Mozart versteht nichts.

Salieri fährt fort: »Wir gehen sehr anderen Zeiten entgegen, Teuerster, das weiß ich. Und ich begrüße das, auch wenn ich manche Grausamkeit wie das Abscheuliche beim Sturm auf die Bastille – der Pöbel hat den Kommandanten erschlagen, wozu? Ein alter Mann und schon so gut wie im Ruhestand – von Herzen missbillige. Aber was dahinter steht, ist nie mehr rückgängig zu machen. Die Ablösung einer schon lange überholten Epoche durch eine völlig neue Zeit …«

Er setzt eine Pause. Die Schritte hallen durch die Nacht. Die Kutsche, die neben beiden im Zockelschritt fährt, quietscht misstönend in den Achsen.

»In Frankreich«, fährt Salieri fort, »ist der König nur noch dem Titel nach ein Herrscher. Es herrschen ganz andere Mächte. Und nicht mehr lange, ich wette, werden diese anderen merken, dass man einen König gar nicht braucht. Dann aber wehe allen gekrönten Häuptern! Ich sehe manche Krone in den Staub rollen und manches Haupt dazu!«

Anders als Salieri versteht Mozart wenig von Politik und interessiert sich auch nicht sonderlich dafür, die revolutionären Momente im »Figaro« sind ihm mehr zufällig unterlaufen.

Auch jetzt begreift er nicht ganz, was der andere eigentlich meint. Doch schwingt in Salieris Worten ein so unerbittlicher Ernst mit, dass ihm kalt wird.

»Die Könige, sie werden verschwinden«, Salieri versucht einen etwas leichteren Ton, »und mit ihnen all die Opern, wie sie bisher geschrieben wurden, solche wie die von mir.« Er bleibt unter einer der Laternen stehen und zeigt in ihrem matten Schein sein Lächeln, nicht glatt, nicht böse, eher müde und voll Melancholie: »Unser alter Joseph hat einmal meinen ›Axur‹ die Oper der Opern genannt. Er irrte sich. Die Oper aller Opern wird wie Ihre ›Zauberflöte‹ klingen. Eine, bei denen das Volk mitsingt. Und auf das Volk …«

Er unterbricht sich: »Vierhunderttausend sollen in Paris zum Bastille-Fest geströmt sein. Das ist die Masse. Die zählt.« Ein knappes Auflachen: »Die unserer Kunst gnädig aus ihren Logen heraus zunickenden Majestäten – sie, nun ja, dürften bald vergessen sein, recht bald sogar, fürchte ich.«

Er geht weiter, mit einem leise geträllerten »Pa – pa! Pa – pa ...« auf den Lippen, er sieht dabei zu Mozart hin, und der staunt, wie zärtlich dieser Mann blicken kann und wie jung er dann wirkt.

»Lieder, die jeder Gassenjunge nachträllern kann, wenn er sie nur einmal gehört hat«, fährt Salieri fort, und sein Gesicht liegt wieder im tiefen Schatten, »und dann gleich wieder so etwas wie die Arie der Königin der Nacht. Mozart, oh Mozart! Was sind Sie für ein Satansbraten ...«

Jetzt ist Salieris Lächeln doch etwas boshaft geworden: »Noch in tausend Jahren, ich bin sicher, werden alle Sängerinnen der Welt vor diesem f zittern.«

Mozart bleibt stehen, meint nicht recht gehört zu haben. Hat der andere eben wirklich, wörtlich »noch in tausend Jahren« gesagt?

Salieri scheint sein Staunen zu spüren: »In tausend Jahren, jawohl. So lange wird man Ihr Werk spielen, ich bin sicher, während mein ›Axur‹ und alles andere längst vergessen sind, ebenso wie ... wie ...«

Er stockt, spricht es dann doch aus: »...ebenso wie der Komponist Salieri, von dem man höchstens notieren wird, dass er Mozarts Gast bei dessen ›Zauberflöte‹ sein durfte.«

Salieri reicht Mozart die Hand: »Danke, Mozart! Sie haben mir den schönsten Opernabend meines Lebens geschenkt und den schlimmsten, ja, den gleich dazu. Was wird Ihr nächstes Werk sein?«

»Ein Requiem!«

Du bist und bleibst die Weber'sche

Mozart war nun schon dreißig Jahre tot und die Welt gründlicher anders geworden, als Salieri damals bei ihrer letzten Begegnung im Oktober 1791 prophezeit hatte.

In Paris war zwei Jahre später der König, Ebenbild Gottes auf Erden, geköpft worden, und kein Himmel hatte sich geöffnet, um Feuer und Asche auf die Abtrünnigen niederregnen zu lassen.

Schon im Jahr zuvor hatte bei der Mühle von Valmy ein zerlumpter Haufen Revolutionäre über die geschniegelten, straff gedrillten Truppen der etablierten Mächte Preußen und Österreich gesiegt. Augenzeuge Goethe hatte damals notiert: »Von hier und heute geht eine neue Epoche der Weltgeschichte aus, und ihr könnt sagen, ihr seid dabei gewesen ...«, und dann war da noch der junge Mann mit seinem Wort: »Die Krone liegt in der Gosse. Man braucht sich nur zu bücken und sie aufzuheben.«

Das tat er denn und setzte sich die Krone auf den glattrasierten Schädel, nun Napoleon I., Kaiser der Franzosen, woraufhin in Wien der Komponist Ludwig van Beethoven voll Wut über diesen Verrat an allen bürgerlich-revolutionären Idealen die Widmung auf dem Deckblatt seiner Dritten Symphonie durchstrich und sie lediglich »Eroica« nannte, Ausdruck einer ebenso heroischen wie vergeblichen Hoffnung.

Sein eigener Kaiser, der zu Wien aus dem Hause Habsburg, nahm die Dinge gelassener, gab schon mal dem neuen Herrn die Tochter zur Frau und war nur noch Kaiser von Österreich, zu dessen Krönung Antonio Salieri, allzeit willig, immer bereit, das fällige Tedeum schrieb.

Dessen eigener Ruhm war zu dieser Zeit bereits im Schwinden, seine Opern wurden immer seltener gespielt, und im letzten Lebensjahrzehnt wandte er sich dann ganz der Kirchenmusik zu, obwohl er doch laut Mozart gerade davon keine Ahnung hatte.

Der neue Komet hieß jedoch Beethoven, ein freier Mann und freier Künstler, wie es Mozart nur sehr gegen den eigenen Willen gewesen war, ein Meteor, der mit aller donnernden Wucht seiner Symphonien auf seine Zeit einstürzte. Das war ganz neu, ganz anders, war Musik um der Musik willen, so noch nie gehört, Mozart hätte es geschaudert. Und schaudernd die innere Nähe gespürt.

Nach Beethoven sollte Musik nie mehr sein, was sie zuvor gewesen war. Ebenso anders war Europa nach der großen Revolution und Napoleon, so sehr sich auch die Herren an den Verhandlungstischen des Wiener Kongresses um die Wiederherstellung der alten Ordnung gottgewollter Art bemüht hatten. Es war nichts mehr wie früher.

Nicht einmal das stille Salzburg.

Dort herrschte kein Colloredo mehr und kein anderer Fürstbischof. Das Land an der Salzach war jetzt ein weltliches Kurfürstentum geworden, und der Schnürlregen ging auf einen immer öderen, ärmeren Landstrich nieder.

Keine Musik, kein noch so bescheidener provinzieller Glanz dahinter, nur dumpfe Enge, offene Not. Viele wanderten damals aus, die Bevölkerung schrumpfte, schon waren es kaum zehntausend statt der noch sechzehntausend zu Mozarts Zeiten. Selten genug, dass einer den umgekehrten Weg nahm und hierher an die Salzach zog. So wie um 1820 das ältere Ehepaar, das – die Leute wisperten sich das voll Ehrfurcht zu und machten Gesichter, als wüssten sie, wo das liegt – aus dem dänischen Kopenhagen angereist kam.

Am Salzburger Marktplatz hatte das Paar Wohnung genommen, und dort, man saß beim Frühstück, die Zeitung war gerade gebracht worden, sagte eines Morgens die Frau zu ihrem Ehemann: »Ich glaube, mein Lieber, es wird allmählich Zeit, der Maria Anna eine Visite abzustatten.«

»Ihrer Schwägerin, meine Liebe?«

Georg Nikolaus Nissen, ein Mann in den Sechzigern, dänischer

Legationsrat im Ruhestand, hob die Augen von der »Salzburger Zeitung«, in der zwei Jahre zuvor zum ersten Mal seit seinem Tod wieder der Name »Mozart« zu lesen gewesen war, und sah fragend zu seiner Frau Konstanze, vormals verheiratete Mozart: »Sie haben doch nie Kontakt zu ihr gesucht.«

»Ich habe ihr zum Tod ihres Mannes kondoliert.«

»Das ist bald zwanzig Jahre her. Und damals hatten Sie gesagt, ich entsinne mich, dass Sie die Schwägerin nicht leiden können, ja, dass Sie sie nachgerade hassen.«

»Nicht ich hasse sie, sondern sie mich. Und auch nicht sie so sehr, sondern ihr Vater. Nur von ›der Weber'schen‹ soll er gesprochen haben.« Sie lachte böse auf und kreuzte dann resolut die Arme. »Das alles aber zählt nicht mehr. Nein! Jetzt gilt einzig die Erinnerung an Wolferl.«

»Herr Mozart« hatte sie eigentlich der höheren Würde wegen sagen wollen oder »Meister«. Aber immer witschte ihr das altvertraute »Wolferl« über die Lippen, wenn sie wieder das runde Kindergesicht mit den übergroßen Augen und der übergroßen Nase vor sich sah.

Ihr Mann seufzte ergeben: »Wie Sie meinen, meine Liebe.« Nie hätte er zur Witwe Mozarts »Stanzerl« zu sagen gewagt. Selbst jetzt nicht, da sie seine Frau war.

Konstanze stand vor dem Spiegel und war zufrieden. Ihre immer schon rundliche Figur neigte zwar mit den Jahren zur Breite, aber ins Gesicht war eine neue Klarheit eingezogen, die Augen blickten hell und entschieden, den Rest besorgte kräftige Schminke, die alles glatt und rosig machte, und nur die bitteren beiden Falten von den Mundwinkeln abwärts ließen sich selbst durch sehr viel Puder nicht verdecken.

»Finden Sie, dass mir das steht?«

Sie strich am Samt ihrer eng auf Taille geschnittenen Jacke hinunter. »Grün! Seine Lieblingsfarbe.« Sie lächelte ihrem Spiegelbild zu. »Am liebsten mochte er allerdings Rot. Aber wenn es ans Dirigieren ging, musste es grüner Samt sein. Das bringt mir Glück! hat Wolferl, äh, der Meister stets gesagt.«

Arm in Arm – Frankreichs toter König und seine gleichfalls hingerichtete Königin hatten das als allererstes Paar der Welt eingeführt, ihre einzige echte revolutionäre Neuerung außer der Wasserspülung auf den Toiletten von Versailles – wanderte an diesem Tag das Ehepaar Nissen hinüber zur Wohnung von Maria Anna Berchtold zu Sonnenburg, nach dem Tod ihres Mannes aus St. Gilgen fortgezogen und nun wieder wohnhaft zu Salzburg, nicht weit von der Getreidegasse ihrer Kindheit.

Schon auf der Straße hörten die beiden vertraute Klavierklänge.

»Nun vergiss leises Fleh'n, süßes Kosen …« Figaros Arie, wenn er dem Pagen Cherubino alle Schrecken des Militärlebens mit nahezu sadistischer Freude ausmalt. »Wie nett!« Konstanze versuchte gerührt auszusehen. »Sie spielt Musik ihres Bruders!«

Nannerl saß am Klavier im ersten Stock und schien die Eintretenden nicht zu bemerken, eine schmale, wie eingesunkene Frau in fließendem Grau, das ihrer Erscheinung etwas Schattenhaftes gab. Doch ihr Anschlag war klar und kräftig, fast hart, wie der eines Mannes.

»Sie scheint uns gar nicht zu sehen«, flüsterte Nissen, worauf die Frau am Klavier ihr Spiel unterbrach und den Kopf hob. Ihr Blick, gläsern, wolkenlos, zielte ins Leere.

»Sie soll fast blind sein«, wisperte Konstanze noch leiser, aber Nannerl hatte die Worte wohl gehört: »Blind, ja. Auf dem einen Auge ganz, auf dem anderen bald wohl auch. Aber noch sehe ich genug, um dich zu erkennen, liebste Konstanze!« Mit behutsam stöckelnden Schritten kam sie auf die beiden zu.

Begrüßung, zeremoniöse Umarmung. Nannerl hauchte gar einen Kuss auf die Schläfe der Schwägerin. Dann wandte sie sich Nissen zu, der sich tief über ihre Hand beugte: »Das also ist dein Mann. In Pressburg habt ihr geheiratet, nicht wahr?«

»Vor zwölf Jahren. Aber wir kennen uns schon seit Ewigkeiten, seit …« Sie wandte sich fragend Nissen zu. Der genoss es, in Gegenwart seiner Frau auch mal zu Wort zu kommen: »Wohl so um 1797 – ich war gerade Legationssekretär des dänischen Gesamtstaates in Wien geworden – war die Frau Mozart so gütig gewesen, mir einige Zimmer in ihrem Haus einzuräumen. Mon dieu, Quartier bei der Witwe eines solchen Genies ...«

»Aber Sie haben den Meister doch auch selber noch erlebt. Erzählen Sie nur!«, forderte ihn Konstanze auf, und Nissen hüstelte leicht verlegen: »In Regensburg, ja, ich war auf der Durchreise, da gab gerade Ihr Bruder, liebste Anna Maria – ich darf Sie so nennen, verehrte Schwägerin?«

»Sagen Sie ›Nannerl‹ wie alle!« Nissen war ihr sympathisch und tat ihr zugleich leid. Mit einer wie Konstanze verheiratet zu sein – als ob das nicht schon für den Bruder schlimm genug gewesen war ...

»Er gab also ein Konzert, ein unvergesslicher Genuss«, fuhr Nissen fort, »obwohl damals noch niemand so ganz wusste, was für ein Genie dort am Flügel saß.«

»Ja, dazu muss einer wohl erst tot sein.« Das kam von Nannerl böser, als es gemeint war, und einige Augenblicke lang herrschte Stille im Raum.

»Meine Freundschaft mit Herrn von Nissen ...«, sagte Konstanze rasch, und Nissen unterbrach sich: »Nur Nissen bitte, Liebe.«

»Ach, seien Sie nicht so bescheiden! Sie werden sicher noch geadelt, nachdem Sie schon den Danebrog-Orden bekommen haben. Die höchste Auszeichnung Dänemarks.« Stolz blickte sie von ihrem Mann zu Nannerl, die in unbeteiligter Blindheit vor sich hin sah. »Also die Freundschaft mit Herrn Nissen war wirklich einer der wenigen Lichtblicke in den schlimmen Jahren nach Wolferls Tod.«

Sie seufzte tief, als müsste sie all die Last jener Zeit noch einmal schleppen: »Kein Geld, nur Schulden, dreitausend Gulden, und der Klatsch machte gleich noch dreißigtausend daraus. Jeder wollte sein Geld zurück, nur unser Freund Puchberg stundete ein weiteres Mal, was ihm Wolferl, also, unser Meister schuldete. Ach, wenn du wüsstest, Nannerl, äh, entschuldige ...«

»Sag's nur! Ich höre es gern! Und sprich vom ›Wolferl‹, nicht vom Meister! Dann ist er wieder ein bisschen lebendig.«

Sie hatten sich zum Tee hinüber in den kleinen Salon neben dem Musikzimmer begeben. Nannerl saß dort unter dem Bild, das sie aus dem Nachlass des Vaters gerettet hatte, die Familie Mozart, die Geschwister am Flügel, dahinter der Vater, im Bild an der Wand die Mutter. »Die heilige Familie«, dachte Konstanze in einem Anflug belustigter Erbitterung und plauderte weiter von der Not nach Mozarts Tod.

Nannerl hatte sich zurückgelehnt und ließ Konstanzes Worte an sich vorüberrauschen. Wovon sprach sie nur, die Schwägerin? Was beklagte sie sich denn in einem fort? War es denn vom Schicksal nicht Lohn genug, Witwe eines Wolfgang Amadeus Mozart sein zu dürfen?

»Dein Sohn war hier, Schwägerin, der jüngere«, sprach sie plötzlich in den Redefluss der Schwägerin hinein, »der Franz Xaver.«

»Wolfgang Amadeus junior. So nennt er sich jetzt auf mein Geheiß hin«, korrigierte sie Konstanze, »nie soll man bei ihm vergessen, wer sein Vater war.«

»Hattet ihr ihn nicht nach einem von Wolfgangerls Schülern genannt, nach diesem Süßmayr?«

»Wolferl wollte das so, nun ja. Ich weiß nicht warum. Er konnte den Kerl nicht leiden und ich eigentlich auch nicht, im Gegenteil, ich . . .«

»Er sah meinem Bruder so gar nicht ähnlich, der Franz Xaver. Er sah aus wie . . . wie . . . Ich weiß nicht, wem er ähnlich sah. Jedenfalls nicht meinem Bruder«, fuhr Nannerl unbeirrt fort. Konstanze fuhr hoch: »Wie hast du das erkennen wollen in deinem Zustand?« Nannerl lächelte: »So was erkennt selbst eine Blinde.«

»Jedenfalls ist er ganz und gar Wolferls Sohn«, sagte Konstanze sehr bestimmt, »die gleiche Musikalität. Das gleiche Genie. Auf seiner ersten Konzertreise hatte er riesige Erfolge, und aus Dresden schrieb mir im letzten Jahr mein Vetter Carl Maria Weber, du weißt, der dortige Operndirektor . . .«

Nannerl nickte: »Der komponiert gerade eine Oper, ›Der Freischütz‹ soll sie wohl heißen. Franz Xaver hat mir davon erzählt.«

»Also, der Weber meint, Wolfgang Amadeus junior könne sehr

wohl einmal an unseren Meister, äh, ans Wolferl heranreichen.« Sie blickte zufrieden: »Ja, meine Buben sind mein ganzes Glück. Und eine Eintracht herrscht zwischen ihnen, wie sie zwischen Brüdern nicht größer sein kann. So habe ich sie malen lassen, nahe beieinander, Wange an Wange …«

Für Augenblicke schien sie das Bild vor sich zu sehen. Dann verlor sich wieder der versonnene Zug, der dem Gesicht für einen flüchtigen Moment etwas von seiner früheren Hübschheit zurückgegeben hatte: »Der Carl, obgleich ebenfalls musikalisch, hat es ja mehr mit dem Kaufmännischen, hat auf mein Drängen hin eine Lehre gemacht. Aber unser Jüngster, der so ganz wie sein Vater ist …«

»Der Süßmayr hat wohl doch auch das ›Requiem‹ vollendet auf dein Bitten hin?« Nannerl konnte einfach vom Thema nicht lassen.

Konstanzes Stimme wurde laut und scharf: »Hat er, ja, weil sich kein anderer ans Werk des Meisters wagte. Und ich habe Höllenängste durchlitten, dass der Auftraggeber …«

»Kennt man denn inzwischen seinen Namen?«, unterbrach sie Nannerl.

»Ja, ein Graf Walsegg-Stuppach war es, der vom Wolferl unbedingt das Requiem für seine junge Frau hatte haben wollen. Und ich fürchtete schon, er würde die Zahlung der noch ausstehenden fünfzig Dukaten verweigern. Höllenängste, jawohl, wo ich damals nicht wusste, woher ich das Geld für den nächsten Tag nehmen sollte …«

Begütigend legte Nissen seiner immer lauter und erregter sprechenden Frau die Hand auf den Unterarm. Aber sie war nicht mehr zu halten.

»Überhaupt dieses Requiem! Wenn ich eines von Wolferls Werken gehasst habe, dann das! Es war sein Tod, sage ich. Er ist an diesem Requiem gestorben und nicht am Frieselfieber, wie die Ärzte behaupteten. Immerzu glaubte er, es sei sein eigenes Requiem, und ich habe es ihm regelrecht aus den Händen gerissen, habe es versteckt. Aber er bestand darauf, daran weiterzuarbeiten, bis ans Totenbett, und noch im Sterben blähten sich die Wangen, als wolle er die Trompeten blasen, denk nur, Nannerl, vom eigenen Requiem …«

»Er wird um Luft gerungen haben«, warf ihr Mann behutsam ein, aber so schnell ließ sich Konstanze das ergreifende Bild von ihrem Mozart auf dem Totenbett nicht nehmen: »Nein. Wolferl machte Musik, war Musik, bis zum letzten Atemzug. Jawohl …«

Sie brach ab, schüttelte den Kopf, als könne sie das alles selbst nicht fassen: »Eine furchtbare Zeit war das damals, Nannerl, das darfst du mir glauben! Und dabei hatte eben noch alles so gut ausgesehen. ›Die Zauberflöte‹ brachte endlich etwas Geld, Wolferl konnte sich sogar wieder ein Pferd leisten und einen neuen Billardtisch auch. Du weißt doch, dass Billard seine Lieblingsbeschäftigung war, gleich nach dem Musizieren …«

Nannerl nickte.

»Und aus Amsterdam, aus Ungarn kamen Briefe«, fuhr Konstanze fort, »hohe Herren dort wollten Wolferl künftig eine Rente zahlen, nur so, damit er ohne Sorgen komponieren konnte, wie sie das jetzt auch beim Herrn van Beethoven machen. Und aus London schrieb der Herr Da Ponte, wann ihm denn endlich Wolferl folgen wolle. Der Herr Haydn hätte dort riesige Erfolge, die könne er auch haben …«

Beethoven. Da Ponte. Haydn. Ferne Namen fürs Nannerl, die bald vierzig Jahre nicht aus der Stille von St. Gilgen, der Enge von Salzburg hinausgekommen war. Nur manchmal wehten etwas Klatsch, ein paar Gerüchte aus dieser anderen Welt zu ihr herüber.

»Wie geht es eigentlich dem Herrn Salieri?«, fragte sie unvermittelt. Dessen Stern, obgleich im Sinken, strahlte immer noch hell genug, um selbst bis Salzburg zu leuchten.

»Ach, der alte Herr. Er soll sehr krank sein und etwas wunderlich dazu.« Konstanze machte eine Bewegung, die wohl Bedauern ausdrücken sollte. Dann verfiel sie plötzlich in ein aufgeregtes Flüstern: »Stell dir vor, er soll neulich mal anderen gegenüber behauptet haben, unseren Wolferl umgebracht zu haben!«

»Und? Hat er nicht?« Auch dieses Gerücht war schon bis Salzburg gedrungen.

»Wo denkst du hin! Der Herr Salieri!«

»Wolfgangerl selbst soll das gemeint haben.«

»Dass er vergiftet worden sei? Ja, das hat er mal kurz vor seinem Tod gesagt, bei einem Spaziergang im Prater, mein Gott, er konnte schon gar nicht mehr richtig gehen. Die Füße müssen ihn höllisch geschmerzt haben. Und da also meinte er, er solle wohl ermordet werden, von einem Welschen natürlich, und der Klatsch war da: von wem schon, wenn nicht vom Salieri?«

Mit Nachdruck schüttelte sie den Kopf: »Nein, der Herr Salieri war immer nett zu uns, hat später sogar dem Franz Xaver Musikunterricht gegeben, umsonst, und damals gleich nach jenem furchtbaren vierten Dezember, am Tag, als Wolferl gestorben ist...«

»Der fünfte Dezember, liebe Konstanze«, korrigierte Nissen behutsam seine Frau, »es war schon der fünfte Dezember 1791, so gegen ein Uhr in der Nacht.«

»Also fast noch der vierte Dezember«, sagte Konstanze rasch. Ein Bild hatte sich in ihr Gedächtnis geschoben, wie es ihr geschildert worden war.

Wie also der Trauerzug Mozarts Sarg vom Stephansdom zum Stadttor gefolgt war, und aus einer Straße war plötzlich ein Wagen gebogen, schwarz mit silbernen Beschlägen. Er hielt, ein Mann stieg aus, ganz in Schwarz, und ein leichter Schneeregen kam auf, alle anderen griffen rasch zu Hüten und Schirmen. Nur dieser Mann ging barhäuptig, sehr aufrecht und ohne Schutz hinter dem Sarg her.

Das war Antonio Salieri gewesen.

»Nein«, meinte Konstanze jetzt entschieden, »der Herr Salieri hat sicher unserem Wolferl nichts zuleide getan. Auch wenn das noch in Ewigkeit behauptet werden sollte«, und Nannerl hob mit leichtem Lachen die Schulter: »Das hat eben auch zum Genie vom Wolfgangerl gehört. Dass er unsterbliche Gestalten schuf. Nicht nur in seinem Werk, nicht nur den Don Giovanni und den Figaro und den Papageno. Nein, auch in seinem Leben.«

Der Finger umkreiste den Rand der Teetasse. Es gab ein helles, singendes Geräusch: »An unseren Vater wird man immer nur als Zuchtmeister und Verkäufer seines Sohnes denken, an Fürstbischof Colloredo als den Tyrannen, der den armen Mozart vertrieben hat, obwohl er doch ein äußerst tüchtiger Landesherr war, jawohl, ich wollte, unser jetziger Kurfürst hätte was vom Colloredo. Und beim Herrn Salieri denken alle, er sei am Ende Mozarts Mörder. An mich aber, an seine Schwester, das Nannerl . . .«

Sie lachte, aber es klang nicht sehr lustig: »Ich werde wohl auf ewig das Nannerl sein, das Schwesterchen vom großen Mozart, nicht schlecht, doch nur eine Frau, kein Genie wie er. Er aber, der Wolfgangerl . . .«

Sie unterbrach sich und wollte wissen, ob jemand etwas Gebäck zum Tee wünsche, Kipferln vielleicht, die seien vorzüglich.

Konstanze dankte für ihren Mann gleich mit: »Wir haben sehr kräftig zu Mittag gegessen und sind noch immer satt, nicht wahr, Georg Nikolaus?« Dann sprach sie wieder von Salieri, wobei ihre Stimme vor Rührung leicht zitterte: »Da wirst du wohl Recht haben, wenn du meinst, dass man ihm unrecht tut. Denn er hat unseren Wolferl in Ehren gehalten, mehr als manch anderer, der mehr Grund gehabt hätte. Der Herr Schikaneder zum Beispiel, der nicht einmal dem Sarg vom Wolferl gefolgt ist . . .«

»Du doch auch nicht, Schwägerin!«

Wieder Stille im Raum. Nur die Teetasse klirrte leicht, als Nannerl sie vorsichtig an die Lippen führte. Nissen sah besorgt auf seine Frau, die vornübergeneigt dasaß und auf die unter dem Rock hervorschauenden Schuhspitzen starrte.

»Weißt du denn, wie es damals um mich stand?« Konstanze schluchzte fast. »Ich war krank und vor Schmerz wie von Sinnen, hatte mich zum toten Wolferl ins Bett legen wollen, um auf die gleiche Art zu sterben wie er. Fast mit Gewalt haben mich die anderen daran gehindert, dem Wolferl zu folgen, weil ich mich sicherlich hinter ihm her ins Grab gestürzt hätte.«

»Ins Armengrab, in das man ihn geschmissen hat mit Dutzenden anderer?« In diesem Augenblick hätte niemand gemeint, Nannerl könne blind sein, so böse funkelte ihr Blick.

»Es war kein Armengrab. Es war ein Reihengrab. Acht Gulden hat das gekostet, das konnten wir uns gerade noch leisten. Heute, na ja«, Konstanze hatte sich gefangen, »da könnte ich dem Wolferl ein marmornes Mausoleum setzen und würde es tun, wenn ich nur wüsste, wo er eigentlich begraben liegt. Aber das weiß niemand.«

»Du sollst an seinem Erbe gut verdienen, heißt es.« Auch dieses Gerücht war zu Nannerl gedrungen. Konstanzes Lächeln war jetzt breit und stolz: »Das habe ich lernen müssen, und ich habe es gelernt, jawohl. Wer jetzt was vom Mozart will – und das wollen alle –, muss dafür zahlen. Und das nicht zu knapp. Das kannst du seine Verleger fragen.«

»Von mir«, auch Nannerl lächelte, nachsichtig wie bei einem aufdringlich prahlenden Kind, das sein schönstes Spielzeug herzeigt und von den Erwachsenen jubelnde Bewunderung erwartet, »bekommen sie umsonst, was ich vom Wolfgangerl noch habe. Viel ist es leider nicht.«

»Ich weiß. Und genau darum wollte ich dich bitten, Nannerl.« Jetzt war Konstanze ganz die geschäftstüchtige Witwe. »Die Herren vom Verlag nennen stets dich als leuchtendes Beispiel, wie du so selbstlos ihre Arbeit unterstützt. Nur ein Trick, die Preise zu drücken. Ich bitte dich, nicht weniger zu fordern als ich auch.«

»Bist du deshalb zu mir gekommen?« Nannerl lächelte noch immer mit boshafter Nachsicht und führte erneut die Teetasse zum Mund. »Auch«, nickte Konstanze, »und noch aus einem anderen, wichtigeren Grund.«

Sie lehnte sich jetzt vor und fasste nach Nannerls Arm, als wolle sie die Schwägerin an sich ziehen: »Wir beide haben doch nur einen Wunsch: dass Wolferls Andenken so hell wie möglich strahlt. Deshalb, nur deshalb sind wir, mein Mann und ich, von Kopenhagen hierher nach Salzburg gezogen. Nur im Dienst von Wolferls Andenken.«

Ihr Blick bekam etwas Verklärtes: »Mein Gott, Nannerl, das ist eine Stadt, dieses Kopenhagen. Hell und elegant und ... Aber nein, Wolferls Erbe ist wichtiger. Mir und Ihnen doch auch, lieber Georg Nikolaus?«

Nissen nickte kräftig: »Das Wichtigste überhaupt. Und deshalb auch ...«

»Deshalb«, unterbrach ihn Konstanze, »wird er mit meiner Unterstützung hier in Salzburg, an Wolferls Geburtsort, seine Biographie schreiben.«

»Noch eine?« Mit Mozarts wachsendem Ruhm waren immer neue Lebensbeschreibungen auf den Markt gekommen.

Konstanze schüttelte den Kopf: »Nicht irgendeine, Nannerl. *Die* Biographie. Und da rechnen wir ganz fest mit deiner Hilfe. Wer schließlich hätte mehr über ihn zu berichten als du, wenigstens aus Wolferls Jugendzeit?«

»Sicher.« Nannerl lehnte sich zurück und entzog sich damit sanft dem Zugriff ihrer Schwägerin. »Über die spätere Zeit bist du gewiss besser im Bilde. Da könnte ich euch höchstens die Briefe von unserem Papa geben, die er an mich geschrieben hat über die Jahre. Da steht sehr viel von meinem Bruder ...«

Sie zögerte leicht, versuchte wieder ein Lächeln, das aber misslang: »Eigentlich steht dort kaum etwas anderes. Immerzu geht es nur ums Wolfgangerl. Ich kann sie euch bringen, sie liegen nebenan, wohl geordnet und sortiert ...«

Sie machte Anstalten, sich zu erheben, aber Nissens Stimme hielt sie zurück: »Und Ihres Bruders Briefe an Sie, liebe Schwägerin? Die dürften doch wenigstens so interessant sein ...«

»Es waren nicht sehr viele.« Wieder misslang ihr ein Lächeln. »In den letzten Jahren gar keine mehr. Aber früher, na ja, da schrieb er öfter«, nun lachte sie doch, »und wie er mich dort immer genannt hat! ›Meine Schwester die Kanaille‹ war noch das Harmloseste. Und er wolle mir den, Entschuldigung, Arsch küssen, wenn der ... wenn der ...« Ein fröhliches Leuchten überlief jetzt ihr Gesicht und machte sie für Augenblicke zum jungen Mädchen, »wenn der nur sauber wäre.«

Sie lachte schallend: »Ja, so was hat mir mein Bruder geschrieben.«

»Dir auch?«

Konstanze ärgerte sich selbst über ihre plötzliche stechende Eifersucht. Aber sie lebte nun einmal in der Illusion, zu ihr allein sei ihr Wolferl so freimütig gewesen und nur sie hätte den Menschen im Genie wirklich gründlich kennen gelernt.

Nannerl war wieder ernst geworden: »Ich habe mich revanchiert. Habe ihn ›Hanswurst‹ und ›Flegel‹ genannt. Manchmal habe ich ihm allerdings auch eigene kleine Kompositionen beigelegt. Nichts Besonderes. Was einem eben so einfällt in der Stille. Aber seine Meinung hätte ich schon ganz gern gewusst ...«

Sie unterbrach sich, sah vor sich hin. Dann sehr leise: »Er hat sie mir nie gesagt. Aber gut gebrauchen hat er schon gekonnt, was mir da so aus dem Herzen getreten war an schönen Noten ...« Und sie fing etwas zu summen an, was recht ähnlich wie »Nun vergiss leises Fleh'n ...« klang.

Die beiden anderen starrten sie an. Sie aber summte weiter, ging zu Giovannis »Reich mir die Hand, mein Leben« über, brach plötzlich ab: »Ein Volkslied aus Portugal übrigens. ›Den Frauen zu gefallen‹ heißt das eigentlich. Das hat mir ein weit gereister Herr erzählt, ein berühmter Virtuose, der hier mal mit einer schönen schwarzhaarigen Sängerin zu Gast war, einer Jüdin, glaube ich ...«

Verträumt sah sie wieder vor sich hin: »Wolfgangerl wusste sich eben zu bedienen, bei wem und wo immer er gerade wollte. Auch die eigene Schwester war dafür gut genug.«

»Du willst doch nicht etwa sagen ...« Konstanze rang hörbar um Fassung.

»Nichts. Gar nichts will ich sagen. Wichtig ist nur, ob vom Wolfgangerl oder nicht, dass die Werke gespielt werden. Überall.«

»Sogar in Amerika«, warf Nissen ein, um die zunehmend gespanntere Stimmung etwas zu entschärfen, »der Herr Da Ponte ließ uns erst kürzlich wissen, man bereite in ... in ... Sagen Sie bitte, Konstanze, wie die Stadt heißt, in die der Herr Da Ponte von London aus gezogen ist ...«

»New York.«

»Richtig. Dort also wollen sie bald den ›Giovanni‹ spielen, denken Sie nur! Der ›Don Giovanni‹ für Trapper und Indianer ...«

»Vielleicht verstehen die ihn mehr als andere.« Nannerl erhob sich jetzt wirklich, ging mit stöckelndem Schritt zur Tür: »Ich hole Papas Briefe.« Sie blieb kurz stehen, lachte: »Wundert euch aber nicht, wenn er dort immer nur von ›deinem Bruder‹, nie von ›meinem Sohn‹ spricht oder gar vom Wolfgangerl! Den gab es nicht mehr für den Papa.«

»Aber für den Sohn den Papa. Leider.«

Das kam so scharf von Konstanze, dass Nannerl für Augenblicke wie erstarrt im Türrahmen stehen blieb, als hätte sie ein Pfeil in den Rücken getroffen. Dann verschwand sie im Musikzimmer.

»Das hätten Sie so nicht sagen sollen, liebe Konstanze!«, mahnte Nissen, dem diese unverhoffte Wendung des Gesprächs unsäglich peinlich war.

»Wieso? Weil es die Wahrheit ist?« Konstanzes Stimme wurde wieder schrill: »Ich habe es Ihnen früher schon gesagt, ich sage es immer wieder: Wenn einer den Wolferl vergiftet hat, dann sicher nicht der Herr Salieri. Sein eigener Vater war das, der Herr Leopold Mozart, mit seinem Ehrgeiz, seinem Größenwahn. Sehen Sie nur seinen Blick dort auf dem Bild! Diese Herrschsucht, diese Tyrannei. Die und nichts anderes war für den Sohn das tödliche Gift.«

Leopold Mozart blickte aus dem Rahmen streng und unerbittlich. Aus dem Nebenzimmer drang Musik. Nannerl musste sich wohl wieder ans Klavier gesetzt haben, spielte wieder »Nun vergiss leises Fleh'n …«, energisch, nahezu drohend.

Konstanze sprach unbeirrt weiter: »Er hätte glücklich sein können, der Bub, ein Musiker wie viele. Aber nein, er musste ja der Größte sein, das Genie, immerfort das Wunderkind. Noch mit achtzig wäre er das gewesen, wäre er so alt geworden. Und vorm Vater hätte er sich dann immer noch gefürchtet …«

Konstanzes Stimme kippte um ins Weinerliche, während die Musik von nebenan immer härter, lauter dröhnte: »Und wer hat davon den größten Schaden gehabt? Ich, die Ehefrau! Ein Leben in Frieden, in bescheidenem Wohlstand hätte ich mir gewünscht, nichts Besonderes, aber nein! Ich durfte all das andere ertragen, seine Verzweiflungen, Launen, Ausbrüche – und unsere bittere Armut auch, seine totale Unfähigkeit, auch nur ein einziges Mal für seine Musik einen vernünftigen Preis auszuhandeln …«

Sie schien nicht zu bemerken, wie inzwischen die Musik nebenan verstummt war, und sprach nun mit lauter, stolzer Stimme: »Aber das ist überstanden, Gott sei Dank. Endlich bringt Wolferls Andenken gutes Geld. Und ich, die Witwe, nicht der Herr Schwiegerpapa, werde reich dabei.« Ihr Blick ging hin zu Leopold Mozart auf dem Gemälde: »Zufrieden, Schwiegervater? Und ein bisschen neidisch?«

»Die Briefe, Herr Nissen!«

Nannerl – die beiden hatten sie gar nicht kommen hören – stand plötzlich hinter ihnen, streckte Nissen einen dicken Packen Papier entgegen. Ihre Stimme war leicht, freundlich: »Ich habe noch einige Noten beigelegt. Frühwerke vom Wolfgangerl. Die Konstanze wird sie sicher gut verkaufen.« Womit sie sich der Schwägerin zuwandte: »Du aber, meine liebe Konstanze …«

Sie lachte etwas: »Du bist und bleibst die Weber'sche!«

Draußen auf der Treppe griff Konstanze nach dem Paket: »Ich wette, das sind nicht Noten vom Wolferl. Die sind von ihr selbst. Vom Nannerl, unserer großen Komponistin!«

Sie lachte schrill auf, dann zischte sie: »Die will sie gespielt wissen. Unter dem Namen des Bruders. Aber das werden wir verhindern. Unseres Meisters Werk bleibt rein.«

Unten auf der Straße hörten sie wieder Klavierspiel: »Nun vergiss leises Fleh'n …« Leiser jetzt. Nachsichtiger. Konstanze horchte kurz hin: »Spielen kann sie, gewiss. Aber …«

Sie wandte sich Nissen zu. »Ich will diese Person nie wiedersehen! Nie!«

Sie gingen die Gasse hinunter, fünf Minuten bis zu ihrem eigenen Haus. Die Musik war noch eine Weile zu hören.

Zeittafel

1756 27. Januar: Johann Wolfgang Amadeus Mozart in Salzburg geboren
1761 Erste Kompositionen
1762 Januar: Reise nach München
September/Oktober: Reise nach Wien; Konzert bei Kaiserin Maria Theresia
1763 Juni: Aufbruch zur großen Europa-Reise
November: Ankunft in Paris
Dezember: Besuch in Versailles
Werke: Sonaten für Violine und Klavier
1764 April: Reise nach London; drei Auftritte vor dem Königspaar und diverse Konzerte; Freundschaft mit Johann Christian Bach
Werke: div. Klavierkompositionen, erste Sinfonie (Es-Dur)
1765 Juli: Abreise aus London
ab September: Aufenthalt in Den Haag; schwere Erkrankungen Nannerls und Wolfgangs
Werke: Sonaten, Sinfonien
1766 Mai/Juli: Aufenthalt in Paris
November: Rückkehr nach Salzburg
1767 September: Reise nach Wien; wegen einer Blatternepidemie Aufenthalte in Olmütz und Brünn, Nannerl und Wolfgang erkranken dennoch
Werke: Geistliches Singspiel »Die Schuldigkeit des Ersten Gebots« (1. Teil; Uraufführung in Salzburg am 12. März), Musikalische Komödie »Apollo et Hyacinthus seu Hyacinthi Metamorphosis« (UA Salzburg 13. Mai), Sinfonien, Kirchensonaten
1768 Aufenthalt in Wien
Dezember: Rückreise nach Salzburg
Werke: Opera Buffa »La finta semplice« (UA Salzburg 1. Mai 1769), Singspiel »Bastien und Bastienne« (UA Wien im Herbst)
1769 Mozart wird dritter Konzertmeister der Salzburger Hofkapelle
Dezember: Aufbruch nach Italien; erste Station: Verona
Werke: Serenaden, Kirchenmusik
1770 Erste Italienreise
Werke: erstes Streichquartett G-Dur, Sinfonie in G-Dur, Oper »Mitridate, Re di Ponto« (UA Mailand 26. Dezember)

1771 März: Rückkehr nach Salzburg
August: Aufbruch zur zweiten Italienreise
Dezember: Rückkehr nach Salzburg
Werke: Oper »Ascanio in Alba« (UA Mailand 17. Oktober)

1772 Hieronymus Graf Colloredo wird Fürstbischof von Salzburg; Ernennung Mozarts zum Konzertmeister
Oktober: Aufbruch zur dritten Italienreise
Werke: Oper »Il sogno di Scipione« (UA Salzburg Anfang Mai), Oper »Lucio Silla« (UA Mailand 26. Dezember)

1773 März: Rückkehr nach Salzburg
Juli: Reise nach Wien
Werke: Sinfonie g-Moll, Klavierkonzert D-Dur

1774 Dezember: Reise nach München
Werke: Oper »La finta giardiniera« (UA München 13. Januar 1775)

1775 März: Rückreise nach Salzburg
Werke: Oper »Il re pastore« (UA Salzburg 23. April), Violinkonzerte

1776 *Werke: 1. Lodronische Nachtmusik, Haffner-Serenade, Bühnenmusik zu Tobias Philipps Schauspiel »Thamos«*

1777 September: Aufbruch zur Paris-Reise mit der Mutter
ab Oktober: in Augsburg Zusammentreffen mit dem »Bäsle«; in Mannheim Bekanntschaft mit der Familie Weber und Verbindung mit Aloysia Weber
Werke: Jeunehomme-Klavierkonzert, Divertimento B-Dur, Missa brevis B-Dur

1778 ab März: Mozart und Mutter in Paris
3. Juli: Tod der Mutter
ab September: Rückreise u. a. über München, dort Zurückweisung durch Aloysia
Werke: »Pariser Sinfonie«, Oboenkonzert, Sonaten a-Moll und e-Moll

1779 Januar: Rückreise nach Salzburg
Werke: Missa in C-Dur (»Krönungsmesse«), Konzertante Sinfonie in Es-Dur, Singspiel »Zaide« (Fragment, zu Lebzeiten Mozarts unaufgeführt, UA wahrscheinlich 1866)

1780 November: Reise nach München zu den »Idomeneo«-Proben
Werke: Sinfonie C-Dur, »Vesperae solennes de Confessore«, Oper »Idomeneo, Re di Creta ossia Ilia ed Idamante« (UA München 29. Januar 1781)

1781 ab März in Wien
Mai: Bruch mit Fürstbischof Colloredo; Verbleib in Wien
Werke: Bläser-Serenade Es-Dur

1782 4. August: Heirat mit Konstanze Weber
Werke: Oper »Die Entführung aus dem Serail« (UA Wien 16. Juli),

Bläser-Serenade »Nacht Musique«, Haffner-Sinfonie, Streichquartett G-Dur

1783 Begegnung mit Christoph Willibald Gluck
17. Juni: Sohn Raimund Leopold geboren
Juli/August: Reise nach Salzburg zum Vater
19. August: Raimund Leopold stirbt
Werke: c-Moll-Messe, Streichquartett d-Moll, »Linzer Sinfonie«, »Notturni«, Opernfragmente »L'oca del Cairo« und »Lo Sposo deluso« (unaufgeführt)

1784 23. August: Nannerl heiratet Johann Baptist Franz von Berchtold zu Sonnenburg
21. September: Sohn Carl Thomas geboren (gest. 1858)
Dezember: Aufnahme in die Freimaurerloge »Zur Wohltätigkeit«
Werke: Bläserquintett Es-Dur, Jagdquartett

1785 April: Besuch Leopold Mozarts in Wien
Werke: Streichquartette A-Dur und C-Dur, Fantasie c-Moll für Klavier, sechs Streichquartette (Haydn gewidmet), »Maurerische Trauermusik«, Klavierkonzert Es-Dur

1786 Oktober: Sohn Johann Thomas Leopold geboren, stirbt im November; Plan einer England-Reise
Werke: Klavierkonzerte A-Dur und c-Moll, Bühnenmusik zu Gottlieb Stephanies »Der Schauspieldirektor« (UA Schönbrunn 3. Februar), Oper »Le nozze di Figaro« (UA Wien 1. Mai), Klavierquartett Es-Dur, Streichquartett D-Dur, »Prager Sinfonie«

1787 Januar/Februar: Reise nach Prag zur »Figaro«-Aufführung, Auftrag für »Don Giovanni«; Besuch Beethovens bei Mozart in Wien
28. Mai: Leopold Mozart stirbt
Oktober/November: zweite Reise nach Prag zum »Don Giovanni«
15. November: Christoph Willibald Gluck stirbt; Mozart wird am 7. Dezember sein Nachfolger als Hofkomponist (sein einziges »öffentliches« Amt in Wien)
27. Dezember: Tochter Theresia geboren
Werke: Rondo a-Moll, Streichquintette C-Dur und g-Moll, Lieder, »Eine kleine Nachtmusik«, Violinsonate A-Dur, Oper »Il dissoluto punito ossia il Don Giovanni« (UA Prag 29. Oktober)

1788 29. Juni: Theresia stirbt
Werke: Klavierkonzert D-Dur, Sinfonien Es-Dur und g-Moll, »Jupitersinfonie«

1789 April/Mai: Berlin-Reise mit dem Fürsten Lichnowsky über Prag, Dresden, Leipzig
16. November: Tochter Anna Maria geboren, stirbt noch am gleichen Tag

Werke: Streichquartett D-Dur, Klarinetten-Quintett A-Dur, Oper »Così fan tutte« (UA Wien 26. Januar 1790)

1790 20. Februar: Tod Kaiser Josephs II.
September: Mozarts letzte große Reise zur Krönung Leopolds II. nach Frankfurt
14. Dezember: in Wien Abschied von Joseph Haydn
Werke: Streichquartette B-Dur und F-Dur, Streich-Quintett D-Dur

1791 4. März: Mozarts letztes öffentliches Konzert
März: Auftrag für die »Zauberflöte«
26. Juli: Sohn Franz Xaver Wolfgang geboren (gest. 1844)
August: Reise nach Prag zur »Titus«-Aufführung
September: Rückkehr nach Wien, Erkrankung
5. Dezember: Mozart stirbt
Werke: Klavierkonzert B-Dur, Motette »Ave verum Corpus«, Klarinettenkonzert A-Dur, Oper »La clemenza di Tito« (UA Prag 6. September), Oper »Die Zauberflöte« (UA Wien 30. September), »Kleine Freimaurerkantate«, »Requiem« (unvollendet)

1803 Nannerl verwitwet, zieht nach Salzburg, stirbt dort am 29. Oktober 1829

1808 Konstanze heiratet Georg Nikolaus Nissen, zieht mit ihm 1810 nach Kopenhagen

1812 Emanuel Schikaneder stirbt

um 1820 Konstanze und Nissen ziehen nach Salzburg, Nissen stirbt dort 1826, Konstanze 1842

1825 Antonio Salieri stirbt in geistiger Umnachtung

Literatur

Wilhelm A. Bauer/Otto Erich Deutsch (Hg.), Mozart. Briefe und Aufzeichnungen. Gesamtausgabe (7 Bände). Kassel 1962 bis 1975. Neuausgabe Kassel und München 2005

Paul Barz, Die Menschen von Versailles. Biographie eines Schlosses. Zürich 1973

Paul Barz, Mozart – Welttheater der Humanitas (in: Götz Friedrich. Abenteuer Musiktheater). Bonn 1978

Paul Barz, Bach. Händel. Schütz. Meister der Barockmusik. Würzburg 1984

Dirk Böttger, Wolfgang Amadeus Mozart. dtv-portrait. München 2003 (dtv 31071)

Volkmar Braunbehrens, Salieri. Ein Musiker im Schatten Mozarts. München 1989

André Castelot, Die Französische Revolution. Gernsbach 1988

Otto Erich Deutsch/Heinz Joseph Eibl (Hg.), Mozart. Dokumente seines Lebens. München 1963 (dtv dokumente)

Alfred Einstein, Mozart. Sein Charakter. Sein Werk. Frankfurt/Main 1978

Bernard Fay, Die tollen Tage. Beaumarchais oder die Hochzeit des Figaro. München 1973

Götz Friedrich, Die Zauberflöte. In der Inszenierung von Walter Felsenstein an der Komischen Oper Berlin. Berlin 1958

Wilhelm Ruprecht Frieling, Die Freimaurer (in: Ein anderes Leben wagen. 2000 Jahre alternative Daseinsformen. Hg. von Paul Barz). Bergisch-Gladbach 1983

Heinz Gärtner, Johann Christian Bach. Mozarts Freund und Lehrmeister. München 1989

Martin Geck, Ludwig van Beethoven. In Selbstzeugnissen und Bilddokumenten. Reinbek bei Hamburg 2001

Alfred Greither, Wolfgang Amadé Mozart. In Selbstzeugnissen und Bilddokumenten. Reinbek bei Hamburg 1962

Wolfgang Hildesheimer, Mozart. Frankfurt/Main 1977

Kurt Honolka, Papageno. Emanuel Schikaneder. Der große Theatermann der Mozart-Zeit. Salzburg 1984

Arthur Hutchings, Mozart. Der Mensch. Braunschweig 1976

Arthur Hutchings, Mozart. Der Musiker. Braunschweig 1976
Annette Kolb, Mozart. Sein Leben. Gütersloh 1974
Ernst Krause, Oper A – Z. Ein Opernführer. Leipzig 1981
Georg Nikolaus Nissen, W. A. Mozart. Biographie. Hildesheim 1991 (Unveränderter Nachdruck der Ausgabe Leipzig 1828)
Kurt Pahlen, Wolfgang Amadeus Mozart. Die Zauberflöte. Zürich 1978
Kurt Pahlen, Wolfgang Amadeus Mozart. Le nozze di Figaro. Zürich 1979
Kurt Pahlen, Wolfgang Amadeus Mozart. Die Entführung aus dem Serail. Zürich 1980
Kurt Pahlen, Wolfgang Amadeus Mozart. Così fan tutte. Zürich 1983
Bernhard Paumgartner, Mozart. Zürich 1993
Matthias Remus, Die Zauberflöte. Probenprotokolle der Inszenierung Götz Friedrichs (Premiere am 17. April 1977). Hamburgische Staatsoper 1977
Eva Rieger, Nannerl Mozart. Leben einer Künstlerin im 18. Jahrhundert. Frankfurt/Main 1990
Erich Schenk, Mozart. Eine Biographie. München und Mainz 1989
Horst Seeger, Opernlexikon. Berlin 1978
Erich Valentin, Lübbes Mozart-Lexikon. Bergisch-Gladbach 1983/85
Erich Valentin, Leopold Mozart. Porträt einer Persönlichkeit. München 1987
Horst Wandrey (Hg.), Wolfgang Amadeus Mozart – Briefe. Eine Auswahl. Berlin 1977